U0734443

# A PRACTICAL GUIDE TO LOGISTICS

# 物流管理实战指南

## 运输、仓储、贸易和配送

[英] 杰里·拉德
Jerry Rudd

著

欧阳恋群
黄帝

译

An Introduction
to Transport,
Warehousing,
Trade and
Distribution

人民邮电出版社

北　京

图书在版编目（CIP）数据

物流管理实战指南：运输、仓储、贸易和配送 /
（英）杰里·拉德（Jerry Rudd）著；欧阳恋群，黄帝译
. -- 北京：人民邮电出版社，2022.3
（供应链创新管理译丛）
ISBN 978-7-115-58530-1

Ⅰ. ①物… Ⅱ. ①杰… ②欧… ③黄… Ⅲ. ①物流管
理—指南 Ⅳ. ①F252.1-62

中国版本图书馆CIP数据核字(2022)第016734号

## 内 容 提 要

物流在现代商业中是至关重要的，一个稳健的物流系统对企业的成功发挥着不可替代的作用，因此，只要是参与、负责物流相关业务的人员和企业，都应该对物流管理有一个比较全面的了解。

本书介绍了物流管理的方方面面，包括仓储、装卸、包装、车辆运营、各种运输方式、车辆路径规划及相关的法律要求、交易条款、保险、报关手续、出口单证等内容。这些内容为读者提供了获得更好的职业发展所需的知识，针对这些知识的简单的、非技术性的解释，以及关于如何在具体业务中做出正确选择的建议。

本书适合物流企业、涉及物流业务的其他相关企业的运营和管理人员阅读，也可作为高等院校物流管理及相关专业师生的参考读物。

◆　　著　　[英]杰里·拉德（Jerry Rudd）
　　　　译　　欧阳恋群　黄　帝
　　　　责任编辑　陈　宏
　　　　责任印制　彭志环
◆人民邮电出版社出版发行　　　北京市丰台区成寿寺路 11 号
　　邮编 100164　电子邮件 315@ptpress.com.cn
　　网址 https://www.ptpress.com.cn
　　三河市中晟雅豪印务有限公司印刷
◆开本：720×960　1/16
　　印张：26.25　　　　　　　　2022 年 3 月第 1 版
　　字数：380 千字　　　　　　 2022 年 3 月河北第 1 次印刷
　　著作权合同登记号　图字：01-2020-1537 号

定　价：129.00 元
读者服务热线：（010）81055656　印装质量热线：（010）81055316
反盗版热线：（010）81055315
广告经营许可证：京东市监广登字 20170147 号

# 本译丛专家委员会名单

（按汉语拼音排序）

# 译者序

　　本书贯穿始终的一个问题是：物流是什么？简单地说，物流就是运输加仓储。那么，如何理解这句话呢？从成本的角度来看，运输成本占企业物流成本的近一半，仓储成本占近四成[①]；从物流的功能要素来看，运输和仓储是物流最重要的两个功能要素[②]；从物流网络的结构来看，仓储是网络上的点，运输是网络上的线，点线结合就决定了物流网络的整体布局；从物流增值的角度来看，运输创造了商品的空间价值，仓储创造了商品的时间价值，它们是物流中时空价值转换的基础。

　　然而，正如本书作者所说，物流的范畴并不局限于此。例如，在供应链的背景下，物流伴随着信息流和资金流，涵盖了从原材料供应商到制造商再到分销商和零售商直至最终用户的整个过程中所有与实体物品流动相关的业务活动，有时甚至还包括退换货、返修、废旧产品回收等逆向流动过程。虽然物流连接的是发货方和收货方，双方并不一定存在供需关系，但它极大地促进了以满足消费者需求为目标的商贸业的发展。一位国内知名快递企业的

---

①　根据中国物流与采购联合会发布的《全国重点企业物流统计调查报告》（2015 年、2016 年、2017 年），运输成本占比为 46%~47%，仓储成本占比为 36%~39%。

②　根据《中华人民共和国国家标准：物流术语（GB/T 18354—2021）》，物流的功能要素包括运输、储存、装卸、搬运、包装、流通加工、配送和信息处理。

高管曾经这样形容快递与电子商务之间业务关系的发展演变：过去是生意做到哪里，快递就得想办法送到哪里；现在是快递能送到哪里，生意就能做到哪里。

物流是一个复杂系统，各功能要素之间的相互作用关系是非线性的。因此，对某个业务环节的局部优化并不能带来全局的整体优化，而新技术和先进设备的短视性应用也未必会带来效率的提升，短板效应在物流业务活动中表现得尤为明显。此外，从企业运营的视角来看，物流部门作为一个成本中心和服务型的职能部门，它的目标应该是"以最小的成本支持企业生产经营目标的实现"，因此不但需要为采购、生产和销售等部门提供业务支持和专业化服务，而且反过来也需要这些部门的协作配合来实现成本最小化。过于强调主营业务部门的重要性和优势地位往往会导致物流部门成为企业成本问题的"替罪羊"，并掩盖企业其他职能部门在运营管理方面的失误和无效率。

最后，需要指出的是，物流是一个实践性很强的行业。本书中的所有素材、观点和理论都可供读者在企业的管理实践中加以印证和判断，而且随着物流业的飞速发展，有些理论和观点可能已经或正在发生改变。但是，无论行业如何发展，物流（物品的实体流动）的本质是不变的。因此，我们相信，物流主要的基础理论和知识在未来相当长的一段时间内是经得起实践检验的，这也是物流管理及相关专业图书的出版价值所在。

本书可供全国高等院校物流管理及相关专业大三、大四本科生及研究生阅读使用，也可供企业的中高级物流管理人员阅读使用。由于译者水平有限，在翻译过程中虽已反复斟酌、仔细推敲，仍难免顾此失彼，若有不当之处，敬请广大读者和各位专家学者批评指正。

黄 帝

2021 年 9 月 24 日于北京交通大学红果园

# 目　录

**A PRACTICAL GUIDE TO LOGISTICS**

An Introduction to Transport,
Warehousing, Trade and Distribution

# 第 1 章
# 什么是物流

指挥员们依靠后勤保障赢得战争。理念当然重要，战略也很重要。但是当你走向战场，你不仅需要在恰当的时间、恰当的地点获得子弹，也需要在恰当的时间、恰当的地点获得厕纸。换句话说，你需要依靠比对手更胜一筹的军事后勤来获得胜利。

——汤姆·彼得斯（Tom Peters）

汤姆·彼得斯是畅销书《追求卓越》（*In Search of Excellence*）的作者、一流的商业作家，他意识到了军事后勤[①]在战争中至关重要。商场如战场，物流在商业中同样至关重要。一个稳健的物流系统对任何企业的成功都起到了不可或缺的作用。离开了它，你就不能指望企业能够在现代商业竞争中取胜。

几年前，美国某家全国性零售企业的总裁在会见高级物流经理时半开玩笑地说："你们的工作主要是运营仓库和货车。"他给出了一种十分接地气的"物流"的定义，即物流简单来说就是仓储和运输。而某些读者可能认同汤姆·彼得斯的观点，他们认为物流意味着"确保恰当数量的恰当物品以恰当的成本在恰当的时间出现在恰当的地点"。这两种表述都有可取之处。虽然物流的范畴远远超过仓储和运输活动，而且并非所有的运输活动都是由货车完成的，但这些元素代表了物流的核心内容。对一些组织机构来说，将自己对物流的定义限定为仅含上述核心要素的做法是相当普遍的。他们将这些核心要素置于他们的物流职能模块范围内（有可能使用物流服务提供商），而将其他要素交由组织内部的其他职能模块处理，因此可能在无意间创造出这样一种情形：这些组织的物流分包商的确只负责运营仓库和货车。

需要牢记的最重要的一点是，无论涉及的商品或业务的性质如何，物流的基本原理都是保持不变的，即物品先被获取，然后被运输到一个存储点，

---

① 物流（Logistics）这个概念是从第二次世界大战期间的军事后勤演变而来的。——译者注

接着被加工处理，有时还涉及一些物流范畴之外的加工流程，最后它们被运送到客户或终端用户的手中。在这个过程中，所有必要的信息流都被正确地管控。

但上述这些物流环节中的具体情况可能是千变万化的。一家电器产品批发商可能从亚洲进口完工产品，将其在仓库中存储几周或几个月，除了添加标签，几乎不对其做任何改变，然后使用一辆传统的有篷铰接式卡车将产品运送到各零售商处。一家汽车制造商会为每辆汽车准备成千上万种零件，然后花费大量工时进行组装，组装完成后将汽车存放在一个户外场地，最后使用一台专门运输汽车的重型卡车将其运送到各汽车经销商处。一个小麦种植户会购买种子、种植并收割庄稼，然后将麦粒存储到粮仓中，最后使用一辆大型自卸卡车将其运送到面粉厂。在这些例子中，所有的货物移动都必须得到妥善管理，所有与之相关的法律要求都应当被遵守，所使用的物流设备有可能发生变化，一些特定的规则（例如，用来运输粮食的车辆在此前不能用来运输某些特定的有可能造成污染的物品，如玻璃）有可能被应用，但物流的基本原理不会变化。

本书的目的是阐述物流过程中各个环节的各种选项，帮助物流从业者针对其特定业务做出最佳选择。本书既讨论了物理基础设施、设备，也讨论了运营流程。其他重要的主题，如包装和客户需求，进口、出口和海关文件，贸易条款，库存控制等，本书也会有所涉及。市面上已经有许多关于物流的图书，其中一些图书针对物流的若干特定方面的问题进行了精彩而深入的分析，比较适合具备硕士研究生水平的读者阅读。相较而言，本书会从更加贴近实战的层面去探讨这些问题，希望能使有经验的和初涉物流行业的从业者都产生阅读的兴趣。

第 2 章
# 战略决策：物流业务应该自营还是外包

业界长期存在一个争议话题：是基于企业自有或租赁的资业，使用企业的直接雇员、自有车辆及其他自有资产来运营企业的内部物流网络更好；还是将这项业务外包给一家或多家第三方物流公司，使用他们的员工和资产来运营物流网络更好？如果将这项业务外包给第三方物流公司，企业的后续决策包括是使用独家专用的服务还是多家共用的服务，服务收费是采用佣金制还是包干制等。后文将讨论这些问题。

本书的观点是，上述问题的答案没有正确或错误之说。在实践中，很少有企业会完全自己运营一个内部物流网络，或者完全使用一个外包物流网络，他们通常会使用一个介于两者之间的物流网络。例如，英国最大的零售集团英佰瑞（Sainsbury's）在英国境内运营着 34 个配送中心（截至 2018 年），其中一些配送中心由该集团自己管理，其他的则由第三方物流服务提供商负责，如温坎顿物流（Wincanton）、NFT 公司（冷链物流公司）和敦豪（DHL）等。另外一种情况是，一家小企业有可能安排一名员工去运营自己的商铺，而将物流业务外包给一家大的物流公司。

如果你对普通人提到"第三方"这个词，他们大多会自然而然地联想到第三方险。此时，第一方是给车辆投保的人，第二方是保险公司，只有当某个第三方如事故中另一方车辆的司机提出索赔时，该保险条款才开始发挥作用。物流中的"第三方"有相似的含义：虽然一家企业可能使用自有车辆将产品运送给客户，或者客户有可能自提产品，但在多数情况下，他们会利用第三方物流公司来提供运输及仓储服务。

建议企业将物流业务外包给第三方物流公司的主要理由如下。

- 可以充分发挥各自的核心专长并增强柔性。中小型企业的成长常常特别依赖于其创始人或创始人团队的能量和激情。他们有可能非常了解自己的独家产品（可能是一款创新型电子产品或一种美味的食品），但物流并不是其核心专长（令人惊讶的是，一些大型知名组织机构同样如此）。通过享受第三方物流公司的服务，他们可以利用以物流为核心专长的员工的职业技能，在成本和质量方面取得令人惊讶的改进。

- 可以减少资本支出和负债。在一家不断扩张的企业中，现金流有可能很紧张。这家企业可能无法获得用于投资仓库、叉车和货车的资金，甚至用于租赁它们的资金，但是某家第三方物流公司很可能已经拥有了这些资源。

- 具有灵活性。有人认为这是选择第三方物流公司的最大优势。企业当前可能仅需要平均 1 000 个托盘的备用量，但是它有一个在未来 3 年内扩张到需要 2 000 个托盘的计划。对企业内部的运营人员来说，选项之一是建设一个能够存储 1 000 个托盘的仓库，但是随着企业的成长，这会产生新的问题；或者建设一个能够存储 2 000 个托盘的仓库，但这会使企业在成长期内浪费仓储成本。此外，还有一些可能发生的问题。例如，企业未能按预期扩张，可能最终只达到了需要 1 500 个托盘的水平；或者它取得了比预期更大的成功，需要 3 000 个托盘。第三方物流公司能够很好地适应此类变化，并承担企业的发展优于或逊于预期所带来的风险。

- 可以节约管理者的时间。在任何企业里，预料之外的事情总会发生。对物流或其他方面的业务来说，情况都是如此。车辆有可能抛锚，司机有可能因为生病而休假或改行从事别的工作，货物有可能在运输途中损坏。如果选择第三方物流公司，寻找替代车辆或司机的问题就由这家第三方物流公司来负责了，而且一旦货物在运输中受损，企业就可以向它们索赔。

- 不会受到运营许可证的限制。关于这个话题，后文会有更详细的论述，但简而言之，任何企业在英国运营一辆或多辆车辆总重量（Gross Vehicle Weight）超过 3.5 吨（一辆长轴距货车的规格）的运输车辆时，必须依法获得运营许可证。随便购买或租赁一辆货车并马上将其投入运营的做法是不符合法律规定的。

建议企业自营物流业务的主要理由如下。

- 一切尽在掌握，确信企业在运营过程中永远专注于百分之百的优先事项。一些企业经常会有这样一种看法（它可能对，也可能不对）：如果与自己合作的第三方物流公司拥有不止一家客户，那么它有可能偏向其他客户。如果出现运力不足的情况（如车辆故障），第三方物流公司有可能需要决定哪些客户能够按时收货，哪些客户必须等待其采取应急措施（如租用替代车辆）并延迟收货。而当企业自营物流业务时，如果需要做出把谁放在优先位置之类的艰难决定，几乎不需要考虑什么外部的竞争因素。

- 员工的积极性。许多企业管理者觉得，他们能让员工形成团队精神，所有员工都会真正地努力使企业走向成功。他们相信他们比任何第三方物流公司都能更好地激励自己的员工，并且坚信自己有能力避免或解决员工缺勤之类的问题，而不必依靠某个外部实体。他们可能还认为他们可以更好地向自己的员工传授有关产品的知识。例如，对于物流经理、叉车司机之类的专业人员，企业如果需要他们，就可以自主进行招聘，并向其传递企业精神，激发其工作热情。如果一家企业真的有能力做到这些，那么这会是支持企业自营物流业务的有力论据。

- 心理因素，包括与自己的产品足够接近。许多中小型企业在办公室附近或紧挨着办公室的地方设置仓库，以便员工及时获取货物。这对销售团队来说可能是很诱人的，特别是在他们有潜在的客户来访或收到了一个可以通过实地检查库存就能轻松解决的技术咨询问题时。

- 第三方物流公司的灵活性在实践中有可能受到限制。在英国，大多数合租仓库在 2 月会有很多闲置的空间，而在 11 月却并非如此。如果你的企业碰巧和大多数其他企业一样，在圣诞节前迎来需求高峰，那么你需要对物流业务进行谨慎的筹划。我知道这样一个例子，一家时装零售商（在秋、冬季迎来需求高峰）和一家园艺用品制造商（在春、夏季迎来需求高峰）共用同一个第三方仓库，而这两家企业都是家喻户晓的大企业。第三方仓库的空间、叉车和人工都可以由两家企业共用，这几乎是最完美的搭配。然而，这样的搭配实际上是十分少见的。

- 成本。后文会讨论具体的成本，这里仅做一些一般性的介绍。第三方物流公司必须获取利润才能生存，他们有人事、会计部门的运营成本等间接费用需要支付，而他们的客户实际上必须承担第三方物流公司管理层的一部分薪资。企业自营物流业务也有可能产生类似的成本。如果只涉及少量的新增人员，那么薪酬管理部门毫无疑问能够消化相应的工作量；然而，如果有上百名新增人员，薪酬管理部门就要增加人手，这笔费用在任何成本核算方法中都应当被考虑进去。

- 机会成本也很重要。企业的营业场所内也许有足够的空间来容纳一座仓库，但是这些空间是否有其他的使用方式，从而能够产生更多的利润？最后但也很重要的一点是，物流资产价格高昂。当然，企业有可能去出租或租用设备，但是如果要在 2018 年购买一辆新的 44 吨铰接式卡车，那么企业恐怕至少要准备 10 万英镑。

总而言之，没有答案适用于所有的情形。在实践中，大多数企业，即使是最大的企业，都会使用混合的物流网络。一家企业可能决定自己运营自有仓库，而将运输业务外包；或者可能组建自己的货车车队来负责英格兰大部分地区的送货业务，但是将苏格兰、威尔士及英格兰西南区的送货业务外包。有些企业甚至提供仓库的物理基础设施，但是使用第三方物流公司提供的管理和人力服务。同样，国内的道路运输业务可能由企业自营，国际运输业务则可能由第三方物流公司来承包。此外，很少有企业会自己运营航空货运业务和海洋货运业务。

企业做出每一个决定都需要考虑自身的实际情况，而我希望以上讨论有助于阐明企业在需要做出是自营物流业务还是将其外包给第三方物流公司这样的选择时应该考虑的所有因素。

# 独家专用还是多家共用

首先要指出的一点是，在独家专用（以下简称"专用"）和多家共用（以下简称"共用"）之间的选择与在自营物流业务和将其外包给第三方物流公司之间的决策有所不同。我们在公路上看到的许多车辆虽然喷涂着某家企业的标准色，司机穿着该企业的员工制服，但车辆实际上是由第三方物流公司运营的。

专用的仓库或车辆只用于单一企业的营利活动。这样的仓库通常位于企业的某幢自有建筑物内部，拥有一批只为该项业务而工作的劳动力，尽管该仓库也有可能仅占用该建筑中的部分专用场地。与上述内容相关的一个例子是位于考文垂的一家第三方物流公司的仓库，它拥有占地面积约为 1.1 万平方米的共用空间，可容纳包括文具和汽车零部件在内的各类货物。该仓库里有一个占地面积约为 93 平方米的独立空间专门用来存储和处理白内障手术需要使用的人工晶状体及相关的手术用具和药品。该项仓储运营业务对仓库从卫生到严密的批次控制与追踪都有高度专业化的要求，需要其员工接受高水平的培训，具备高水平的专业知识。因此，这就是一项完全专用的运营业务，尽管它发生在一个共用的第三方物流场所里。

同样，专用的车辆只为特定的企业运送货物，无论它是为本地的一家花店在小镇周边送货的一辆厢式货车，还是为一家大型石油企业运送汽油或柴油的由上百辆油罐车组成的车队。

专用的解决方案往往是需求量较大、有规律、独立或专业化的情况下的最佳选择；而共用的解决方案往往会在灵活性是关键点的情况下脱颖而出，当然，前提是它是切实可行的。

关于前者的例子可以在达文特里找到，在那里，英佰瑞和乐购分别拥有占地面积约为 9.3 万平方米（见图 2.1）和 7 万平方米的相邻的配送中心。不言而喻，在多家客户共用的环境中修建如此庞大的设施是行不通的。约翰·路易斯百货公司（John Lewis）于 2017 年在米尔顿凯恩斯新建了一个占地面积约为 6 万平方米的名为"麦格纳公园 3 号"的配送中心，我曾经有幸参观过那里。该中心处理的产品包括电器、家具、床上用品、休闲用品等，其全年的运转基本上是高度自动化的，令人印象深刻。然而，该中心的很大一部分设施仍旧配备了必要的人工操作设备，并会在每年最忙碌的时段投入使用。在我看来，约翰·路易斯百货公司已经断定，这种使得部分资产在每年都要闲置一段时间的举措所产生的成本是合理的，因为它很难找到一个能够保证达到其所期望的服务水平的合适的外部替代仓库。

来源：安博公司（Prologis）

**图 2.1　英佰瑞在达文特里的配送中心**

考虑到运输工具的运营，定期往返运输和短距离运输线路最好是专门定制的。各大汽车制造商都会安排在夜间向其经销商运送零配件，虽然冬季的运送量往往高于夏季，但是运输线路几乎不变，这对使用专用的厢式货车车队运输来说非常理想。如果一家中小型企业定期向一家老客户送货，那么使用一个专用的运输车队很可能同样是划算的。如果这项工作是定期进行的，而且运输车队全年的业务量可以得到保证，那么企业应该可以从第三方物流公司那里获得优惠的价格。

对于长距离的运输工作，专用车辆方案可能只在需要往返运输时才具有可行性。假设一家公司每天都在伦敦和格拉斯哥之间双向运行满载的铰接式卡车，那么使用一对专用车辆是经济实惠的。然而，如果这两辆车每天都只能在一个运行方向上实现满载，那么让第三方物流公司来负责这些运载工作，并委托他们寻找能够提供返程货源的其他客户将会更划算。

专用型运营的另一个驱动因素是高度的专业化。前面提到的用于白内障手术植入的人工晶状体的存储就是这样的一个例子，其中专用的存储设施几乎是必不可少的。而专用车辆方面的一个例子来自沃灵顿的一家家族式中小型企业——艾伯特-韦德公司（Abbott-Wade），该公司生产和安装高品质的楼梯。该公司运营着一个专用的车队（见图 2.2），负责为客户送货。车辆的一部分被改装后用来运输必备的工具，而司机要能够熟练地安装楼梯。在这个例子中，一个专用的车队几乎是必不可少的。

还有一种常见的情况是，一些产品可能与其他产品不相容。有害物质能或不能与哪些物品安全地存储在一起涉及很多复杂的问题，我不会不自量力地试着去对这部分内容进行归纳总结，但将成袋的洋葱放在服装仓库里肯定是不行的，因为衣服会沾染上洋葱的气味。

在需求不太规律的情况下，共用的解决方案往往更加经济实惠。假设一家小企业每周需要向 320 千米外的一家客户交付一个托盘的货物，那么采用其他方案基本是不可行的，除非要满足一些特殊的（如安全方面的）要求。同样，如果货物的存储量全年都在波动，那么合理的做法是使用一个共用的仓库，使成本能够大致与业务量保持一致。最低业务量的承诺也可以免去，

来源：艾伯特 - 韦德公司

**图 2.2　艾伯特 - 韦德公司运营的六辆专用车辆之一**

即便该客户在这个星期不想要货，这个共用的物流系统也不会产生额外的成本。

　　本节主要讨论了第三方物流公司提供的服务究竟应该是专用的还是共用的。然而，在某些情况下，企业自营的物流业务也可以含有多客户共享的要素。假设一家小公司经营自有的仓库并且允许隔壁的公司支付费用以存储少量的托盘，这就是一个共用型运营的例子。之前，我给出了一个某公司每天从伦敦到格拉斯哥送货的例子，并且建议该公司最好将物流业务外包给第三方物流公司并由他们来费心寻找返程货源。如果存在一个无法反驳的理由使得该公司必须在去程使用自有车辆，它就有可能在回程中为自有车辆招揽业务。这样做存在一些隐患：客户在车辆卸货时可能有所耽误，从而使这辆车不能用于第二天的运输工作；该公司需要进行额外的投保；与非营业性运输业务相比，开展这种营业性运输业务需要申请的运营许可证对企业自身的要求会更加复杂。然而，这可能是一家公司赚取额外收入的有效方式，而且一些大型的跨国物流公司实际上就崛起于这类活动之中。

　　再次强调，每个案例都需要根据实际情况加以考虑。

# 收费机制：佣金制还是包干制

根据温坎顿物流（英国最大的第三方物流公司之一）2018 年的年度报告，其对 59% 的业务采取佣金制收费，对剩余 41% 的业务采取包干制收费。前者主要涉及较大的客户；而对一家中小型企业来说，后者可能更为常见。这些术语到底是什么意思呢？

包干制是绝大多数企业会本能地去考虑的收费机制。例如，一家企业有可能与第三方物流公司达成这样的协议：存储成本为每周每托盘 2 英镑，入库和出库处理成本均为每周每托盘 3 英镑；将每个托盘运到曼彻斯特的费用是 50 英镑，运到斯图加特是 150 英镑。在大多数情况下，这对双方来说都合适。客户不受限于最低业务量，在销售完成后再付款。第三方物流公司的风险在于，如果它们只有少量的托盘需要运送，就有可能产生亏损；但是，如果它们能够有效地运营业务，公司就可以获得不错的收益。表 2.1 展示了一张典型的包干制收费价目表。

表 2.1　从曼彻斯特发出的托盘运输的典型包干制收费价目表

| 序号 | 地区 | 邮编区域 | 经济型（2~3 天，单位：英镑） | 次日达（英镑） | 次晨达（英镑） | 限时送达（英镑） |
|---|---|---|---|---|---|---|
| 1 | 英格兰西北部都会区 | 曼彻斯特、利物浦、维冈、布莱克本、博尔顿、奥尔德姆、斯托克波特、克鲁、切斯特、沃灵顿 | 45.00 | 45.00 | 49.50 | 59.50 |
| 2 | 英格兰中部、南约克郡、西约克郡、英格兰西北部乡村地区 | 伯明翰、斯托克城、德比、诺丁汉、莱斯特、考文垂、沃尔索尔、伍尔弗汉普顿、德斯利、特尔福德、谢菲尔德、唐卡斯特、韦克菲尔德、哈德斯菲尔德、哈利法克斯、哈罗盖特、利兹、布拉德福德、普雷斯顿、布莱克浦、兰卡斯特 | 51.50 | 61.50 | 66.00 | 76.00 |

（续表）

| 序号 | 地区 | 邮编区域 | 经济型（2~3 天，单位：英镑） | 次日达（英镑） | 次晨达（英镑） | 限时送达（英镑） |
|---|---|---|---|---|---|---|
| 3 | 伦敦、英格兰东北部、英格兰西南部的布里斯托尔和斯温顿、威尔士的加的夫和斯旺西 | M25 高速公路环绕的全部区域、米尔顿凯恩斯、斯蒂夫尼奇、牛津、雷丁、圣奥尔本斯、卢顿、赫默尔亨普斯特德、斯劳、格洛斯特、斯温顿、布里斯托尔、赫里福德、伍斯特、加的夫、纽波特、约克、克利夫兰、达灵顿、纽卡斯尔、杜伦、桑德兰、斯旺西第 1 邮区~第 7 邮区 | 62.50 | 75.00 | 87.50 | 97.50 |
| 4 | 苏格兰中部 | 格拉斯哥、爱丁堡、马瑟威尔、克尔克卡迪、福尔柯克、基尔马诺克、佩斯利第 1 邮区~第 19 邮区 | 62.50 | 75.00 | 92.50 | 102.50 |
| 5 | 苏格兰南部、英格兰和威尔士的其余地区 | 加拉希尔斯、邓弗里斯、英格兰和威尔士的其余地区 | 67.50 | 70.50 | — | — |
| 6 | 北爱尔兰 | 北爱尔兰 | 95.00 | 125.00 | — | — |
| 7 | 苏格兰北部、离岛 | — | 费用根据具体要求而定 | | | |

注：托盘最大尺寸为 1.2 米×1 米，最大高度为 2 米，最大重量为 1 000 千克；以上价格不适用于周末和法定节假日；所有价格均不含增值税。

折中方案可能仍然是一个包干制的合同，但它包含了对最低业务量的承诺。第三方物流公司有可能同意在 3 个月内以每周 750 英镑的价格提供 500 个托盘的存储空间（无论使用与否）；或者同意在 3 个月内提供一辆 18 吨带升降尾板的载重卡车（含卡车司机），限制其每周工作 5 天，并以每天 400 英镑的固定价格（含每周约 2 000 千米的行驶里程，超出的里程按每千米约 31 便士收费）收费。这降低了第三方物流公司的风险，也降低了其边际利润水平，虽然同时拉低了价格，但增加了客户的风险。关于车辆的运营成本的内容，后文将进行更为详细的讨论。

这一点被佣金制的收费原则进一步地利用。在采用佣金制的情形下，第三方物流公司会披露所有的成本费用，客户需要支付这些费用，并向第三方物流公司支付约定的管理费。如果合同金额非常大，管理费的费率有可能低至 1%。第三方物流公司的边际利润很少，但其承担的风险也很小，因为外部因素导致的费用增加（例如，假设英国政府打算提高雇主缴纳的国民保险税①的税率）通常能够根据协议条款以成本的形式转嫁给客户。在表 2.2 和表 2.3 中的示例里，一些成本项目被合并了。例如，专用仓储空间成本包含租金、营业税、照明费、采暖费和安保费，而人力成本包含国民保险税和养老金。在某些情况下，这些项目都是单独列出的。

表 2.2　典型的仓储佣金制收费价目表（固定成本）

| 固定成本项目 | 数量 | 单位成本（英镑） | 每周成本（英镑） |
| --- | --- | --- | --- |
| 专用仓储空间 | 4 645 平方米 | 2.48 | 11 500 |
| 经理 | 1 人 | 1 068 | 1 068 |
| 轮值主管 | 2 人 | 625 | 1 250 |
| 行政人员 | 2 人 | 380 | 760 |
| 叉车司机 | 12 人 | 480 | 5 760 |
| 包装工人 | 6 人 | 360 | 2 160 |
| 前移式叉车（堆高） | 4 辆 | 90 | 360 |
| 平衡重式叉车 | 2 辆 | 78 | 156 |
| 托盘车 | 1 辆 | 55 | 55 |
| 系统牌照费 | 1 笔 | 1 400 | 1 400 |
| 管理费 | 1 笔 | 1 250 | 1 250 |

表 2.3　典型的仓储佣金制收费价目表（变动成本）

| 变动成本项目 | 单位 | 金额（英镑） |
| --- | --- | --- |
| 额外的仓储空间 | 每托盘每周 | 1.75 |
| 行政人员加班费 | 每小时 | 16.30 |
| 叉车加班费 | 每小时 | 20.60 |

---

① 英国征收的一种社会保险税，将雇主支付给雇员的劳动所得作为征税对象，雇主和雇员为纳税人。

（续表）

| 变动成本项目 | 单位 | 金额（英镑） |
|---|---|---|
| 劳务派遣费 | — | — |
| 　　行政人员 | 每天（8小时） | 144.32 |
| 　　叉车司机 | 每天（8小时） | 164.32 |
| 　　包装工人 | 每天（8小时） | 144.32 |
| 　　加班费 | 上述费用按比例增加33% | |
| 额外的物料搬运设备租赁费 | 按成本计算 | |
| 叉车汽油 | 按成本计算 | |
| 易耗品 | 按成本计算 | |

在现实中，事情可能并不像看上去的那样。第三方物流公司可能有一座仓库的25年租约。如果客户做出连续租赁25年的承诺，那么第三方物流公司几乎肯定会按成本收取租金；但是如果没有这样的承诺，那么第三方物流公司有可能觉得收取一定的附加费用才是合理的。同样，客户与第三方物流公司有可能达成这样的协议：按行驶里程每千米收取若干车辆维修费用，第三方物流公司承担维修风险并获取最大限度地减少车辆维修所能带来的潜在利益（例如，减少车辆事故导致的损失）。此外，我们从一家第三方物流公司的供应商那里得知了一项特殊的成本。该供应商的报价为每小时10英镑，这笔费用是按合同收取的，因此第三方物流公司的合同经理能够开具相应的发票。然而，该供应商在月末将以数量回扣的方式向第三方物流公司的总部发送一张付款单（每小时50便士）。在订立这样的合同时，该供应商可能有必要澄清第三方物流公司是否将通过此类回扣获益。

此外，客户很可能在订立合同的过程中寻求关于提高生产率的承诺。例如，合同规定仓库的平均拣货速度一年后应当从每小时120件提高到每小时126件，两年后应当提高到每小时132件。但是，如果客户改变了运营的性质（例如，取消了对其自身客户的最小订货数量的规定），就有可能出现纠纷。这样的纠纷会变得非常复杂，而为了使一份佣金制合同能够满足彼此的利益需求，双方都需要拿出真诚的善意。

总而言之，包干制合同对中小型企业来说通常是最合适的选择。随着企业规模的扩大，由包干制转向最低业务量承诺再转向全面的佣金制是值得企业认真考虑的方案。

# 第四方物流

前文提到，简单来说，大多数企业都能通过自营物流业务或将物流业务外包给一家或几家第三方物流公司来满足自己的物流需求。然而，还有一种被称为第四方物流的选项。简单地说，第四方物流公司的工作就是管控大量的第三方物流公司的相关资源。

我们可以用一个例子很好地解释这一点。我们假设在考文垂有一家为建筑行业生产物料的公司。根据其客户的营业场所中卸货设备的特点，物料必须使用平板拖车（后面的章节将会讨论各种类型的拖车，图 2.3 展示了平板拖车）来运送。平板拖车早在 50 年前基本上就已经是标准设备了，但近年来它们通常只在别无选择时才会被使用。

来源：斯蒂尔斯货运公司（Stears Haulage）

图 2.3　一辆平板拖车

就地组建一个由铰接式卡车和平板拖车组成的大型车队并将其用于全国范围内的送货是有可能的。然而，这样做耗资颇多，因为返程载货的机会非常有限。一个更划算的解决方案是找到那些正从英国其他地区向中部地区通过平板拖车运货的第三方物流公司，让他们在回程时将货物运到他们各自所在的地区。这样，一个仅有 4 辆车的核心车队就有可能依托第三方物流公司在考文垂周边 80 千米或 160 千米的范围内进行本地送货。

这项业务的日常运营管理需要花费一些时间。因此，企业的可选方案是雇用更多的员工或使用第四方物流公司提供的服务。第四方物流公司或许已经具备了必要的专业知识，而且在很多情况下甚至已经与其他公司达成了相关合作。这能为相关公司带来一个成本效益较高的解决方案，而且合作对第四方物流公司来说也很有吸引力，因为他们只需雇用少量员工并且无须在卡车和其他重要资产上进行投资就能获得不错的收益。对一些人来说，第四方物流公司不值得考虑，因为这些人有一种强烈的商业本能，那就是"剔除中间人"。然而，这正是中间人能够真正增加价值的情形。它虽然只是少数情况下的最佳解决方案，但不应该仅仅基于商业教条而被否决。

我们有时候还会听到第五方物流。这样的组织可以将多家第三方物流公司承运的货物或企业自己承运的货物集中起来以产生规模经济，并且从中获益。我们还可以在互联网上找到对第六方物流及类似概念的讨论，甚至还有第十方物流的定义："供应链具有自我意识并且可以自我运行。"不过，如果你的供应链具有自我意识并且能够自我运行，那么你根本不需要阅读本书。

## 结论

本章探讨了关于运营物流业务的各种宏观选择：物流业务应该由企业自营还是被外包给第三方物流公司（或者在某些情况下被外包给第四

方物流公司）？运营方式应该是独家专用型还是多家共用型？如果将物流业务外包给第三方物流公司，那么该公司应该采用的是包干制还是佣金制？

　　本书主要研究国内物流服务，但同样的原则也适用于国际货物运输。例如，尽管很少有公司去包租自己的船，但也有在国际物流运营中拥有专用的自营卡车车队的例子。

　　在一些情况下，决策很容易做出。而在另一些情况下，物流经理有可能收到董事会关于选择何种战略方向的指示。我的总体建议是，物流经理要根据每一个要素自身的特点对其加以考虑，并且在必要的时候进行成本分析。在很多情况下，混合型方案会是最好的选择。总的来说，一个"因地制宜"的方法要比一个"一概而论"的方法好得多。

# A PRACTICAL GUIDE TO LOGISTICS

An Introduction to Transport,
Warehousing, Trade and Distribution

## 第 3 章

## 存储：物理基础设施

本章将讨论物理存储设施，包括需要多少设施及需要安装什么形式的货架或搁板货架（如果有）。第 4 章将讨论车辆装卸过程及叉车等设备，第 5 章将讨论仓库运营方法，第 6 章将讨论仓储管理系统（Warehouse Management System，WMS）。请注意，本章只讨论存储设施，转运设施将在后面的章节进行讨论。

# 我需要多少个仓库

如果你的公司总部设在英国，那么对这个问题简洁的回答是"不会太多，可能只需要一个"。

诚然，各大连锁超市在英国都有许多家分店，但这主要是由其规模的扩大所推动的。它们有很多占地面积约为 9.3 万平方米的仓库，如英佰瑞在达文特里的仓库、亚马逊在法夫的仓库，但是从来没有超市尝试运营一个占地面积为 46.5 万平方米或 93 万平方米的仓库。能否获得规划许可及能否在当地招聘到足够的员工都会是障碍。

与连锁超市相反，各大汽车制造商在英国都经营着单一的零配件中心。例如，标致雪铁龙（Peugeot Citroën）位于考文垂的零配件中心占地面积约为 5.7 万平方米，它为整个英国市场提供服务。福特（Ford）在达文特里有一个类似的场地，而梅赛德斯 - 奔驰（Mercedes-Benz）在米尔顿凯恩斯同样如此，这些仓库同时为汽车经销商提供服务。这些汽车制造商各自都有精心规划的运输网络，以期将零配件快速运送给在路上抛锚的车辆。我知道的最大的仓库是约翰迪尔公司（John Deere）在美国伊利诺伊州的零部件配送中心，其占地面积约为 24 万平方米。该公司最负盛名的是拖拉机制造业务，但是它同时也经销农业和建筑行业的其他设备。

这一切背后的驱动因素是库存的性质。每家制造商都持有成千上万种产品，例如，在极端情况下，约翰迪尔公司在伊利诺伊州的仓库里有超过 80

万种不同的零配件。出现这种情况的原因是该公司制造的每辆车都需要很多种不同的零配件，而且每一种车还有不同的型号，甚至包括那些已经不再生产的型号。只有少数零配件是相对快速流通的，如用于当前流行款式的刹车片的零配件，但是大多数零配件很少会被用到，只需持有少量的库存。成千上万种零配件的少量库存的累加，无论是在仓储空间方面还是在库存占用资金方面，都会产生很高的成本。

对其他企业来说，可能有其他驱动因素使得它们拥有为数不多的仓库。对一家中小型企业来说，只拥有一个仓库才是直观上的正确解决方案。在某些情况下，仓库会被称为储藏室，而且位于一个不会大过一间大办公室的房间里。复制一个小规模的业务几乎会使成本增加一倍。在现实中，将所有库存放在一个地点比放在多个地点管理起来要容易得多。此外，使自己所有的库存都近在眼前还有心理和实际操作上的好处。向客户快速交货很重要，这通常能通过高效的运输网络（而非建立区域性库存）很好地实现。除了苏格兰北部等偏远地区，保证次日早上 8 点交货是十分可行的。一个重要的问题是，在多仓系统中，某件物品的库存会在某个仓库中耗尽（但在其他仓库中并没有耗尽），从而导致客户服务失败，而这种情况在使用一个中心仓库时不会发生。

很少有销售市场要求在订购当天交货。有这种需求的市场是我得出的一般性结论中的特例，需要使用当地设施来实现这一目标。

尽管说了这么多，还是有人会争论说，在没有进行适当的财务分析的情况下做出决策并不值得提倡，我们很难不同意这样的观点。

图 3.1（a）和图 3.1（b）使用虚构的案例说明了财务分析的过程。

让我们设想一家虚构的批发商。货物从英国的供应商那里发出，以集装箱的方式运到费利克斯托港，接着运至一个或多个仓库并存储至需要时，然后大致按人口密度配送至英国各地。基于此次分析的目标，我们假设这是一家成熟稳定的企业，并且我们正从零开始，即假设当前的仓库租约即将结束。我们的目标是确定仓库的最佳数量。可选方案包括：在米尔顿凯恩斯或拉特沃思等黄金地段设置一个仓库；将一个仓库设在米尔顿凯恩斯，将另一个仓库设在 M62 高速公路沿线；设置 4~5 个仓库，在苏格兰和英格兰西南区设置区域配送中心；设置 10 个仓库，其中一个设在诺福克郡，另一个设在德文郡。

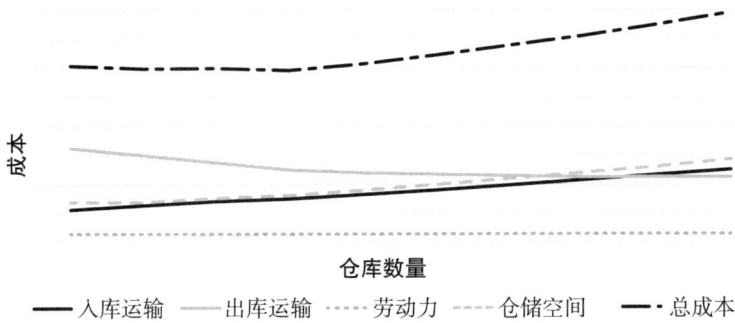

（a）整车进，托盘出

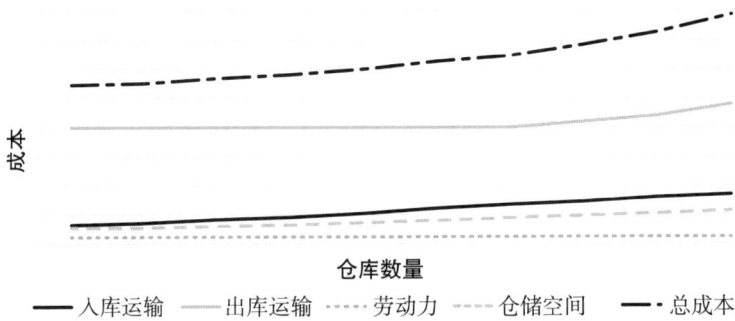

（b）托盘进，包裹出

图 3.1　成本随仓库数量变化而变化的趋势

图 3.1（a）和图 3.1（b）所示的两个例子的主要区别在于业务的性质。

在例子 1 中，车辆满载，货物以整托盘的数量交付，如图 3.1（a）所示；在例子 2 中，托盘被接收，有时是满载的，并且托盘上的货物被分解，以便按包裹的数量将货物运送给客户，如图 3.1（b）所示。

一共有五个主要的成本因素，其中有四个因素在这两张图中展示了。

- 入库运输成本。在例子 1 中，如果网点较少，那么所有的货物将会以整车的形式交付。随着网点数量的增加，一些网点会距离较远，因此运输价格会提高。一个集装箱通过公路运输到米尔顿凯恩斯可能花费 400 英镑，到利兹可能花费 650 英镑，到格拉斯哥可能花费 1 200 英镑。随着网点数量的进一步增加，货物将需要以零担的方式运送，这会进一步显著地增加成本。这一点在例子 2 中更加明显，因为将少量托盘运送到包括德文郡和诺福克郡在内的众多网点的入库运输成本非常高。

- 出库运输成本。对于托盘送货，出库运输成本将随着网点数量的增加而降低。从格拉斯哥和爱丁堡之间临近 M8 高速公路的一个网点送货到苏格兰比从英格兰其他任何地方送货到苏格兰都要便宜。然而，包裹送货不大可能出现这样的情况。对一个包裹承运人来说，与从包括位于德文郡的 1 个仓库在内的 10 个仓库每个收集 100 个包裹相比，从英格兰中部地区的 1 个配送中心直接收集 1 000 个包裹更有吸引力，而且因为运营业务被进一步细分了，外运包裹的出库运输成本更有可能增加而非减少。

- 劳动力成本。理论上，在一个较大的设施里，劳动力成本应该会增加，因为工作人员不得不四处走动去存放和拣选货物。然而，在这样的设施里实际上存在规模经济。劳动力成本和规模经济这两种因素经常会相互抵消。

- 仓储空间成本（我将管理费用计入了其中）。这是规模经济真正显得重要的地方。较大的设施在高度上往往更自由，尽管每平方米的成本有可能固定不变，但每立方米的成本会降低，而每个托盘的存储成本也会相应地下降。能够在一个地点存放满托盘数量的货物而在多个地点存放少于满托盘数量的货物很重要；使用可节省空间的存储方法的可能性（例如，使用驶入式货架，这类货架适用于存放数量较多的货物）同样重要。花在相应科目的间接费用也会减少。举一个极端的例子，一个占地面积约为 46 000 平方米的仓库的总经理的工资会高于 10 个占地面积约为 4 600 平方米的仓库的经理之中任何一位的工资，但不会是其中任何一位经理的工资的 10 倍。

- 库存成本。我并没有试图说明这一点，因为结果太多样化了。假设某组织持有 1 000 个托盘，每个托盘包含 10 件货物，那么无论这些托盘是分布在 1 个、2 个还是 10 个网点，库存成本都不会有太大的差异。然而，如果需要在每个网点持有最低的库存数量以便服务客户，库存成本就会急剧上升。重要的是要记住，虽然采购额外的货物不会对盈亏产生直接影响，但为购买这些货物所借贷的资金的利息支出会对其产生影响，而且现金流对小型企业来说十分重要。

要想进行财务分析，就要查看你的企业在一段时间内的数据，还要从供应商那里获得指示性报价，并在电子表格中比较上述成本。这是一个非常耗时的过程，但平心而论，这是一种值得鼓励的商业行为。

总的来说，除了一些大企业，设置单一的存储设施对大多数企业来说很可能是服务英国境内客户最具成本效益的方案。许多跨国大公司对欧洲大陆的情况也得出了类似的结论，唯一的欧洲配送中心通常位于比利时或荷兰。对许多区域性仓库来说，它们通常不是最具成本效益的方案。

# 存储方式

一旦确定了仓库的数量，你就要研究如何运营它们。

在这个过程中，你首先要弄清楚如何对存储设施进行布局。你要用搁板货架还是托盘式货架或者两者都不需要？接下来的几章内容将基于一个隐含的假设——企业自营物流业务。但是，这些内容对那些将物流业务外包给第三方物流公司的企业来说同样有用，因为它们提供了关于应该寻找什么样的第三方物流公司的建议。应该铭记于心的是，第三方物流公司很可能对自己的仓库进行柔性布局，以满足各种潜在客户的需求。此外，本节内容仅限于传统的和半自动的仓储系统，全自动的仓储系统将会在后面的章节进行讨论。

简单来说，托盘通常需要托盘式货架，而纸箱通常需要搁板货架，但是事情并没有那么简单。

## 露天存储

露天存储是最便宜的储存方式，但只有对那些专门被设计成户外使用的货物来说，它才是一个真正可供选择的存储方式。汽车是一个典型的例子。在一个较大的露天场所里，每 4 000 平方米大约能够存放 200 辆车。若将它们存放在室内，则所需的费用会高得让人望而却步。露天存储后，这些车辆需要的只是一次很全面的清洁，然后它们就可以被交付给汽车经销商。露天存储也适用于建筑行业使用的多种物料，以及煤炭或废旧金属等大宗物资。

显然，那些不适合在户外使用的货物不应该被露天存储，但是人们常常会忘记这一点。很多公司都想把客户退回的货物存放在户外，然而，通常来说，这些被退回的货物很快就变质，甚至变得几乎毫无残值。

金属托架和木制托盘也经常会被堆放在院子里。它们不可避免地会变湿、变脏，从而损坏放置于其上的货物。一个底部潮湿或有水渍的包装箱有可能使其中的货物无法出售。此外，安全问题也很重要。

## 分区存储

并不是所有的托盘都需要堆放在货架上。分区存储（见图 3.2）专指将托盘堆放在地板上。其显而易见的好处是不需要投资，托盘可以堆放得比任何形式的货架更加紧密，可实现高达 80% 的空间利用率。

来源：SEP Logistik AG 公司

图 3.2　分区存储的整托盘货物

然而，分区存储实际上只适用于极少数产品，这些产品及其包装必须可以进行堆码。在一个 6.5 米高的仓库里，只放置一两层托盘会浪费大量的空间。适合进行分区存储的产品包括金属托架（这些金属托架在汽车行业中已经使用了几十年）上的汽车零部件，或者任何使用更现代化的、可重复使用的塑料包装的产品。罐装饮料和林木产品本身可能就具有足够的强度来进行堆码。要确保没有任何坍塌的危险，一个摇摇欲坠的堆垛是健康和安全问题的主要根源。

较少被注意到的是，分区储存只有在每种库存品项都有大量托盘的情况下才是有效的。纸币就是一个例子。英国只有四种面额的纸币在市面上流通，不需要任何先进先出的轮换，因此存放纸币的金属托架能够紧密地堆码在保险库里。然而，如果一家企业有少量的托盘，但每个托盘都有大量的零件编号，该企业就有两种存储方案：一种是拥有大量的小托盘堆垛，这会浪费很多空间；另一种是把不同的品项堆放在一起，这意味着你必须移动一个堆垛中的大部分货物才能获取底部的托盘，然后把其余的货物重新堆放起来。实际上，这会是一场噩梦。

## 货架：一些注意事项

我们都听说过这样的故事，有人想买一件东西，然后简单地选择他们在网上能找到的最便宜的那件。这样做的后果有可能是相对轻微的（例如，打印机墨盒漏墨），也可能是致命的（例如，买到了假药）。

可悲的是，那些在网上售卖货架的供应商也不能保证其安全性，一些供应商甚至无法说出货架是在哪里生产的。通常，它们看起来似乎很合用，而且一开始表现良好。然而，在实践中，它们很可能在发生轻微的损伤后变得极其脆弱，而且会因没有内置的安全裕度而失效。真正的责任往往难以厘清，因为货架供应商会将所有的堆垛坍塌归咎于货架损伤，而即使是最好的货架也难以承受重大的损伤。当然，这种情况并不会仅仅发生在那些在网上售卖货架的供应商身上，即使是信誉度较高的供应商也会这样做。

因此，我强烈建议英国的企业在安装货架时要确认其符合英国标准（BS EN）15512，并且提供货架的供应商必须是英国仓储设备制造商协会（Storage Equipment Manufacturers Association，SEMA）的会员。SEMA 发布了一个包含健康和安全高标准的行为规范，所有的会员都必须遵守。该行为规范于 2008 年出台，2014 年略有变化。2019 年，SEMA 发布了新的、更严格的行为规范。会员必须接受索尔福德大学（University of Solford）独立进行的年度评估，而且安装人员应该携带身份证件，以证明他们是仓储设备安装人员注册计划（Storage Equipment Installers Registration Scheme，SEIRS）的会员。选择此类供应商可确保货架的耐用度和安全性达到很高的标准。

此外，所有货架都有最大的安全载荷。通常情况下，每个托盘的载荷上限是 1 吨，这对大多数产品来说是够用的。如果你的产品比较重（如罐装水果或蔬菜），那么你应该提出更高的安全载荷要求。除了比较重的产品，平均每个货格（货格指每两个货架立柱之间的区域，包括所有的水平面）载荷高达 30 吨，每个货格的宽度为单个托盘的宽度的货架对普通产品来说已经足够了。

如果是混合存储产品，仓库就必须制定相关的程序，以确保比较重的产品不会被存放在一起。明确规定将它们始终存放在货架的地板层可能是实现这一点最简单的方法。混合的汽车零件就是一个例子，它们大多比较轻，但是也有例外，如汽车电池。如果这些比较重的零件都放在货架的地板层，那么不会有任何问题。然而，如果有人决定将所有的汽车电池托盘都放在同一个货格里，那么后果有可能是极其危险的货架坍塌。

最后一个警告是关于地板负载的，即建筑物的地板强度。如果你正考虑租用或购买一个仓库，那么你需要询问一下地板的最大载荷是多少。人们有可能说"这是一栋按照最新标准建造的现代化建筑物"之类的毫无意义的话；也有可能说"每平方米 35 千牛"，我必须承认这句话对大多数人来说同样毫无意义。它的意思是，地板是按平均每平方米能够均匀承受略超过 3.5 吨的载荷标准而设计的。一些高达 10 米的现代化仓库正是按照这一标准建造的，而对承载某种中等重量的产品（如啤酒）的均匀分布的货架来说，它们的高度甚至只能达到建筑物高度的一半。如果你希望在安装货架时充分利用建筑物的高度，你就会遇到严重的问题：货架的每个立柱的负载有可能达到 80 千牛，而且不是均匀地分布在地板上的。当然，这并不能一概而论。

因此我强烈建议所有正在考虑租用或建造仓库的人，如果打算安装货架，那么在签订具有法律约束力的协议之前，最好与信誉良好的制造商或经销商确认一下货架的适用性。

# 标准宽通道货架

这是在小型仓库中最常见的货架，也是大多数外行都很熟悉的货架（见图 3.3）。它有时也被称为可调节式托盘货架（Adjustable Pallet Racking，APR），它比其他类型的货架更加灵活。

来源：Redirack 公司（Stakapal 公司旗下的销售公司）

**图 3.3　标准宽通道货架**

标准宽通道货架最明显的优点是每个托盘都有自己的位置，并且可以直接进行存取。无论每种品项有多少个托盘，标准宽通道货架都能很好地适应。实际上，这是最便于操作的一种货架，而且其货物吞吐速度比其他任何类型的货架都要快。通常来说，货架通道的宽度约为 3 米，这意味着仓库人员可以使用标准的取货叉车，从而避免使用昂贵的窄通道专用叉车（叉车类型将在第 4 章中讨论）。在更宽敞的通道布局下，过道宽度为 3.5~4 米，这意味着仓库人员可以使用平衡叉车。这在小型仓库中是一种优势，因为它避免了使用多种类型的叉车。

先进先出之类的要求可以通过任何优秀的现代化 WMS 轻松达到，而且积极主动的仓储经理会确保将快速流通的货物存储在最容易获取的位置。

此外，标准宽通道货架是可以调节的。如果在安装货架时考虑了托盘的高度，但需求发生了变化，此时对货架横梁进行相应的上下调整就是一件相对容易的事情。

标准宽通道货架最主要的缺点是，宽阔的货架通道会导致仓库空间利用率远低于其他类型的货架，平均约为 40%。需要指出的是，我提到的这些数据都只是近似值。当你做详细的货架布局时，你可能发现仓库的尺寸刚好允许再增加一排货架，也可能刚好增加不了，你还可能发现支撑屋顶的立柱正好处于最不恰当的位置。

# 窄通道和超窄通道货架

为了更好地利用空间，可以安装窄通道货架，这是在过去 20 年里安装量增加最多的一种货架。它与标准宽通道货架相似，但通道更窄。理论上，通道宽度可以窄至 1.6~1.7 米，但是在这样的宽度下，操作会变得更加困难（也更慢）。在实践中，最好使用宽度窄至 2.3 米的略窄通道。这类货架提供了更高的空间利用率，通常为 45%。窄通道货架的主要优点与标准宽通道货架相同——每个托盘都可以直接存取。这类货架适用于大批量存放不同类型的品项，而且先进先出的操作能够轻松实现。如果需要，调整货架也相当容易。

其主要的缺点是必须使用专用的窄通道叉车，如旋转式叉车和铰接式叉车。这些设备比标准的取货叉车更加昂贵，因此需要更多的启动资金。它们也更加难以操作，因此需要仓库招聘和储备优秀的操作人员。

尽管各种确切的定义不尽相同，超窄通道货架的排列更加紧密，通道可窄至 1.4 米。在这种情况下，仓库必须使用高度专业化的叉车，而且叉车可能依赖于埋入地板的线路的引导。这些叉车通常拥有升降式驾驶室，可以使驾驶者上升到与货叉相近的高度（见图 3.4）。驾驶者必须具备高水平的专业技术才能有效地操作这些叉车。

来源：Redirack 公司

注：专用叉车上的驾驶者已经上升到了与货叉相近的高度。

**图 3.4　超窄通道货架**

# 驶入式货架、后推式货架、托盘流动式货架和双深度货架

在前面介绍分区存储时，我说过它适用于存储可以进行堆码的托盘，这些托盘不需要进行成箱拣货或单品拣货，并且库存品项的种类较少。在某些情况下，后两项要求都符合，托盘却不可堆码。

在这些情况下，驶入式货架（见图 3.5）可能是最好的选择。在这种布局中，并不是所有的托盘都能从通道中获取，它们是前后堆码的，进深可能是 5 米或 10 米。驶入式货架可使叉车直接驶入货架的通道，并从后面接近托盘。通常在每个通道的入口处有引导线，两侧有导轨来辅助叉车驶入。需要注意的是，对于驶入式货架，需要使用专用叉车。如果使用这类货架，那么地板覆盖率可以高达 85%。

然而，取货操作难度会变大，灵活性也会变差。只有在货架前部都被清

**图 3.5　驶入式货架**

空的情况下，后部的托盘才可能被获取。在某一层前部堆满的情况下，叉车不可能到达该层的后部。因此，驶入式货架实际操作中的空间利用率往往低于标准宽通道货架和窄通道货架。先进先出的操作很困难，从托盘中进行成箱拣货是不切实际的，而且这样做的灵活性很差。

后推式货架与驶入式货架相似，不同之处在于叉车不驶入货架，而是通过在托盘前面放置另一个托盘来将后者推入货架。货架内有一个可移动的框架来实现这一操作，当一个托盘被移走后，其后的托盘会缓慢地向前滚动。托盘可以按照这种方式码放四排。与驶入式货架相比，后推式货架的优势在于不需要使用专用叉车。

后推式货架的一个变体是托盘流动式货架（见图 3.6）。托盘流动式货架通常有五六个托盘的存储空间，但是货架的每一层都有一组倾斜的滚轴。托盘从货架后部进入，然后在重力的作用下滑到前部，可以根据需要从货架前部取出。这种货架同样适用于种类相对较少的库存品项，而且同样不容易进行调整。使用高质量的托盘是有必要的，因为一个破碎的托盘会导致操作大规模中断。这种货架的安装费用很高，但与驶入式货架相比，其优势在于货架前部的托盘始终可以被获取，即使货架某一层的托盘比另外一层更少。先进先出的操作也更加易于管理。

来源：钢宝利物料搬运公司（Gonvarri Material Handling）

**图 3.6　托盘流动式货架（展示了托盘滚轴）**

还有一种货架叫双深度货架。双深度货架采用传统的布局方式，但在每个位置有两个前后排列的托盘空间。这种布局方式带来了一些好处，也带来了一些坏处：空间利用率可能达到 50%，但选择性下降了 50%，而且需要使用专用叉车。

随着穿梭式货架的普及，以上所有类型的货架的安装量从长期来看都在下降。特别是双深度货架，安装这类货架通常被视为一种折中方案，因为它既不能提供充分的灵活性，也不能提供最高的空间利用率，因此很少会被使用。

## 半自动货架

目前使用较多的半自动货架主要有两种——穿梭式货架和移动式货架。

前者在原理上与后推式货架相似，不过托盘是借助穿梭机移动的（见图 3.7）。穿梭机是一个被安装在货架滑道上的机械化平台。叉车操作员会把托盘放在穿梭机上，还会带着遥控器，并使用这个遥控器将平台移回货架，然后将其稍微降低，使穿梭机回到货架前部，并重复这个过程。

来源：安永达（英国）有限责任公司（Avanta UK Ltd）

**图 3.7　穿梭式货架（展示了无托盘的穿梭机）**

穿梭机是由电力驱动的，它通常使用一个可充电的锂电池，这种电池每次充满电后一般可以工作 12 个小时。大多数穿梭机具有低电量功能，在低电量的情况下可自动将穿梭机返回至货架前部。叉车操作员可以使用叉车移动穿梭机去充电。在需求增加或机械故障增加的情况下，准备足够多的穿梭机是一种谨慎而明智的做法。

穿梭式货架能够支持长度达 50 米的托盘运行，因此它具有出色的地板利用率。先进先出操作可以通过从货架两端进行托盘操作来实现。这类货架相较于驶入式货架有几个优点。它不需要使用专用叉车，这在一定程度上降低了成本。它损坏的风险较小，因为叉车无须驶入货架通道。它更加便于操作，货物吞吐速度更快。因此，穿梭式货架正在逐步取代驶入式货架。

顾名思义，移动式货架是可以移动的货架（见图 3.8）。在地板上设置的轨道需要采用特殊的安装方式，以加固轨道本身。货架的运行是远程控制的，货架可以聚拢或分开，这样就可在特定的时间在特定的货架之间创建通道。因此，移动式货架具备传统的宽通道货架的优势，每个托盘都可以直接获取，同时其空间利用率可以翻倍。

移动式货架的主要缺点是比较昂贵。在大多数情况下，安装非机械化的系统并占据更多的空间才更具成本效益，只有当空间本身就很昂贵时才会有例外。因此，移动式货架常用于冷冻或冷藏食品的存储。

（a）正在移动的货架 1

（b）正在移动的货架 2

（c）正在移动的货架 3

（d）正在移动的货架 4

来源：Storax 公司

注：四张图片展示了由于货架移动，中间的通道关闭、右侧的通道打开的过程。

**图 3.8　移动式货架的运行过程**

# 专用货架及配件

前文介绍的各类货架适用于大多数类型的托盘货物存储。然而，有一些货物需要使用专用货架来存储。

在很多情况下，我们可以通过安装配件使用标准货架。如果需要存储的货物数量少于一个整托盘，那么仓库有几个选项，其中包括插入半托盘（顾名思义，就是尺寸为整托盘尺寸一半的托盘）。木质隔板、钢丝网架和金属隔板也是可以选用的，它们适用于尺寸较小的托盘、纸箱或其他小尺寸的包装单位。

最常见的专用货架或许是悬臂式货架（见图 3.9）。这种货架前部没有连续的立柱，只有从其后部立柱向前延伸出来的水平杆，它们通常和托盘货架一样可以调节。悬臂式货架被设计用来存储传统货架无法容纳的长物品，如管材、木材、地毯卷和金属板等。

另外一种专用货架是垂直式货架，它被设计用来竖直存储超长的物品。因为它存在损坏物品底部的风险，所以不被用于存储管材，而通常被用于存储木材。

此外，还有一些货物也需要使用专用货架来存储，如需悬挂的衣物、轮胎（见图 3.10）、线缆或电缆等。

来源：安永达（英国）有限责任公司

**图 3.9  用于存储钢管的悬臂式货架**

来源：钢宝利物料搬运公司

**图 3.10 用于存储轮胎的专用货架**

# 安装货架的其他注意事项

在计算或确定货架的安装成本时，需要考虑的并不仅仅是货架本身。

首先，货架需要保护。在所有的叉车操作中，叉车都不可避免地会与货架发生一些碰撞，因此，谨慎的做法是至少使用一些屏障来保护托盘末端，同时使用立柱防护装置来保护立柱。此外，虽然从理论上来说，货架经常是背靠背的，但实际情况并非总是如此，特别是在货架区域边缘。如果存在物品从托盘后部掉落的风险，仓库就应该安装防护网来预防这种情况的发生，不这样做会引起的健康和安全方面的隐患是显而易见的。另一个健康和安全方面的要求是公示负载注意事项，内容包括每个托盘和货格的最大安全载量。所有这些保护装置都可以由货架供应商提供。

其次，另一项主要的开支是照明。许多仓库仅在地面作业时有足够的照明。但是，如果货架的高度接近仓库顶部，而使用时缺乏额外的照明，那么工作人员很可能因为通道太暗而不能安全有效地工作。此时，仓库必须沿通道提供额外的照明。实际上，在安装货架之前这样做会更容易，在项目规划阶段应该牢记这一点。

再次，通道之间的叉车入口经常位于通道末端的装卸区域。然而，如果货架的布局不包括这一区域，仓库就必须设置一个宽阔的横向通道。这时可以采用隧道的形式，把货架设置在更高的水平面上，以保证地板空间部分使用。仓库可能还需要在通道的封闭端设置一条人行隧道，以通往消防出口。当然，每个通道内都应该有清晰的提示标志。

最后，货架需要贴上标签（第5章将讨论各种选项）。在项目规划阶段应该注意，为大量的托盘贴标签并不是一项可以快速完成的工作。

## 小型物品：搁板货架

前文已经详细地介绍了多种可用于托盘存储的货架。然而，小型物品最好存储在搁板货架上，如整箱运输的箱子、拆箱分拣的外包装箱、拆零分拣的箱子或零散存储的物品。

标准搁板货架（见图3.11）看起来类似于微型货架，拥有金属立柱和搁板，但没有用来支撑托盘的底梁。它有多种形状和尺寸可供选择：高度可达12米，货架深度（从前到后）为30~120厘米，货架宽度（同侧的两个立柱之间的距离）可达3米，每个货架的承载能力可达900千克。搁板本身可以是刨花板、金属丝网、不锈钢板、涂漆钢板或三聚氰胺贴面钢板。对大多数物品来说，为了选择合适的搁板货架，只需要确定物品的重量和尺寸，并选择恰当的货架深度、高度、宽度和承重能力。

零散的物品很容易在货架上翻滚，当它们停在错误的地方时有可能引发问题。因此，仓库可以使用全高度分隔物来细分货架，它们是竖直安装在搁板货架之间的钢板，这个解决方案可以用于配件之类的物品的存储。

来源：安永达（英国）有限责任公司

**图 3.11 用于存储各类产品的标准搁板货架**

另外一种选择是使用有盖或无盖的塑料箱，这种塑料箱被很多家庭用来存放儿童玩具。对于螺母和螺栓这类尺寸非常小的物品，使用前边沿较低的专用塑料储物盒（见图 3.12）通常是最好的解决方案。

来源：钢宝利物料搬运公司

**图 3.12 用于存储小型物品的塑料储物盒**

货箱流动式搁板货架（见图 3.13）也被称为货箱活动式存储货架，其原理与托盘流动式货架相似。货箱被放置在搁板上，这些搁板通常装有滚轮并向前倾斜（有些搁板货架只是简易的摩擦率较低的倾斜架子），这样当第一个货箱从货架前面被取走后，其他货箱就会向前滚动。这形成了一个有效的分拣系统，工作人员通常从货架后面补货。这个系统非常适用于需要完成大量的拆零分拣或拆箱分拣工作的情况，在这样的应用场景中这个系统能充分地发挥作用。

来源：安永达（英国）有限责任公司

**图 3.13    用于糖果等物品的存储和分拣的货箱流动式搁板货架**

最后，还有一种搁板货架叫移动式搁板货架，它与移动式货架十分相似，但它通常是借助人力移动的，而不是机械化的，所以存取货物非常耗时。它适用于存储大量物品但每件物品都很少使用的情形，如已停产车型的配件。

# 夹层

夹层最初的定义是一座建筑物中主要楼层之间的中间层。在仓储行业里，它是指为了更好地利用垂直空间而建造的半永久性钢制地板（见图 3.14）。

来源：安永达（英国）有限责任公司

**图 3.14　夹层及每层的搁板货架**

　　安装夹层的原因主要有两个。其中一个原因是可能存在一些无法被利用的空间，如单层办公室的上部空间。夹层可用于在该空间安装搁板货架或为退货返工之类的活动提供场地。

　　另一个更常见的原因是，如果安装了 2 米高的搁板货架，却不使用上部空间，就会浪费垂直空间。尽管从高货架上拣货有各种方法，但是如果操作人员可以停留在地面上，其拣货的速度就会更快，效率也会更高。

　　安装一个或多个夹层是让操作人员停留在地面上拣货的最佳办法。搁板货架可以安装在地板层及上面的每一个夹层上，如果空间极其稀缺，那么可以安装低层高的夹层，以尽量减少搁板货架上方的空间损失。尽管通常只安装一个夹层，但是如有必要，也可以安装多个夹层。

　　夹层也可以与托盘货架相结合。一家知名的时装零售商以托盘形式接收货物，但交付给商店的是单件物品，可能是一只手镯或者一件内衣。货架单向排列，操作人员使用传统的取货叉车从货架后方补货。与此同时，每两层货架之间有一个夹层，操作人员沿着夹层移动，将物品放入塑料箱。

　　尽管操作人员能够沿着夹层上下走动，但是除了特殊情况，他们几乎不可能沿着楼梯上下搬运货物。因此，仓库还需要安装输送系统或货物升降系统。

# 我到底需要多大的仓库

理想的情况是，你确定了托盘式货架和搁板货架之间的最佳选择，并且知道你将要存储的托盘的确切数量；然后你可以据此计算出仓库的理想尺寸，并且能在短时间内找到一个位置恰当、大小合适且价格优惠的仓库。

不巧的是，这种情况在现实世界中很少发生，而且有时候决策必须在"到底先有蛋还是先有鸡"的基础上做出。你有可能被现有设施的长期租约套牢，而且该设施可能已经被充分利用了。在极端的情况下，该设施的库存量甚至会被该设施可用的空间所左右。即使新建一座仓库，也只有少数公司能够负担起按理想的规格设计和建造一座仓库，并购买永久产权或签订25年的租赁合约所需的费用。在现实中，决策将取决于在适当的时间、适当的区域市场上可以买到的东西，而且成本始终是一个需要考虑的因素。

你得知道自己需要什么，下面我将给你提供一些建议。

## 货架

一般来说，每1 000平方米的仓储空间能够容纳的标准宽通道货架，足以在地板层放置270个尺寸为1.2米×1米的标准托盘。这不是一个精确的公式，因为相对于最佳的通道宽度，建筑物几乎总是要么有些窄，要么有些宽，而建筑支柱和消防出口往往位于最可能造成不便的地方。我们可以使用这个公式，根据货架的层数来计算每1 000平方米的仓储空间的托盘容量，表3.1对此进行了总结。

表 3.1 每 1 000 平方米的仓储空间的托盘容量

| 货架层数 | 货架类型 | | | | |
|---|---|---|---|---|---|
| | 宽通道 | 窄通道 | 双深度 | 半自动 | 驶入式 |
| 1 | 270 | 300 | 335 | 500 | 570 |
| 2 | 540 | 600 | 670 | 1 000 | 1 140 |
| 3 | 810 | 900 | 1 005 | 1 500 | 1 710 |
| 4 | 1 080 | 1 200 | 1 340 | 2 000 | 2 280 |
| 5 | 1 350 | 1 500 | 1 675 | 2 500 | 2 850 |
| 6 | 1 620 | 1 800 | 2 010 | 3 000 | 3 420 |

数据来源：格温·理查兹（Gwynne Richards）、Redirack 网站（2018 年）及作者自己的计算

注：此表以尺寸为 1.2 米×1 米的标准托盘为例，并假设空间利用率为 100%。表中数据仅供参考，企业在做出任何决策之前都应该进行现场调研。

你可以通过按比例增大这些数字的方式来计算更大的仓库的托盘容量。应当牢记的是，使仓库空间利用率达到 100% 将导致低效率的运营，但是仓库空间利用率仅为 50% 则是浪费空间。空间利用率在 90%~95% 通常是最佳的折中方案，这一点在计算仓储空间时应当予以考虑。

**搁板货架及专用的仓储区域**

不幸的是，搁板货架的尺寸和配置多种多样，没有任何现成的经验法则可用。计算搁板货架空间需求的唯一方法是根据可用空间的数量和大小一步步进行计算。同样的计算方式也适用于安全区域、悬臂式货架及其他类型的专用仓储区域。

**装卸区域**

一个仓库如果使用平台卸货（见第 4 章）或堆场装载且每 2~3 个月进行一次库存周转，它就应该留出 10% 的空间用于装货和卸货，这个比例应被视为最低限度。对货物快速流动或货物密度非常高的仓库来说，这一比例需要增大；对一个越库作业的仓库来说，其作业区域比例可高达 100%。

## 办公室和员工休息室

我最痛恨的一件事是在一个仓库里看到一个既占用了宝贵的作业空间又为办公室员工提供了不利于健康的工作环境的活动木板房，而专门建造在仓库工作区域外的办公室却没有投入使用。在很多情况下，可能需要进行一些调整，例如，会计部门可能要搬到楼上去；也可能需要做一些建筑工作，以便在办公室和仓库之间建立额外的门禁系统；还可能需要在仓库提供一个窗口或柜台，以便司机报到。然而，在可能的情况下，办公室、更衣室、食堂等应该远离工作区域，而且如果选择了一个新的地点，就应该提供足够的专门建造的办公室。

## 小结

假设你需要能够容纳 5 000 个标准托盘的货架空间，以及用于对退回的货物进行再加工的占地面积约为 200 平方米的区域，同时需要用于存储高价值货物的占地面积约为 100 平方米的安全区域。此外，库存周转率是每年 4 次。

一位房产经纪人通知你有一套房子正在出租，其仓库面积为 6 000 平方米，办公室面积为 600 平方米，层高为 8 米。你通过计算得出，在假定用于存放你的特定产品的托盘高度的情况下，它允许放置 5 层货架。

所需的仓储空间如下。

| | |
|---|---|
| 货架区域 | $5\ 000 \div 1\ 215 \times 1\ 000 \approx 4\ 115$（平方米） |

（基于表 3.1 提供的数据，假设空间利用率为 90%）

| | |
|---|---|
| 再加工区域 | 200（平方米） |
| 安全区域 | 100（平方米） |
| 装卸区域 | 500（平方米） |
| 工作区域的办公室 | 无 |
| 总计 | 4 915（平方米） |

因此，这套房子拥有足够大的仓储空间，并且可以满足未来业务量增长对仓储空间提出的更高要求。

# 临时仓库

令人惊讶的是，临时仓库很少被使用，但它确实是一种廉价、快速和灵活的提供额外空间的方式。

它可以在紧急情况下快速建成，如果有需要，一个占地面积为 1 000 平方米的临时仓库可以在一周内建成。当你遇到火灾和洪水时，临时仓库可以帮助你摆脱困境。几年前，当我发现自己负责的一个仓库的租赁合约将在几年后到期时，我就使用了临时仓库。我们不打算续约，计划在租赁合约到期后换一个更大的仓库，一个临时仓库在此期间提供了我们急需的额外仓储空间。其他倾向于使用临时仓库的情况包括未来需求不确定（可能正在推出一种新产品），缺乏投资永久性仓库的可用资金，或者只是在该区域缺乏合适的可用空间。

临时仓库的建筑面积为 100~1 000 平方米，层高可达 6.4 米。临时仓库通常由铝制框架和聚氯乙烯墙组成。如有需要，临时仓库可以提供额外的绝缘（隔热、隔音）材料，以及卷帘门、防火门、照明和可增强安全性的一系列附件。一个坚实的地基（含沥青、混凝土或紧实的砾石）是必需的。如果你打算建设一个临时仓库，那么你必须获得规划许可。根据 Herchenbach 网站（2018 年）的计算，占地面积为 1 000 平方米的基本建筑单元的指导性价格为 5.4 万英镑，完全隔热版本的指导性价格为 8.7 万英镑。此外，还有大约 2 万英镑的装配和拆卸费用、3 500 英镑的附件及配送成本。这些成本加起来相当于租用同等大小的建筑单元的费用。

## 结论

本章介绍了物料存储所需的物理基础设施，同时提供了关于如何确保所需的仓库数量（可能只需要一个）的建议，还描述了关于存储的一些事项，如货架类型的选择。

第 4 章将介绍用于装卸物料的设备的类型。

**A PRACTICAL GUIDE TO LOGISTICS**

An Introduction to Transport,
Warehousing, Trade and Distribution

# 第 4 章
# 仓库装卸设备

上一章介绍了确定所需的仓储空间的方法及存储货物的不同方法。本章将介绍用于处理这些货物的各种类型的装卸设备，包括固定设备（如装卸码头）和移动设备（如叉车和订单分拣机），后者被统称为物料搬运设备（Materials Handling Equipment，MHE）。

# 车辆装卸

在某些情况下，你可能只需要很少的设备，因为你的仓库或商店可能只会处理每件只有几千克重的小型物品。这些物品可以很容易地进行人工处理，并不需要机械设备。一辆麻袋推车或手推车就会使工作变得轻松，这两种工具的价格分别低于 100 英镑和 300 英镑，在这种情况下不需要昂贵的 MHE。

有些仓库偶尔会收到重件。大多数汽车零件都适合人工操作，例如，车身面板可能外形不便于搬运，但是并不重。不过，也有一些例外，如发动机和变速箱。有些企业以托盘的形式接收货物，但是在货物到达时会将它们分解为独立的包装；还有一些企业，如安全设备供应商，通常只发运包裹，但是偶尔会为大型项目运送托盘或板条箱。这类企业可以让叉车随时待命，但是每周可能只会使用几次，所以这是一个昂贵的选项。

一种可选方案是坚持所有的收货和集货操作都通过装卸辅助车辆（如后栏板起重运输车或叉车）完成（见图 4.1）。

然而，并不是所有的客户和供应商都有这些车辆，而且第三方物流公司往往对这些车辆的使用收取附加费用。好消息是有更简单、更廉价的替代品。托盘可以借助手动托盘车（见图 4.2）进行水平移动，这种车也被称为液压车。即使是在拥有机械化 MHE 的仓库里，它们也很有用，而且只花几百英镑就可以买到。我建议，除了较小的仓库，所有的仓库都应该至少配置一辆这样的手动托盘车。

来源：家有宠物公司（Pets at Home）

**图 4.1　被固定在铰接式卡车上的用于卸货的叉车**

来源：林德物料搬运公司（Linde）

**图 4.2　手动托盘车**

手动托盘堆垛机（见图 4.3）的使用价值也许鲜为人知。它们是由人工控制的，货叉可以人工升降，纹盘可以通过调整液压杆或转动手柄来操作，在提升高度（可高达 3 米）和载重能力（最多可达 1 吨）方面有各种选项。电机是一个可选的附加装置。这些堆垛机的轻型版本的售价不到 1 000 英镑，因此，如果你只需要偶尔升起托盘或板条箱，那么

来源：安全起重设备公司（Safety Lifting Gear）

**图 4.3　手动托盘堆垛机**

这可能是最具成本效益的选择。

需要注意的一点是，图 4.3 所示的类型仅适用于开板托盘（如欧标托盘），即至少在两个侧边没有沿着地板的连续木条。如果将其用于全板托盘，货叉的上升将导致托盘顶部板条上升，而叉车的腿将使托盘底部板条停留在地面上，这很可能损坏托盘。这个问题可以通过"分腿式"变体叉车（叉车的腿可以分开）来解决，这样托盘就可以从叉车的支撑腿之间被提起。

# 地面装卸还是码头装卸

## 地面装卸

对于装卸车，最常用的解决方案是在地面上进行货物装卸，这个方案同样适用于装有起重机或尾部升降机的车辆。

对拥有侧面装卸口的大型车辆来说，地面装卸也是一个可行的选择，例如，可以打开侧帘，使用叉车装卸托盘。这种装卸方式的主要优点是灵活性强，拖车的车厢高度几乎无关紧要。如果装卸包装形状和尺寸不同的混合货物，那么在实践中或许可以通过侧边装卸来更充分地利用车辆的可用容积，但这种情况很少见，大多数企业装运的都是常规形状和尺寸的托盘或网架。

地面装卸的主要缺点是占地面积大。车辆在院子里卸货的情况并不少见，但是在恶劣的天气里这可能并不是一个好主意。如果车辆通过倒车进入地下室的大门（假设大门的高度足够高），地面装卸就需要更大的空间，尤其是在车辆两侧操作是最佳选择时。

## 加长货叉

如果仅从一侧卸货，那么正常长度的货叉将无法够到远端的托盘。这个问题可以通过使用安装了永久性加长货叉的叉车或给普通叉车安装临时性加长货叉来解决。加长货叉是可以在原始货叉上滑动并按位置锁定的金属套筒，可以用来延长原始货叉，建议增加的最大附加长度通常为原始货叉长度的三分之二。然而，这又产生了一个新的问题，那就是如果货物重心无法尽可能地靠近叉车的车身，叉车的起重能力就会大大降低。

例如，当货物重心距离桅杆 0.5 米时，某叉车的起重能力为 2 000 千克；当货物重心距离桅杆 1 米时，该某叉车的起重能力有可能降低至 1 300 千克。

### 固定的装卸码头

一些老旧的仓库拥有固定的混凝土水平面装卸码头。如果高度合适的车辆需要方便地装卸货，那么这些码头可能很有用。但是，对一辆甲板高度为 0.9 米的拖车来说，使用 1.4 米高的固定装卸码头并不是一个好的解决方案。为了尽可能地在切实可行的情况下解决未来可能发生的问题，我很少建议安装固定的混凝土水平面装卸码头。如果你恰巧有这样的装卸码头，那么你可以安装桥板（见图 4.4）或专用的永久性金属铰接板，以填补码头和车辆之间的缝隙。

来源：Metalmec SRL 公司和 The Ramp People 公司

图 4.4　固定的装卸码头和车辆之间的桥板

## 集装箱坡道

除了以上情形，一些车辆需要从尾部装卸货。如果你从亚洲进口货物，那么几乎可以肯定它们会被装在海运集装箱里，货物只能通过集装箱尾部的门取出。对两侧固定的陆运车辆来说，情况也是如此。

实际上，尾部装卸也有一些好处：车辆不必进入建筑物，因此不需要使用室内空间，而且人员能够将叉车开到车辆上，这通常是卸载均匀装载的托盘的最快方式。

如果你没有找到合适的码头（而且许多建筑物的工作区域都是完全位于同一水平面上的），操作人员就有可能需要爬到拖车或集装箱尾部，使用手动托盘车。接着，他们会手动地一次移动一个托盘到货箱后部，然后使用叉车将货箱卸下。他们甚至会在每个托盘上套绳子，将其拖到货箱后部，以保证货箱不会垮塌。

然而，这些方案并不是我要推荐的，因为很多操作人员的脚踝都是这样受伤的。

一个更好的解决方案是使用集装箱坡道（见图 4.5），如果没有可用的室内空间，那么可以在院子里使用它。它是一个便携式轮式坡道，既可以手动操作，也可以用叉车牵引，使叉车能够从地面驶入集装箱。其高度可以调节，这通常通过调节液压杆完成。

此外，电机也是一个可用的工具。如果操作人员经常需要攀爬，那么我建议使用扶手。出于健康和安全的考虑，应该使用车轮楔子。这是一种很灵活的工具，特别是在永久性的码头矫平器出于某种原因无法使用时。上面这些工具是我建议采用的解决方案。

来源：Thorworld 公司

**图 4.5　在集装箱装卸中使用的集装箱坡道**

## 装卸桥

　　装卸桥是仓库装卸设备中最有用的设备之一。简单来说，它是一种可以上下移动的装置，用来解决车辆装载高度相对于装卸码头不断变化的问题。许多现代化仓库在建造时都考虑到了装卸桥的使用。在搬进一座新建筑时最常见的情况是，暂时没有安装装卸桥，但是基坑已经挖好，装卸桥的安装准备工作也已经做好。在大型的配送中心，我们经常可以看到整齐排列的装卸桥（见图4.6）。

来源：装载系统公司（Loading Systems）

**图 4.6　一个大型配送中心中整齐排列的装卸桥**

装卸桥是一个坚固的钢铁平台，其后端与仓库的地面水平铰接，前端升高或降低至与装载车辆的甲板处于同一水平面上。虽然可以使用手动的装卸桥，但是大多数投入使用的装卸桥都是液压驱动（见图 4.7）并由电机提供动力的。其前端有一个唇边，通常宽 0.4~0.5 米，它可以是铰接式或伸缩式的，并且能够延长搭到车身上。

来源：装载系统公司

图 4.7　仰视视角下的装卸桥（可以看到液压千斤顶）

英国所有的装卸桥都应该符合欧洲标准（EN）1398。装卸桥的关键特征是其负载能力和长度。负载能力会受到最大预期负载能力的影响，即叉车重量加上最重托盘的重量，再加上为适应变化而留的余量。很明显，负载能力越强，装卸桥的价格就会越高。确定合适长度的过程稍微复杂一些，因为更长的装卸桥不仅更贵，而且会占用更大的仓库内部空间，并且会减少剩余的可用于装卸的空间。长度的主要决定因素是坡道升高或降低时的最大可用坡度。拖车的甲板高度为 0.6~1.6 米，但是很少有设施需要处理整个高度范围内的装卸业务。装卸桥的最大建议坡度取决于所使用的装卸设备的类型，不同类型的装卸设备对应的最大建议坡度如表 4.1 所示。

表 4.1 装卸桥的最大建议坡度

| 装卸设备 | 最大建议坡度 ① |
|---|---|
| 手动托盘车 | 5% |
| 电动托盘车 | 7% |
| 电动叉车 | 10% |
| 燃油（燃气）叉车 | 12% |
| EN 1398 允许的最大值 | 12.5% |

来源：装载系统公司（2018 年）

　　大多数装卸桥都会配备一个紧急停止装置，以防出现机械故障，但这种做法的有效性有待检验，另外一个选项是使用传感器，以防止坡道在门还没打开时被移动。此外，还应该在坡道末端放置一个障碍物，以防止任何人在门打开但并没有车辆停靠的情况下，从坡道末端失足坠落，这个障碍物可以由简单的锁链或可伸缩胶带制成。码头上用来照亮停靠在装卸桥边上的车辆内部的码头灯也很有用。

　　尽管装卸桥延伸到建筑物的内部是正常的，但是我们也可以选择在外部搭建一个装卸平台外间，这样做会增加成本，但可以节约内部空间。

　　从外部看，在装卸桥下方提供一个凹槽是一个好主意，这将使得任何带有尾部升降机的车辆可以将尾部升降机降低并塞进装卸站台下方，这样升降机就不会干扰整个装卸作业过程。这样的凹槽可以在图 4.7 的底部看到。仓库可以在建筑物外面围绕着装卸桥安装各种形式的密封物，包括窗帘和充气垫，这有助于减少空气流动，进而减少能源消耗。对温控仓库来说，这一点尤为重要。

　　传感器可以安装在建筑物外部，用来帮助驾驶员倒车到装卸桥上。当车辆到达规定的停车点时，传感器会使交通灯由绿色变成红色，可能还会发出

---

① 坡度有多种表示方法，此处使用百分比法。——编者注

警报声。交通灯系统还可以与坡道控制系统结合使用，以保证在装卸桥从拖车撤回并回到原来的位置之前红灯一直亮着。因此，驾驶员可以接收交通灯指示，在看到绿灯之前不会驾车驶离装卸桥。

如果一个英国仓库需要收驾驶室在左侧的车辆运来的货物，那么设计仓库时应该注意交通灯的位置，以免使驾驶员感到困惑[①]。

在任何情况下，用橡胶缓冲垫来保护建筑物免受正在倒车的车辆的破坏都是一个好主意。

最后，在正常情况下，挂车在装卸时仍然与车头相连。但是，这并不适用于所有情况。如果要处理未连接的挂车，我建议将挂车支架作为额外的安全措施，以防挂车支腿垮塌。当挂车后半部已经卸载，而前半部尚未卸载时，车辆很可能失去平衡。

### 剪力式升降机

装卸桥并不适用于双层拖挂车的装卸货。顾名思义，双层拖挂车有上下两层，用于在装载滚笼等不可堆叠的物品时最大限度地增加装载容量。除非车辆自身带有尾部升降装置，否则最好的解决方案是使用升降平台，它通常被称为剪力式升降机（见图4.8）。有时也会使用其他设备。

剪力式升降机有各种尺寸，它可以将一个水平平台提升至需要的高度。滚笼可以在车辆和平台之间滚动，然后回到地面。剪力式升降机可以用于传统的装卸作业（例如，需要使用电动托盘车装卸的托盘），但是升高和降低平台的过程在一定程度上减慢了操作速度。

---

① 英国车辆的驾驶室在右侧。——译者注

来源：Armo 公司

**图 4.8 剪力式升降机**

剪力式升降机应该符合 BS EN 1570，并且应该是封闭的，或者至少侧面有护栏，以免在平台升起的过程中人员或货物从侧面掉落。

小型剪力式升降机也可以发挥作用。货舱升降机可用于升降进出固定货舱的货物，通常仅在升降高度不超过 1.5 米的情况下使用。货梯也可用于升降货架夹层，后者通常是一个很小的平台，只能容纳一两个托盘。

# 我需要哪一类叉车

## 托盘车

前文已经提到过手动托盘车和手动托盘堆垛机，前者总是有用武之地的，即使在一个大型仓库里，有时也需要配备一两个手动托盘车。如果一个拖盘只需要移动几米，那么使用手动托盘车比找到钥匙并启动叉车要容易得多，况且，并不是所有人都接受过叉车驾驶培训。叉车的起重能力可达 2.5 吨，而且拥有制动器。林德物料搬运公司可以提供一种起重能力为 500 千克的 CiTi 叉车，这是一种高效率的手动托盘车，拥有电机和大车轮，可以在不平坦的路面上移动。如果托盘车需要在户外使用，或者需要经常穿越固定的障碍物，如推拉门的滑轨，这一装置将会非常有用。

在整个工作班次内全程使用手动托盘车将使操作人员非常疲劳，因此，若要水平移动数量更多的托盘，最好使用电动托盘车。无论是购买费用还是操作费用，它们都比叉车便宜；而且，操作人员只需要接受较简单的驾驶培训。此外，在狭小的空间内，电动拖盘车更具灵活性。它们的主要缺点是几乎没有起重能力。电动托盘车的荷载能力范围很宽，一般为800千克到3吨。

电动托盘车有以下三种基本配置。

- 由地面上的工作人员操作的托盘车（见图4.9）；
- 驾驶员站在一个可折叠平台上的乘坐式托盘车；
- 驾驶室部分封闭的乘坐式托盘车。

来源：林德物料搬运公司

**图4.9 人工控制的电动托盘车**

电动托盘车的选择涉及成本和易用性之间的平衡。如果你有一个小型仓库，每天接收一个集装箱，托盘车仅在工作班次里的部分时间使用，并且只是短距离地将托盘移动到装卸码头上，那么人工控制的电动托盘车有可能是最佳选择。但是，如果你有一个大仓库，并且需要在整个工作班次内长距离地移动托盘，那么乘坐式托盘车所带来的收益将会远远超过其成本。

大多数电动拖盘车的电池组都有足够的容量，可以支持一个标准的工作班次，而且通常易于装卸。一般来说，仓库需要准备两个电池组，并且在使用其中一个电池组时给备用电池组充电；若只准备一个电池组，仓库人员有可能忘记给它充电，从而无法正常开展工作，这种情况确实会发生。一些充电器（尤其是小型托盘车上的充电器）配备了标准的两脚或三脚插头，允许使用传统的电源插座给电池充电。

还有一个需要留意的有用配置是有一定角度的驾驶室，以免驾驶员在倒车时需要伸着脖子向后看。

### 电动托盘堆垛机

它们在外表上与托盘车类似，两者主要的区别在于电动托盘堆垛机（见图 4.10）具有起重能力。电动托盘堆垛机主要的缺点是只能用于堆垛开板托盘，并且由于支腿向前突出，使用起来很困难。要想把托盘放在电动托盘堆垛机的货梁上，后者的支腿需要对齐托盘下方的插口，然后电动托盘堆垛机才能向前移动。平衡堆垛机虽然能够克服这些问题，但并不常见。叉车更具通用性，具有更大的提升高度和更快的行驶速度，电动托盘

来源：林德物料搬运公司

图 4.10　工作中的电动托盘堆垛机

车更加便宜，但其应用相当专门化，所以我通常建议用传统的平衡叉车替代电动托盘堆垛机。

### 平衡叉车

一提到叉车，大多数人会不自觉地想到平衡叉车。平衡叉车是行业里的"老黄牛"，之所以得名"老黄牛"，是因为它的后部装有重物，以防止其在提举货物时向前倾翻。

　　燃气平衡叉车（见图4.11）是最畅销的类型。这种叉车装有一个或多个可拆卸的丙烷钢瓶（丙烷是原油炼化中常见的副产品）。一个可拆卸的丙烷钢瓶一般重18千克，通常可以容纳足够支持8小时的工作时长所需的燃气。大多数叉车司机会说，他们更喜欢燃气平衡叉车，因为在实际使用中，它们往往更加灵活，拥有更快的行驶速度（特别是在坡道上）及更快的提升速度，所以其生产效率更高。

来源：林德物料搬运公司

**图4.11　燃气平衡叉车**

　　因为废气会污染某些食物产品，所以燃气平衡叉车不应该在面包厂等场所使用。燃气在不恰当的时间和地点消耗完毕也会令人非常沮丧。

　　燃气瓶不应该存储在室外，而应该阀门向上、直立存储在一个通风的室外笼子里，这种做法显然是明智的，因为这样可以上锁防盗。它们只能使用敞篷车辆运输，放在货车的后车厢里运输既违法又有潜在危险。

　　电动平衡叉车（见图4.12）也被广泛使用。它们相对于燃气平衡叉车的主要优点是更加环保，在使用时不会排放废气，而且更加安静。它们的结构往往更加紧凑，因此它们比相同体量的燃气平衡叉车更加灵活；而且，对没有经验的操作人员来说，它们可能更加容易使用。在采购成本方面，电动平衡叉车明显比燃气平衡叉车贵，然而，前者维护和保养费用更少，而且充电的电力成本也更低，特别是在夜间以较低的电价充电时。尽管不同的情况很难一概而论，但电动平衡叉车的平均投资回收周期为两年左右（不考虑生产率差异）。电动平衡叉车的一个明显缺点是电池组很重，如果需要更换电池组充电，可能需要使用起重设备，如另外一辆叉车。

若要装卸较重的物品，建议使用柴油平衡叉车（见图4.13）。最畅销的柴油平衡叉车的起重能力可达10吨。柴油平衡叉车的最大起重能力可达18吨，而电动平衡叉车的最大起重能力仅为5吨。柴油平衡叉车是为户外使用而设计的，不应该在室内使用太长的时间，因为其排放的废气会危害人体健康，更不用提不愉快的工作条件了。它们大多用于港口及钢铁等重工业作业环境。

来源：林德物料搬运公司

图 4.12　电动平衡叉车

来源：林德物料搬运公司

图 4.13　重型柴油平衡叉车（正在使用专用的夹具装卸混凝土板）

在选择平衡叉车时应该考虑以下因素。

- 燃气、电动、柴油平衡叉车的优缺点如前文所述。
- 负载能力。应当注意的是，负载能力会随着高度提升及货物重心与平衡叉车桅杆的间距的增加而下降。根据林德物料搬运公司提供的数据，林德 E20L 叉车在提升高度达 4 米、货物重心距离桅杆 0.5 米时的负载能力为 2 000 千克，但在提升高度为 7 米、货物重心与桅杆的间距不变时的负载能力下降到 750 千克；而在同一高度下，货物重心距离桅杆 1 米时，其负载能力不足 500 千克。制造商会根据客户要求提供详细信息，这一点始终应该予以考虑。

- 驾驶室高度。如果你打算在集装箱内操作平衡叉车，那么你需要一个驾驶室较低的平衡叉车。然而，在一些行业，尤其是饮料行业，驾驶员更喜欢较高的驾驶室，这样即使货物高高地堆在货叉上，驾驶员也能俯视货物。对驾驶室高度的选择取决于叉车的预期用途。

- 侧移功能。这项功能使驾驶员能够将货物侧向移动少许。即使是最优秀的驾驶员，也不能每次都使平衡叉车完全对齐托盘，如果没有侧移功能，驾驶员就需要倒车，然后进行调整，再次前进。省去侧移功能可以节约成本，但这样做不值得。

- 驾驶室的舒适性。8 小时的工作时间很长，即使有休息时间，不舒服的座位也会使驾驶员分心。仪表盘和警示灯良好的可见度也是必需的，现在一些制造商提供平视显示器，以确保它们始终在驾驶员的视野内。可选择的附加设备包括旋转工作台（可以辅助倒车）、室外使用的可加热驾驶室及收音机（这些设备在英国很少见，但在瑞典几乎是标准配置）。

- 特殊要求。例如，耐热性，因为平衡叉车有可能在铸造厂等环境中使用；或者耐寒性，如保护电气部件的防冷凝和防结冰功能，以及在冷库中使用的专用液压流体。

- 供应商的能力。例如，在发生故障时快速响应的能力，在平衡叉车停止运行等待维修时提供备用装置的能力。

- 当然，对于平衡叉车的整体质量和价格也应该做出合理的判断。

### 前移式叉车

平衡叉车需要非常宽敞的通道，这些通道一般宽约 4 米。对托盘最低货物存储量的要求很少见，这或许是因为大多数货物都需要交叉转运，进行一次靠墙上架就足够了。一般来说，在这种环境中安装货架会使空间利用率变得非常低。因此，你需要一辆前移式叉车（见图 4.14）。

前移式叉车与平衡叉车的主要区别在于，如果要使用一辆平衡叉车放置托盘，就必须向前移动整个叉车。然而，使用传统的前移式叉车时，叉车驾驶员可以根据托盘尺寸调整托盘位置，而且只有桅杆和

来源：林德物料搬运公司

**图 4.14　前移式叉车**

货叉向前移动。林德 X 系列叉车的一项创新功能是叉车桅杆保持固定，只有货叉向前移动。

前移式叉车的主要特点是其负载能力（通常为 1~2.5 吨）和提升高度（可选高度范围为 4.5~12.5 米）。前移式叉车通常不需要增加提升高度方面的余量，因为如果货架高度已经达到了建筑物允许的最大高度，那么为更高的桅杆花钱是没有回报的。叉车的操控性、驾驶员的能见度和舒适度也同样重要，有些设计是为了减轻驾驶员的震动感，以减轻其疲劳感。我从未见过哪一辆前移式叉车不是电动的，所以我建议准备备用电池组，以便在其中一组电池充电时另外一组电池可以投入使用，通常有升降式和滚动式两种类型可供选择。

如果采用驶入式货架，总宽度约为 1.27 米的传统前移式叉车就会变得不适用，此时需要底盘更窄的专用叉车设备，其总宽度可能是 1.14 米。

最后，虽然大多数前移式叉车只能在室内使用，不过仍有部分前移式叉车可以在户外使用，如林德的 G 系列叉车、永恒力（Jungheinrich）叉车中的 ETV C16 和 C20 型号。尽管前移式叉车不适合在集装箱内使用，但可以用于在堆场装卸货物。

如果你的作业量非常小，并且你不希望支付多于一辆叉车的费用，那么你最好使用前移式叉车。

### 窄通道和超窄通道货架设备

由于对相关术语的认识各有不同，所以有些人认为前移式叉车是一种窄通道货架设备。不过，有些叉车确实可以在狭窄的货架通道中工作（见图 4.15）。

来源：林德物料搬运公司

**图 4.15　组合式叉车（可用于向窄通道货架放置托盘或作为高层货架的订单分拣机）**

其中一种是旋转式叉车，它表面上看起来类似于前移式叉车，但是它的货叉相对于桅杆可以旋转和前后移动。在放置托盘时，旋转式叉车的驾驶员按照正常的方式将其拣起，然后用货叉将其旋转 90 度。与此同时，机械机构将其拖向一边，以防止其触碰货架。当托盘与货架上的空位对齐时，货叉整体前移并放置托盘。桅杆在整个过程中保持不动。根据其基础参数表，林德 A 系列叉车可以在窄至 1.65 米或 1.74 米的货架通道中作业。

你可以选择驾驶室在底层或上层的叉车款式，这样驾驶员就可以停留在地板层或随着货叉一起升高。对前者来说，通过安装一个附加的摄像头来提高驾驶员的可见度是一个好主意。

旋转式叉车和高层分拣机（见下文）都不便宜，而组合式叉车可以同时实现这两种设备的功能。

另外一种是铰接式叉车，知名的品牌包括 Aisle Master、Flexi 和 Bendi。铰接式叉车的前半部分（包括桅杆）在独立的底盘上，并且有自己的轮子。这部分可以与叉车主体分开操控，因而可以在狭窄的货架通道内作业。例如，对于 Bendi B40VAC 这款叉车，货架通道可以窄至 1.82 米。

我个人的经验是，如果这类设备在其极限能力状态下工作，那么搬运工作会变得很艰难、很缓慢。这时，如果在稍微宽一点儿的货架通道内工作，情况就有可能好一些。

还有一种选择是使用 Translift Spacemate。这是一种可以安装在常规叉车上的附件，安装后，驾驶员可使用叉车的侧边挡杆来操作，这样就能使叉车在狭窄的通道中作业。作业结束后，将这个附件拆下，叉车即可恢复正常。Translift Spacemate 于 2016 年推出，它能否得到广泛应用有待观察。

在超狭窄的货架通道中作业需要使用高度专业化的设备。德国 Magaziner 公司生产的 EK 系列叉车就是一个例子，它们可以在高达 15 米且窄至 1.4 米的货架通道中作业。VNA 系列叉车可以由地板上的电线或传感器引导，甚至可以实现完全自动化。我建议所有考虑使用这类设备的人在采取任何行动之前听一听专家的建议。

### 订单分拣机

在一些仓库中，订单是以整托盘的数量或其他单位（如200升的桶）分拣的。在这种情况下，需要使用叉车进行分拣。

在另一种极端情况下，特别是在小仓库中，订单量会非常小，所有的货物都可以从地板层获取，不需要使用任何重型起重设备。在这种情况下，使用手推车可能是最简单的方案，因为移动距离太短，仓库无法从机械化的设备中获得任何好处。

然而，大多数情况是介于两者之间的。货物以整托盘的形式接收，订单却以小包装（例如，装有服装或杂志的纸箱或塑料袋）或单件的形式出现。在这种情况下，使用订单分拣机通常是最佳选择。

订单分拣机主要有三种类型——低层分拣机、中层分拣机和高层分拣机。

低层分拣机可以帮助操作人员在地面上拣货（见图4.16）。操作人员可能从够得到的货架上层拣货，或者从足够低的货架最下面两层的托盘上拣货，因此驾驶室不会上升，而且最好两侧都能打开，以便操作人员从双侧进出。底层分拣机前部有一对货叉，操作人员通常会在上面放置一个托盘，然后在拣货时将小件物品放在托盘上。货叉一般能将托盘提升至1米左右的高度，以免操作人员弯腰，避免其受背部损伤的长期风险的影响。

来源：林德物料搬运公司

**图4.16　低层分拣机**

中层分拣机拥有可升降的驾驶室和货叉。操作人员可以借助中层分拣机升至合适的高度，以便拣选物品，并且

人员能够俯身将其放置在托盘上。一般来说，中层分拣机的最大货叉高度为
1.5~2.5 米。

当然，中等高度的货架上的物品可以使用梯子（显然，这应该是一种现
代化的梯子，其顶部应有确保安全的平台和扶手）来获取。这样做可以节约
成本，但是挪动并爬上梯子需要花费时间，这会拖慢拣货速度。在 8 小时的
工作时间内反复上下梯子也会使操作
人员疲惫不堪，因此梯子只适合偶尔
使用。

高层分拣机（见图 4.17）的原理
与中层分拣机相似，但是驾驶室和货
叉可以升至更高的高度，一些型号甚
至可以升至 11 米高。出于安全考虑，
驾驶室入口处需要设置障碍物。如果
需要频繁地在货架高层拣货，那么建
议使用高配置的型号，因为它们拥有
更快的提升速度，从而保证较高的工
作效率。如果大多数时候都在中低层
拣货，偶尔才会在高层拣货，低配置
的型号可能就够用了，而且价格会便
宜一些。

来源：林德物料搬运公司

**图 4.17 高层分拣机**

## 牵引车

如果必须定期进行长距离的货物运输，那么最好的办法可能是使用可拖
挂一列拖车的牵引车（见图 4.18）。我们在机场经常可以看到它们来往运输
行李箱。牵引车的其他用途包括将零部件从仓库运送到工厂，将成品从生产
线终端运输到仓库，或者将货物从一个仓库移动到另一个仓库，以备联合调

度。市面上各种型号的牵引车的牵引能力为 3~25 吨，其控制方式包括步行式、骑乘式及通过全封闭的驾驶室控制。

**图 4.18　正在装载空运货物的牵引车和拖车**

## 更划算的叉车燃料

我曾经说过，叉车等 MHE 有三种动力来源——电力、天燃气和柴油。每种动力来源都有多种节约成本的方法。

在很多仓库里，为电池充电的策略往往是"不用时就充电"。确保电池始终处于满电状态有运营方面的好处，但这种做法实际上缩减了电池寿命，我建议在给传统的铅酸电池充电前将其电量使用至 20% 以下。此外，大多数电力供应商采用昼夜电价制，即夜间的电价远低于白天的电价。为了利用这一点，在充电器（必要时可以使用超控功能）上安装一个定时器可以比较轻松地节约成本。

当然，仓库也可以安装太阳能电池板或其他可再生能源装置。虽然这样做的投资回报率有可能不太高，但对环境的好处众所周知。一些人有可能认为这些对环境的好处才是最重要的因素，因此会使用可再生能源（在使用时是免费的）进行充电。

陆运车辆使用 1 升柴油会产生 57.95 便士的税费（截至 2018 年英国的情况）。不过，从不上路的车辆（如农用拖拉机），可以使用"红色柴油"或补贴柴油，每升仅征收 11.14 便士的税费。在英国，这种柴油被称为"红色柴油"，因为它被染成红色以便识别，类似的柴油在其他国家或地区有可能被染成黄色、蓝色或绿色。

红色柴油可以在网上以容积为 200~250 升的桶为单位进行购买，这种燃料可以在柴油驱动的叉车上使用，但这些叉车仅能用于私人不动产。如果你选择使用红色柴油，你需要用泵将红色柴油输送到叉车上，并防止红色柴油溢出流进下水道，你可以使用特殊的防溢出托盘来达到这一目的。需要注意的是，若上路行驶的车辆上使用红色柴油，处罚会非常严厉，甚至会没收车辆。

叉车使用的天燃气也可以批量购买。如果燃气用量足够大，那么像弗格斯公司（Flogas）这样的燃气供应商会为客户安装天燃气罐。条款和细则在各种情况下会有所不同，但一般燃气供应商会承担安装成本，并收取燃气罐和设备租金。客户需要提供电力。燃气会定期进行批量运送，而叉车可以从燃气罐中获得燃料（见图 4.19）。在安装燃气罐前，燃气供应商需要进行现场勘测，因为某些地点不允许放置燃气罐，如铁路站台附近的一定距离内。

来源：弗格斯公司

图 4.19　批量运输叉车燃气的汽运罐车

使用这种方法所节约的费用根据燃气用量的不同而有所不同，并且只有在每年燃气用量超过 5 吨的情况下该方法才是可行的，这意味着在一个班次内仅运行一台叉车的情况下使用天然气是不可行的。不过，如果你运行多台叉车，这种方法就非常值得研究。

### 近期的技术发展

前文提到过，在给铅酸电池充电前建议将其电量使用到低于 20%，这并不适用于锂电池。它们的充电速度更快（充满电所需时间通常是 2 小时，而不是 8 小时），重量更轻，不需要加满蒸馏水。目前，锂电池的价格比铅酸电池高出约 40%，但是这个差距会缩小，而且锂电池很有可能成为未来的标准电池。

多年来，叉车一直安装的是倒车声音警报器。然而，在一个繁忙的仓库里，如果有多辆叉车同时运行并频繁地倒车，驾驶员就很容易对这些警报声"免疫"并忽视它们。解决这个问题的方案之一是在叉车上安装一盏警示灯，它可以将光投射到叉车行进方向的地面上，从而起到警示作用。投射到地面上的可以是一个蓝点或中间有一个叉车图案的三角形。这种警示灯现在被广泛使用，在大多数情况下可以确保操作安全。

传统的用钥匙启动叉车的方式正在被取代，其他方式包括安装可供驾驶员输入个人识别码的小键盘和可供驾驶员刷身份识别卡的读卡器。采用这些方式不仅可以减少丢失钥匙引发的问题，而且能够识别在特定时间驾驶特定叉车的人员，限制非授权人员启动叉车。

这些措施可以与叉车车队管理软件相结合。碰撞传感器和摄像头可以用来检测和记录叉车的碰撞事故。不同于以前叉车莫名其妙地被损坏而没有人对此负责，现在能够确定碰撞事故的发生时间和发生方式，以及当时的驾驶员是谁。如果有必要，还可以采取合适的行动，但结果更有可能是减少破坏。这种软件还可以计算驾驶员的工作效率，休息时间过长等怠工行为也会被识别出来。车队管理也能得到进一步的优化，因为是否可以更好地利用叉车的空闲时间或是否有人使用前移式叉车实现平衡叉车的功能等问题都可以得到解决。此外，它还可以协助车队了解其电池充电是否得到了妥善管理。如果使用得当，这种软件就可以成为一种有价值的管理工具。

现在还可以购置可编程的自动托盘堆垛机（见图 4.20），它使用了用户识别模块卡技术，操作人员可以通过手机让其在特定的时间访问特定的地点。自动托盘堆垛机拥有传感器，可以避开人员和其他障碍物。这项技术还处于起步阶段，但我确定它会得到发展，而且当它与 WMS 结合起来时，它会得到进一步的发展。在收到订单后，WMS 负责拣选货物完成该订单，并指示自动托盘堆垛机去特定位置取出货物。我个人认为，

来源：林德物料搬运公司

**图 4.20　自动托盘堆垛机**

仓储作业仍需要操作人员，但是这项技术可以让操作人员的数量大幅减少。

### 输送系统

从短距离输送的便携式输送单元到复杂的自动化系统，可供仓库使用的输送系统多种多样。

在仓库中，轻型重力式辊道输送机最常见的用途就是装卸货物。它们带有轮子，便于移动；它们通常是可伸缩的，这意味着它们可以延长（见图 4.21）；它们也许是可弯曲的，这意味着它们能够沿着曲线工作。通常来说，输送机的一端会伸到车辆内部，由一到两名工人将物品放到输送机上。随后，这些物品借助重力移动到下方的装卸平台上，而等待在装卸码头上的一组工人会对物品进行分类，并且有可能将它们码垛起来。

**图 4.21　用于车辆卸货的可伸缩的
轻型重力式辊道输送机**

市面上有电动力的输送机，既有辊道输送机也有皮带输送机。在没有装卸平台的情况下，这些输送机可以将包装箱提举到车辆上。

长距离的永久式输送机可以将物品移动更长的距离，通常安装在拣选区和包装区或发货区之间。例如，一家知名的时装零售商使用一串拣选仓筒，物品在若干夹层中的某一层被拣选出来。每层的工人为各个零售商店拣选出的物品会被放在一个塑料箱里。当塑料箱装满或该层的拣选工作已经完成时，工人会将塑料箱密封、贴上标签，并放到分布在各层的各个货架通道末端的输送机上。这些物品随后被运送到发货区，在那里，属于各家零售商店的塑料箱会在白天被集中起来，以便在夜间发出。

大多数输送系统允许物品在输送机的末端堆积，等待被拿走。如果这样安排会造成物品损坏，仓库就应该安装传感器以防物品相互接触。如果需要在一个狭小的空间内上下移动物品（例如，使物品进出一个夹层），那么建议使用螺旋输送机，其形状类似于螺旋楼梯。

虽然大多数输送系统用于输送小型物品，但重型版本可以用于搬运托盘，并且能够处理重量为 2 吨及以上的托盘。输送系统的价格在很大程度上受其负载能力的影响。如果你的需求主要是输送特定尺寸的物品，但是偶尔会输送大型物品，那么选用一个轻量级的输送系统，然后为少数的大型物品提供人工解决方案可能更具成本效益。

输送机可以集成到自动分拣系统中，这是目前安装自动分拣系统时最常见的做法。条形码阅读器经常被安装在输送机旁边，而系统能够进行编程，从而在合适的位置将物品从主传送带上转到滑道或分支传送带上（见图4.22），例如，根据所要装载的车辆来分离包裹。这可以通过倾斜、推动、使用有角度的旋转滚柱或交叉皮带来实现。有些复杂的系统每小时可以对数以万计的物品进行分类。

来源：Axiom GB 公司

**图 4.22 旋转滚柱式输送机正在将包裹转到左侧的分支传送带上**

## 结论

本章介绍了可以在各种规模的仓库中使用的各种类型的装卸设备，其中包括装卸平台等固定装置、叉车等移动设备及可以归入任意一类的输送机。这些设备的价格从几十英镑（或欧元或美元）到数万英镑（或欧元或美元）不等。

下一章将介绍如何使用这些设备来提供一流的仓储服务。

# A PRACTICAL GUIDE TO LOGISTICS

An Introduction to Transport,
Warehousing, Trade and Distribution

## 第 5 章

# 仓库作业

人们常常忘记操作人员是仓库里的关键人物。归根结底，影响仓库运营水平的关键因素是操作人员是否工作得当，例如，操作人员能否在效率较高的前提下无损伤地拣选正确的物品。当然，管理层在确保操作人员拥有恰当的资源、得到充分的培训和激励等方面发挥着重要的作用，但是仓库运营水平的高低始终取决于操作人员是否工作得当。

前面的章节已经介绍了仓库里可以选用的各种物理设备（如货架、叉车等），以帮助读者为操作人员提供合适的设备。本章将讨论操作人员应如何充分地使用这些设备。

## 这个过程是从接收货物开始的吗

如果有人将要初次为人父母，他们也许会思考这个过程是不是从婴儿出生开始的。对于这个问题，唯一明智的回答是"不是"，同样的逻辑也适用于物流。

实际上，这个过程应该从采购计划阶段开始。大型零售商对其供应商的要求非常严格，并且有足够的购买力促使其供应商满足这些要求。你可能没有那么强的购买力，而且也无法提出精确的要求，但是，没有什么能够阻止你提出合理的要求，而且在有些情况下你需要做的只是提出要求。你的第三方物流公司（有的话）对于制定明确具体的要求会有所贡献，因为这些细化的要求能使他们更加容易地为你提供一流的服务。

首先，如果有可能，物流、销售和采购部门之间应该对包装数量和包装尺寸进行讨论，好让这些包装参数在整个供应链上保持一致。例如，一些公司以 12 件为一个包装单位购入产品，而以 10 件为一个包装单位售出产品，其结果是第三方物流公司从不同尺寸包装箱的转换中大赚了一笔。如果采购部门能够协商出一个以 10 件产品为一个包装单位的包装尺寸，该公司就可以节约劳动力成本和包装箱成本。同样，零售包装、贴标签和条形码等工作在亚洲地区能够以比在西欧地区低得多的成本完成。如果你的采购数量非常大，那么这样的改进是可以去协商的。

其次，应该商定大规模交付包装箱的方式。如果使用托盘装运，那么它们是最容易处理的。而且，如果是在英国或西欧地区采购，那么使用托盘装运也是常态。然而，托盘占用了空间（可高达一个集装箱容量的10%），而且澳大利亚等国家对木材进口有严格的规定；此外，物流公司提供的托盘的质量也有可能达不到你预期的标准。出于这些原因，托盘成了例外，不适用于深海集装箱进口规则。

有一种替代方法是使用滑托板。货箱被堆叠捆扎并放置在被称为滑托板的平板（通常是塑料板或纸板）上，而不是托盘上。到达收货方时，它由带有专用推拉附件的叉车进行卸载（见图5.1），并且能被整体转移到托盘上。这种方式被广泛用于转移来自澳大利亚、阿根廷、南非等国的葡萄酒。

来源：B&B Attachments 公司

**图 5.1 使用带有专用推拉附件的滑托板将一堆箱子转移到标准托盘上**

如果纸箱是单独堆放的，那么期望它们堆放整齐且不同的物品分别打包就不能说是不合理的。我曾经看到过这样的例子：纸箱明显是被扔进集装箱的，因此它们以各种角度堆在一起；而在集装箱中有 2 400 个纸箱，共 12 种不同的零件编号，而且不同的零件编号所对应的纸箱完全随机地堆放在一起。这两种情况都是无法接受的。堆垛应整齐、规则，不同物品的包装箱应当按种类分别堆放在一起。

纸箱的尺寸应该与托盘的尺寸匹配。0.2 米×0.3 米的纸箱能在 1.2 米

×1.0 米或 1.2 米×0.8 米的标准托盘上很好地堆放，但如果在这些托盘上堆放 0.337 米×0.173 米的纸箱，就会出现问题。

应当规定所有送达的货物都必须附有通知单。纸质通知单仍然是最常见的形式，但它可以通过电子化的方式发送，而且无纸化收货很有可能成为以后的标准做法。通知单应包括供应商的详细信息、零件编号、物品说明和数量、包装类型和数量、采购订单编号及你指定的其他相关信息。货物上也应该清楚地贴上标签。这些都是完全合理的要求，即使你只是某家供应商的诸多客户之一。你需要发出明确的指示，如有关送货地址的指示，因为供应商试图送货给财务或采购部门的情况比你想象的更加普遍。

同样重要的是，供应商应当提前提供有关产品的完整信息，包括以下内容。

- 库存单位（Stock Keeping Unit，SKU）编号。
- 产品描述。
- 海关编码（有必要的话，详见第 16 章）。
- 特殊要求，如危险品的相关要求。
- 托盘、外包装箱和内包装箱的重量、尺寸和数量。

这些信息可以预先输入 WMS。另一种方法是在货物到达时进行测量并在 WMS 中新建条目，但在进行这些操作时，货物实际上不得不杂乱无章地堆放在收货区。

仓库主管要为满足任何特殊要求做好准备，这些要求在没有通知的情况下可能并不起眼。以我的个人经验来看，这样的例子包括为接收茶叶和桶装浓缩洗涤液做好准备。有人认为茶叶很轻，但是实际上它们是以 60 千克为单位、以麻袋为包装来运输的，因此仓库工作人员需要接受专门的人工搬运培训；虽然洗涤液本身并不危险，但桶装浓缩洗涤液被列为危险品。有时可能要用到像叉车附件这样的专用设备，如下面几种专用设备：

- 用于桶装液体的桶夹；
- 用于白色家电或布料包的平边夹具；
- 用于地毯卷的吊杆。

最后，要避免一个错误。如果你将要接收海运集装箱，那么请注意，它们可能带有用于密封的坚固的钢螺栓。在集装箱到达之前，你应该购置一把像样的长柄螺栓夹钳。使用初级钢锯去锯螺栓是非常困难的，而且当第一个集装箱到达时，不得不跑到当地的商店去买初级钢锯是一件很尴尬的事情。

## 时间槽和预先通知

期望至少为大规模交货分配特定的时间段（也被称为时间槽），并期望送货公司在这个时间段内交货同样是十分合理的。对满载的铰接式卡车和集装箱运输车辆来说，这是常规做法，而且承运人也希望如此，运输大量托盘的承运人也一样。

单托盘送货一般会对限时送货收取附加费，在 2018 年，该附加费通常为每托盘 15 英镑。无论你认为支付这笔费用值不值得，你都必须支付，因为你的供应商可能希望转嫁成本。少量的包裹送货不能指望限时送达，因为司机可能有超过 100 单的货物要送，并且不得不以最高效的顺序送货。

仓库主管要根据可用的资源制定时间槽预订计划表。例如，可能有 4 个装卸平台，但是操作人员（设备）只能在同一时间处理两个集装箱里非托盘装运的货物。他们还必须为每项工作分配足够的时间，一个货物由托盘装运的集装箱可能需要 30 分钟卸空，而一个货物独立包装的集装箱可能需要 3 个小时卸空。操作人员通常在早上给到达的车辆卸货，而在下午和晚上给发运的车辆装货。但是，这并不是普遍现象，有些 24 小时运营的仓库昼夜都在进行卸货和装货。

最好不要提前太多时间将所有的时间槽都预订出去，这样可以确保真正紧急的需求及时得到满足。

很多 WMS 都有时间槽功能。不过，电子表格也很有效（见表 5.1），而且有时候老办法才是最好的，例如，使用每个人都能看到的大白板。

还应该有关于预计会收到何种货物的预通知，它通常与供应商的预发货通知（Advanced Shipping Notice，ASN）的形式相同，并应该包括与发货通知相似的细节信息。这将使仓库主管能够安排足够的劳动力来处理这批货物，并可以在 WMS 中对相关信息进行预录入，以节省接收货物的时间。

企业的工作程序应当包含确保原材料订购真正被落实的方法。在某些情况下，特别是在小公司里，货物只在需要时才被订购，这时工作人员只需要在系统中核对采购订单是否有效、品项和数量是否正确。然而，如果该公司采用的是一揽子订单采购制度，那么每张采购订单可能涵盖了 6 个月的供应量，该制度下的采购订单将在该时间段内分批履行。有时采购订单甚至只规定了采购价格而无采购数量，这时企业就需要与供应商进行沟通，以确保只在有需求的情况下按订单交货。尽早发货的做法对供应商来说是有利的，因为这样做可以规避仓储成本，并通过提前结账改善现金流，因此企业需要对订单交付进行管理，以避免滥用。

最后，由于已经规定了各方必须遵守出入库作业的时间槽，所以仓库对车辆的及时卸载负有责任。不能按时完成卸载通常会导致仓库产生滞期费（由承运方收取，用来弥补车辆在延迟卸货期间产生的额外成本），并且会导致司机工时不足或承运方其他客户的货物无法收揽之类的连锁反应。

一个极端的例子是，有一家大型配送中心对按时交货这个方面的事情毫不关心，其结果是至少有一家与之邻近的企业在承运合同中明确规定，被预订用于揽货的车辆不得在揽货之前的 24 小时内在该配送中心轮候卸货。

表 5.1　一个虚构的时间槽预订计划表

时间槽预订　日期：2019 年 7 月 8 日　星期一

| 时间 | 1 号装卸站台 | | | | | | 2 号装卸站台 | | | | | | 驶入式装卸站台 | | | | | |
|---|---|---|---|---|---|---|---|---|---|---|---|---|---|---|---|---|---|---|
| | 货运公司 | 进/出 | 供应商/客户 | 托盘 | 纸箱 | 备注 | 货运公司 | 进/出 | 供应商/客户 | 托盘 | 纸箱 | 备注 | 货运公司 | 进/出 | 供应商/客户 | 托盘 | 纸箱 | 备注 |
| 6：00 | 自有拖挂车 | 进 | 集保公司 | 500 | | 空托盘 | 川崎汽船 | 进 | Haidong | | 1800 | KKFU1177998 | 山地车快运 | 出 | 销售总监的家 | | 1 | 加急 |
| 6：30 | 自有拖挂车 | 出 | 杰克逊斯红茶（韦克菲尔德） | 26 | | 双时间槽 | 川崎汽船 | 进 | Haidong | | 1800 | KKFU1177998 | | | | | | |
| 7：00 | 自有拖挂车 | 出 | 杰克逊斯红茶（韦克菲尔德） | 26 | | 双时间槽 | 川崎汽船 | 进 | Haidong | | 1800 | KKFU1177998 | 自有厢式货车 | 出 | 波特斯巴园艺中心 | | 74 | |
| 7：30 | | | | | | | 川崎汽船 | 进 | Haidong | | 1800 | KKFU1177998 | | | | | | |
| 8：00 | MK 货运 | 进 | RSJ 公司（米尔顿凯恩斯） | 6 | | | 川崎汽船 | 进 | Haidong | | 1800 | KKFU1177998 | | | | | | |
| 8：30 | | | | | | | 川崎汽船 | 进 | Haidong | | 1800 | KKFU1177998 | | | | | | |
| 9：00 | | | Weifeng | | | | | | | | | | M&P | 进 | 韦斯顿园艺中心 | 1 | | 退货 |
| 9：30 | | | | | | | | | | | | | | | | | | |
| 10：00 | 马士基集团 | 进 | | 2400 | | MSKU07002682 | 川崎汽船 | 进 | Haidong | | 1972 | KKFU7769021 | | | | | | |
| 10：30 | 马士基集团 | 进 | | 2400 | | MSKU07002682 | 川崎汽船 | 进 | Haidong | | 1972 | KKFU7769021 | | | | | | |
| 11：00 | 马士基集团 | 进 | | 2400 | | MSKU07002682 | 川崎汽船 | 进 | Haidong | | 1972 | KKFU7769021 | | | | | | |
| 11：30 | 马士基集团 | 进 | | 2400 | | MSKU07002682 | 川崎汽船 | 进 | Haidong | | 1972 | KKFU7769021 | | | | | | |
| 12：00 | 马士基集团 | 进 | | 2400 | | MSKU07002682 | 川崎汽船 | 进 | Haidong | | 1972 | KKFU7769021 | | | | | | |
| 12：30 | 马士基集团 | 进 | | 2400 | | MSKU07002682 | 川崎汽船 | 进 | Haidong | | 1972 | KKFU7769021 | | | | | | |
| 13：00 | | | | | | | | | | | | | | | | | | |
| 13：30 | | | | | | | | | | | | | | | | | | |

（续表）

| 时间 | 1号装卸站台 货运公司 | 进/出 | 供应商/客户 | 托盘 | 纸箱 | 备注 | 2号装卸站台 货运公司 | 进/出 | 供应商/客户 | 托盘 | 纸箱 | 备注 | 驶入式装卸站台 货运公司 | 进/出 | 供应商/客户 | 托盘 | 纸箱 | 备注 |
|---|---|---|---|---|---|---|---|---|---|---|---|---|---|---|---|---|---|---|
| 14：00 | 加斯顿港 | | RSJ公司（沃灵顿） | 26 | | | | | | | | | | | | | | |
| 14：30 | | | | | | | | | | | | | | | | | | |
| 15：00 | | | | | | | 戴维斯·特纳公司 | 出 | 出口拼箱 | 14 | 32 | | | | | | | |
| 15：30 | | | | | | | | | | | | | | | | | | |
| 16：00 | | | | | | | | | | | | | | | | | | |
| 16：30 | NBC | 出 | 百利公司（格拉斯哥） | 26 | | | NBC | 出 | 百利公司（纽卡斯尔） | 26 | | | | | | | | |
| 17：00 | | | | | | | | | | | | | | | | | | |
| 17：30 | NBC | 出 | 珀金斯公司 | 18 | | | | | | | | | | | | | | |
| 18：00 | NBC | 出 | 霍普古德公司 | 22 | | | 自有拖挂车 | 出 | 杰克逊斯红茶（法德利） | 26 | | | | | | | | |
| 18：30 | NBC | 出 | 韦德公司 | 8 | 16 | 预订18吨货车 | 自有拖挂车 | 出 | 唐纳兹公司 | 26 | | | | | | | | |
| 19：00 | | | | | | | | | | | | | | | | | | |
| 19：30 | | | | | | | | | | | | | 敦豪 | 出 | 次日达包裹 | 待发布 | | |
| 20：00 | 仓库关闭 | | | | | | | | | | | | | | | | | |

# 货场管理

这是仓库管理中经常被忽视的一个领域。很多司机都会向你讲述这样的经历：他们在一栋建筑里四处转悠，想弄清楚他们究竟应该向谁报告车辆已经到达，或者经常看到有人站在装卸平台上疯狂地向他们挥手并大喊："喂，司机，这边！"

如果有一个人工管制的安全路障，那么这个流程会顺畅得多。在这种情况下，司机可以在路障处停车，报告车辆已经到达，并得到指示。一些大型仓库拥有很好的基础设施，如可供显示信息的大屏幕。然而，对较小的仓库来说，情况并非如此。当司机驶入货场时，仓库应当明确给出在哪里停靠车辆的指示，并且应当在对应的办公室门口悬挂"司机在此报到"的标志。卸货码头应当被编号，以便司机得到清晰的指示，如"在 3 号卸货码头的拖挂车离开后请驶入该码头，该车将在 15 分钟内驶离，在此之前请在停车场地等候"。这也能确保文件资料被交到正确的员工手中，使其能够开展所有必要的工作，例如，为车辆的卸载分派一支卸货队伍。

如果货物从英国境外运来，那么司机可能不会说英语。准备一个能够派上用场的常用词语列表可能有助于双方的沟通；如果有人可以用司机的母语说上几句，那么肯定会让司机感到自己很受欢迎。免费的在线翻译网站可能无法辨别某些单词的专业含义。

例如，牵引单元后部用于匹配挂车的牵引销（Kingpin）的金属盘被称为第五轮（Fifth Wheel，又称牵引鞍座）。在法语里，它叫"une sellette"，其字面意思是"一个小转盘"。除非一位法国司机碰巧熟悉这个英语术语，否则英国仓库里的员工和他讨论"第五个轮子"（une cinquième roue）是没有什么意义的。

无论司机在现场待多长时间，仓库都应该向其提供卫生间，而且应当注

意到，一些司机是女性。当一位女司机开着长途运输车在夜间到达时，如果
她被告知女厕所门上有密码锁，而且只有办公室的女员工才知道密码，那将
是一件极其尴尬的事情。事实上，英国交通部前部长曾经提到，难以解决女
性上厕所的问题是卡车司机中女性占比如此之低的原因之一。允许司机使用
自动售货机或向他们提供水壶、茶包、牛奶和糖也是很好的做法，这无疑将
有助于在需要时获得他们的现场配合。

最后，不要忽视货场在健康和安全方面的问题。如果有可能，应当禁止
私家车入内，尽管在某些情况下停车位是可以高价出租的，但这对货场来说
是行不通的。人行道应当被清晰地标示出来，并在可能的情况下使用围栏进
行防护，当然，前提是不得堵塞消防通道。

## 甩挂作业

车辆到达后，装卸作业通常在司机在场的情况下进行，然后司机开车离
开。然而，一些企业会进行甩挂作业。这意味着拖挂卡车到达后，司机会解
开挂车，使之可以在他们离开后的某个稍晚的时间进行卸载。接着，司机会
为他们的拖车挂上另外一辆挂车，然后开走。有时候，挂车会被留在停车场
地，而且在大型作业中，现场会有一辆或多辆调度车在装载区和挂车停车场
之间来回移动那些挂车。有一种名为"拖车大师"（Tugmaster）的专用拖曳
车辆，它的驾驶室小、视野开阔、发动机动力强，而且牵引鞍座安装在可升
降的吊臂上（见图5.2），这样就不必来回调整挂车的支腿了。这种拖车常用
于在港口拖曳挂车上下渡轮，但在一些特大型的甩挂作业现场也能见到。

甩挂作业的主要优点是司机和牵引车不会因为要等待卸货而耽搁时间，
从而避免了非生产成本的产生。在小规模作业中，一辆挂车有可能留在停车
场地，白天装货、晚上发运；在大规模作业中，50辆挂车有可能在夜间装
货，在白天发运，或者反过来。额外增加挂车显然会产生成本，但是在管理
良好的甩挂作业中，这些成本都能被抵消。

来源：Sotrex 网站

**图 5.2　升起牵引鞍座的拖车大师**

# 收货和验货

上一章介绍了各种类型的卸货设备，这里并没有什么可以补充的。不过，我将提出一些一般性的观点。

要尽可能避免重复作业。如果需要将一批混合装载的纸箱托盘化，那么我们经常会看到所有的纸箱都被放到托盘上，然后由电动托盘车将其从货运车辆运至等待区。在那里，这些纸箱将被重新托盘化，再按照不同的 SKU 放到各自的托盘上。如果这些纸箱在运达时都是按 SKU 分开堆放的，作业效率就会更高，因为这样它们就可以直接被放到正确的托盘上或被放到输送机上，而另一端的操作人员可以安排一批托盘等候装货。

货物应当被卸载至检验区，并立即进行"货运大包装"（外包装）的数量清点，以便及时告知驾驶员所有关于托盘、纸箱等包装数量的差异及明显的包装损毁等信息。我建议大家使用一个专用的橡胶印章作为确认收货的一项安全措施。相信大家对 Michael Mouse、PG Tips 红茶和 Aaron C Resue 等品牌的交货证明都不陌生，如果交货证明上没有正确的印章，你就知道它是假的。印章上应当包含"已接收未核验"的字样，以便稍后将各种未在卸货时发现的到货差异告知相关人员。

例如，你订购了 144 卷同轴电缆和 288 卷三芯电缆，但实际上收到了 132 卷同轴电缆和 300 卷三芯电缆，而这些情况稍后才被发现。

对货物进行彻底的核验是一个难题。当然，高价值货物应当接受百分之百的核验，并且面对新供应商或那些出了名的不可靠的供应商时，采取这样的做法也是明智的。货物核验主要有以下两种方式：

- 对照预计到货情况进行核验；
- 盲检。

采用前一种方式时，工作人员会在一张预先做好的到货清单上勾选他们在核验中发现的货物。采取后一种方式时，工作人员会在单子上列出运达的各项货物，只有在完成这张单子之后，他们才会对照实际到货情况与预计到货情况。盲检需要花费更多的时间，因此操作起来会耗费更多的成本。然而，人们有一种倾向是只会看到他们想要看到的东西，因此工作人员更有可能通过盲检发现到货差异。人们对哪种方式是最佳的货物核验方式各持己见。

无论选择哪种方式，最好对明显的到货差异进行复核，工作人员一旦发现任何缺货或货损情况，就应当立即通知供应商和承运人。记得保存相应的记录，这些记录不仅可作为向供应商付款的凭证，而且可以用于发现趋势，以及在必要时做进一步的调查。例如，有可能发生某一特定品项反复出现货损的情况，这表明包装也许存在问题。

出现货损时，相关的记录应该包括照片。虽然大多数人的手机都有拍照功能，但是相关规定有可能禁止工作人员携带手机进入工作区域，因此我建议在收货区放置一台便宜的数码相机。

如果供应商是公认可靠的，那么诚信收货可以避免大量的货物核验工作，从而显著地节约成本。在这一机制下，只有一定比例的货物会被核验，到货差异将按比例核算，并且由供应商应承担相应的费用。因此，如果10%的货物被核验，并发现价值50英镑的货损，那么供应商需要承担500英镑的货损费用，这种核验机制已经被一些大型零售商采用。

货物核验可以完全取消，而相关的货损成本可以分摊。例如，一家大型汽车制造商向其英国经销商交付车辆的过程涉及五个参与方，即欧洲大陆运输公司、欧洲大陆港口、航运公司、英国港口和英国运输公司。各参与方都会逐辆检查车辆是否有轻微的凹痕和划痕。然而，有人注意到，这五次核验中任意一次的成本都高于所有车辆在整个交付过程中的平均货损总成本。因此，大家达成一致，彼此之间不再进行任何核验，所有的货损成本由各方分摊。这不仅节约了时间和成本，而且免去了许多麻烦。

保证核验过程的完整性是非常重要的，要确保在核验过程完成之前，没有货物从核验区被运走。为了维持生产或完成一个重要的订单，人们有可能想先把某些急需的货物拿到手，并打算稍后再办理相关的手续，但实际上，他们通常不会这样做。要制定相关的规章制度来防止这种情况发生，但是如果常常违反规则的那个人恰好就是公司高层管理者本人，那么我恐怕就不能提供什么有用的建议了。

# 存储

在把货物存储起来之前，应当制作关于每项货物的存储位置的说明书。

对于这项工作的成熟建议是进行帕累托分析，并根据吞吐量将SKU划分为三类，即A类、B类和C类。包含特定SKU的订单的数量通常是最佳分类指标。在一般情况下，20%的SKU占80%的出库量；这些SKU构成了A类产品，并且应被放在最接近发运场地和收货场地的位置。30%的

SKU 占 15% 的出库量（与 A 类产品合计共占 95%），这些 SKU 构成了 B 类产品，并且应被放在较易获取的位置。其余 50% 的 SKU 占 5% 的出库量，这些 SKU 构成了 C 类产品，并且应当被放在剩下的那些存取较为不便的位置。

在某些情况下，这的确是最好的建议。我知道一家糖果点心公司只向零售商运送整托盘数量的产品，这种分类存储方式运行良好。我想说明的一点是，还应当考虑存储位置的高度。毕竟，将一个托盘放到货架的顶层要比沿着货架通道移动一小段距离并将其放在货架底层花费更长的时间。

然而，遇到以下这些特殊情况时，应当停止使用这种分类存储方式。

- 仓库太满而无法实行。如果试图以接近 100%（在某些情况下甚至超过 100%）的库存容量来运营仓库，那么新入库的货物就只能见缝插针地存储，即便存储位置不太合适。这是仓库的库存容量达到 95% 以上时，其运行效率会急剧下降的原因之一，而这种情况应该尽可能避免。

- 存储类型特殊。这通常是一项明显的要求，例如，为超长物品设置的那一小块悬臂式货架区域必须被用于存储这类物品，因为它们无法存储在其他地方；而高价值物品必须被存储在独立的安全区域。此外，如果流动式托盘货架的规格是存储 25 个 SKU，这就决定了无论帕累托分析的最优分类结果如何，A 类货物都应该包含 25 个 SKU。

- 补充库存的紧密程度较高。如果货物以整托盘的形式接收而以纸箱的形式发运，那么一种有效率的方式（如果可行）是在货架最底层为每个 SKU 存放一个托盘以供拣货。如果那些恰当的 SKU 的整托盘储备库存被直接存储在其拣货托盘的正上方，效率就可以达到最高。

- 几乎每张订单中都会出现少数几种物品。一个典型的例子是一家玩具制造商接到的大多数订单都包括电池。这类物品可以被划分为 A 类产品，并被放在极其容易获取的位置，如每个货架通道的末端。

- 有些 SKU 常常被一起下单。假设有一家为承建商供货的电气设备批发商，如果某家特定的承建商正在建设一个安保系统，那么其订单中很可能有门禁卡读卡器和电动门锁，碟形卫星接收天线、天线支架和同轴电缆等卫星装置，专门为户外使用而设计的花园照明装置，等等。在这些情况下，总是会被一起下单的物品应当存储在一起。

- 季节性和促销。很少有商品不会在一年中的某个特定时间迎来更大的订单量，而且一些商品会在极其短暂的时间内出现需求量激增的情况（一些药品全年的使用量都很平稳，而洗衣粉的使用量在每年的 11 月和 12 月通常会有小小的回落，这是因为各大超市为了清空货架来放置圣诞节商品而进行了促销）。如果你的产品系列包括加热器和电风扇，那么它们会在一年中的不同时间被划分为不同类别的产品。为即将到来的促销活动而准备的产品可能被视为 A 类产品，即便以往的销售记录并不能证明该产品为 A 类产品。

- 按订单采购的物品。在某些情况下，一些公司只有在需要的时候才会去采购某些特定的物品，而不会保持其库存。将这些物品放在一个容易获取的位置显然是一个好主意，如果这是一个允许这张订单上的所有物品被存储在一起的位置，那就更好了。在有可能的情况下，我赞成把在同一张订单上的部分货物集中存储在同一位置。

在仓库管理流程中，保证货物存储位置的准确性是最重要的，在其入库存储的过程中尤其如此。有很多辅助工具可以使用，如条形码、射频识别（Radio Frequency Identification，RFID）标签或语音。下一章将对这个话题进行更深入的探讨。

无论采取何种存储方式，一件放错了位置的物品就相当于丢失了，在仓库中寻找一件丢失的物品所花费的时间远比一开始就把它放在正确位置所花费的时间要多得多。所有的存储位置都应当被逐个标记，如有必要还需进行细分。最好避免在同一位置存储不同的零部件，但这一点经常在存储非常规物品时被忽视。我知道一个汽车零部件仓库中的大多数物品都以专业的方式存放在搁板货架上，只有桶装机油和液压油被一起放在仓库地板上，这就是大多数问题产生的地方。如果用油漆在地板上标出具体的存放区域，并且按照与仓库中其他存储位置一样的标准对这些区域进行管理，就可以避免一些问题。

## 盘点和永续盘存

库存盘点不是一项轻松的工作。在仓库里注意保持准确性有很多好处，其中之一就是不需要经常盘点库存。虽然有专门提供库存盘点服务的公司，但收费十分高昂。

一家公司通常每年都会对所有的库存进行至少一次全面盘点，有时每半年甚至每季度盘点一次。对大多数公司来说，这是一项审计要求，而审计人员很可能参与盘点并核实盘点工作的准确性。

理想的盘点时间应该是一年中最不忙碌的时间，此时库存水平也最低。在西方国家，这个时间通常是圣诞节过后的那几天，这恰巧也是很多公司财年的末期。有些公司试图在进行全面盘点的同时照常营业，但这样做很不现实。如果可以全面停止营业，盘点就会变得容易很多，这意味着盘点应当在周末或假期进行。

盘点的准备工作应当提前一段时间开始，并应该包括以下几个方面。

- 提前几个月宣布盘点日期，并确保相关人员尤其是那些关键人员不会在那个时间段申请休假。确保其他相关人员，如审计人员和财务部门的人员，在这个时间段内都有空参与盘点，以避免到时需要临时换人。

- 确保有可用的必要设备，例如，确定是否需要租用一台铰接式升降机，以便安全地清点货架的最高层。

- 如果有可能，在盘点开始之前应完成所有"等我们抽时间去做"的工作，如处理过期的库存。不过，如果库存盘点是在圣诞节等忙碌的时间段后不久进行的，那么这样做或许是不现实的。

- 在规定的时间点之后停止进货，确保之前收到的所有货物都已经完成接收处理和入库存储工作，并且所有的仓储流程都已完成。同样，在盘点完成之前，不应拣选任何出库货物。不得不在收货区和发运区进行盘点是一件本可避免的麻烦事。如果出于某种原因必须收货，那么应将货物存放在待检区直到盘点结束。

- 整理干净。如果货物以便于计数的方式被整齐地堆放在一起，盘点流程就会更加快捷、准确，这种方式尤其适用于零散拣货的托盘。还应检查所有的货物是否都贴上了应贴的标签。如果标签脱落，那么最好在盘点开始之前对货物进行确认并重新贴上标签。

- 确保所有的相关人员都了解库存情况并清楚自己的职责。

实际的盘点流程很可能受到 WMS 性能的影响。如果可以通过扫描条形码或读取 RFID 标签来进行清点，那么这将对提高盘点速度和准确性有所帮助。然而，如果这些方法都不能使用，那么最常用的方法就是制作一张盘点表格，例如，按货架通道的顺序逐一制作表格。表格中可能包含也可能不包含每个存储位置的 SKU 信息，但是在上述任何一种情况下，都应当在每个存储位置旁边留出空格，以便在清点货物时在其中填入数量。当完成对某个货架通道的清点时，应将盘点表格与一张已经提前打印好的带有存储数量的相似表格进行比较。如果预计数量与实际数量相符，就表明一切正常；如果两者之间存在明显的差异，相关人员就应当复核该存储位置，以确定误差到底是源自 WMS 中的库存数量还是源自盘点中的错误计数。

库存控制的另外一个基础是周期盘点，或者叫永续盘存（Perpetual Inventory，PI）。这就需要每周清点一小部分的存储位置。周期盘点的方式既包括在仓库中有组织地开展相关工作（例如，本周清点 1 号通道，下周清点 2 号通道，以此类推），也包括随机确定待清点的存储位置，大多数 WMS 都有这样的功能。盘点差异最有可能出现在库存周转最快的存储位置，而格温·理查兹建议在每个盘点周期里清查 8% 的 A 类产品的库存、4% 的 B 类产品的库存和 2% 的 C 类产品的库存。另外一种选择是在工作人员每次拣货时都要求他们清点剩余库存的数量。然而，这意味着大量的时间将被花费在清点库存上，而这样做只有在拣货准确性非常差的情况下才有意义。我建议对相关人员进行额外的培训或采取其他措施来改善拣货的准确性，而不是采取这样的做法。

如果周期盘点的结果显示很少出现库存差异，就可以降低盘点频率。如果一个人发现只有库存记录存在些许误差，他就有可能说服审计人员取消年度盘点，而我相信这对每个人来说都是一种解脱。

库存调整有可能在日常操作中被某件事触发，例如，工作人员打算去某个存储位置拣取一件物品，到达后却发现那里空空如也。如果这种事情经常发生，那么几乎可以肯定库存有问题。

要监控库存差异（无论它是怎样被发现的），识别反复出现的问题，并找到其根本原因。有时候，这些问题可能源于误解。

例如，一位工作人员可能接到了拣取 3 瓶酒的指令，但他实际上拣取了 3 箱酒。更加明晰的指令及额外的培训是此类问题的解决方案。

另外一个必须解决的问题是缺乏纪律。如果一位工作人员有一张拣货清单，其中包括在仓库远端位置存储的物品，那么他需要从该存储位置开始拣货（除非有严格的人工干预控制措施）。如果在前往仓库远端位置的途中经过了相同的物品，那么他很可能产生一种想要从相对较容易获取物品的存储位置开始拣货的想法，因为这样做可以在短期内节省一点时间，但是当工作人员随后发现离其较近的存储位置空空如也时就会产生问题。除非得到适当的解决，否则这些问题往往会成倍增加，并成为混乱的根源。

当然，很多企业都面临物品被窃的风险，而盘点库存有助于发现这些风险。几年前，一家航空公司开展了一项调查，以查明航班上的零售推车在返回仓库进行补货时发现的物品短缺现象。他们发现，当某些特定的机组人员值勤时，一些特定的高价值物品会在航班上发生规律性的丢失，这最终引发了该公司对一些人的起诉。最容易丢失的物品是三角巧克力棒。管理层发出的"停止这些行为"的强硬警告显著地减少了这个问题。

# 拣货

有人会说，拣货是仓储的关键环节，所有其他活动的开展都只是为了给拣货流程提供支持。虽然我不想说得那么绝对，但拣货肯定是劳动密集程度最高的环节，也是最难做好的环节，更是最难实现自动化的环节。它的劳动密集程度甚至会变得更高，因为即时采购和在线购物虽降低了单次拣货的规模，但增加了拣货次数。拣货作业变得如此复杂的一个原因是，对同一个SKU 来说，拣货可以按照不同的计量单位进行。在某些情况下，客户会订购一个整托盘、一个整层、一整个外包装大箱、一整个内包装小箱或一个单品。如果货物可以按数量订购，情况就会变得更加复杂。例如，电缆既可以按米订购，也可以按卷订购；液压油既可以按桶订购，也可以按升订购。明确拣选单位的差别并对拣货人员进行细致的培训以确保他们熟悉这些差别是很有必要的。

格温·理查兹给出了拣选准确性的衡量标准（见表5.2）。换言之，假设一流企业的某家客户每天都会收到货物，那么一年里订单大概会出现一次问题。任何通情达理的客户对这样优质的服务都会感到非常满意。然而，在低端市场，这种每天收货的客户的订单有可能每周出现一次问题。很少有客户能够接受这样的表现，并且他们很可能迅速寻找新的供应商，因此拣货准确性是至关重要的。同样需要注意的是，对于每一次运输短货（大多数客户都会很快上报），都很可能有一次对应的运输溢货（很多客户根本不会上报）。表现不佳的成本有可能远远超出改善表现的成本。

表 5.2　拣货准确性的衡量标准

|  | 一流 | 中等 | 有待改善 |
| --- | --- | --- | --- |
| 订单拣选正确率 | ≥ 99.8% | 99.3% | ≤ 97.0% |
| 订单及时交付率 | ≥ 99.59% | 96.53% | ≤ 82.8% |

　　传统的方法是向拣货人员提供一张清单，上面列出了某张订单中的所有物品。然后，这些拣货人员在仓库里四处走动，拣取那些物品（边走边在清单上打钩），将它们带到装运场地，接着拣选下一张订单中的物品。使用这种拣货方式时，很少有人能在 8 小时的工作时间里保持达到 100% 的拣选正确率所需的注意力水平。实际上，大脑会想其他的事情，例如，孩子在学校里会不会被欺负，或者在一档电视真人秀节目中谁会是下一个被淘汰的人。1979 年，我曾在一个仓库里工作，主要是在办公室工作，有时也会"客串"拣货人员。那时计算机还未普及，而且我愿意承认，在这种拣货方式下，我没达到过 100% 的拣选正确率。

　　采取良好的人事管理、激励机制，培养较强的纪律性和积极的质量观，进行绩效监控等措施，可以取得显著成效。然而，这并不能使拣选正确率达到 100%。

　　在一些仓库里，所有的订单在发运前都要进行复核。这很耗费时间，但在一个小型仓库里，这可能是消除误差的唯一方法，因为对该类仓库进行技术投资可能是不合理的。然而，采取某些形式的技术辅助措施还是非常可取的，下一章将讨论这个方面的技术辅助措施，如条形码、RFID 标签等。

不过，我现在要介绍一种较为简单的技术，即自动复核重量技术。这项技术已被应用于超市的自助扫码区域。例如，如果一个人只扫描了一盒 6 个鸡蛋，却往袋子里放了一瓶香槟，系统就会发出声音："装袋区域有非法物品。"在仓库里，每件物品的重量都由 WMS 记录。即将发运的货物的预计总重量会被计算出来，并与其实际重量进行比较，重量差异反映了货物差异。这套系统并非万无一失（例如，两个不同的 SKU 可能具有相同的设计，因此重量相同，只有颜色不同），但它的确非常有用。

下一节将介绍一些可供选用的拣货方法，它们采用了不同的技术。

# 拣货方法

在某些情况下，拣货人员的行走时间可能占其整个拣货过程的总时间的 50%。为了最大限度地提高生产效率，应当尽量减少其行走时间，而一个出色的上架系统可以在这个方面发挥作用。此外，一个优秀的 WMS 能够按最佳拣货顺序生成一个拣货清单，使拣货人员的行走距离最短且终点为发运区。如果一个拣货清单是按 SKU 编号的数字大小顺序生成的，就会产生漏掉某个物品的风险，并且拣货人员必须原路返回才能拣取该物品。

考虑到这一点，主要的拣货方法如下。

### 单人按订单拣选

使用这种拣货方法时，拣货人员会被分派一张订单。他们按照该订单拣货，然后返回拣货出发点，开始拣取下一张订单中的货物。从拣货人员的角度来看，这是最简单的拣货方法，而且由于它通常是按单张订单拣货的最快的方法，因此它也是为加急订单拣货的最佳方法。这种方法还是处理大型订单的标准方法。例如，拣货人员可能无法在其订单分拣机上携带多批数量较多的货物。使用这种方法可以避免货物被错误地装运，这种错误很可能发生在拣货人员同时处理多个订单的时候。这种拣货方法的缺点是订单之间没有协同效应，拣货人员在其工作班次里有可能多次到访相同或距离相近的存储位置，因此其行走时间是所有拣货方法中最长的。如果所有订单都只包含很少的物品，拣货效率就会特别低，因为拣货人员会多次往返于拣货出发点。

汽车零部件仓库可以使用这种拣货方法，因为经销商的订单可能包含大约 100 种不同的物品。

### 订单集中拣选

使用这种拣货方法时，拣货人员会一次处理多张订单，而不是一张订单。他们在经过的每个存储位置拣选物品，并将该物品放在对应的订单的物品堆里。这种拣货方法的优点是减少了行走时间，因此拣货人员可以在给定的时间里处理多张订单，但是存在拣货人员搞混物品的风险，物品有可能被放进错误的物品堆里。我建议部分邮购仓库使用这种方法，因为那里的订单通常只包含少数几种物品。

### 订单批量拣选

使用这种拣货方法时，大批订单上的物品被拣选出来，然后被带到二次处理区。拣货人员会在这里进行二次拣选，将这些物品分配到每张订单。在大多数情况下，每张订单之间的差别很大，这样拣选的效率很低，因为它几乎是在重复这些拣选工作。然而，当很多订单相似的时候，这种拣货方法会很有用。例如，电视购物频道收到的大多数订单都与当前正在宣传的那件商品有关。又如，如果以较大的价格折扣销售某个特定的商品组合，那么企业收到的大多数订单也是相似的。

### 分区拣选

这种拣货方法通常是上述拣货方法中的某一种的变体，使用这种方法时，仓库被细分为多个区域，从每个区域拣选出来的货物构成了整张订单。这种拣货方法可以用来降低拣货人员相互妨碍的风险，但拣货人员是否会相互妨碍通常是由仓库的地形条件所决定的。各区域的拣货人员通常是分开拣货的，只有在发货时，货物才会被合并。不过，拣货人员也可以将从一个区域拣选出来的货物放在一个分拣箱中，并将该分拣箱带至下一个拣货区域的起点，以便将货物放至同一个分拣箱中。例如，在汽车零部件仓库中，可能有一个区域存放着发动机、车身板件等大型物品，而另一个区域里存放着雨刷片和灯泡等小型物品。从每个区域独立拣选出来的货物最后可以在发货场地进行合并。一个例子是一家知名的时装零售商，它在英国北部的仓库里持有叠装服饰，而在南部的仓库里持有挂装服饰。这两个仓库白天都在为英国各地的时装零售商店拣选服饰，到了晚上，那些为北方商店拣选出来的挂装服饰被集中送到北部的仓库，与那里被拣选出来的叠装服饰组合起来，一起被运往北方的每条商业街上的时装零售商店。而那些为南方商店拣选出来的叠装服饰则被集中送到南部的仓库，并与那里被拣选出来的挂装服饰一起被运往南方的每条商业街上的时装零售商店。

### 拣货方法互不排斥

应当强调的是，上述这些拣货方法并不是相互排斥的。对于相同的仓储作业，在不同的时间使用不同的拣货方法很可能是恰当的。红酒进口商就有可能同时使用以下几种拣货方法。

- 独立的红酒专卖店订单每单包含 50~100 箱红酒——单人按订单拣选。
- 消费者的邮购订单每单一般包含 6~12 瓶红酒——订单集中拣选。
- 促销订单，其中有 500 位消费者订购了相同的红酒组合（含 6 瓶不同的红酒）——订单批量拣选。
- 涉及两个陈列架的红酒专卖店订单——逐个订单拣选和分区拣选（两个陈列架在不同的建筑中）。

### 货到人拣选

以上所有的拣货方法都采用了人到货的拣选策略。当然，也可以将货物带到拣货人员处。我曾经见过这样的操作：使用前移式叉车将托盘从货架区集中运到搬运区，在那里，拣货人员取走一个或多个纸箱，然后托盘会被放回货架。这样做的效率很低，我建议租用一辆高层分拣机作为替代方案。

然而，这是有可能通过自动化系统来完成的。我曾有幸参观过位于米尔顿凯恩斯的约翰·路易斯百货公司的仓储设施，这是一个令人印象极为深刻的例子。拣货人员位于符合人体工程学设计的工作站上，手上有空箱子等材料。货物都被存储在自动化的仓库里，通常被放在塑料箱里。机器人根据 WMS 提供的信息进行拣货，包含某个特定订单中的货物的各种货箱会被运送至拣货人员处。拣货人员取走正确数量的货物，这可以通过实时的重量核验来确认，而货箱连同其中剩余的货物会被送回仓库。当订单中的货物都拣取完毕后，拣货人员将货箱放到一个单独的输送机上，在箱子被传送至发货区的过程中自动完成密封和贴标签。这种拣货方法的优点很明显，包括节约了行走时间、拣货人员不用浪费时间来寻找正确的 SKU、减轻了疲劳感等，从而带来了生产效率的显著提高。隐性的好处包括增加了残疾人的就业机会等。这种通过自动化系统实现货到人拣选的拣货方法的成本并不低，而且该方法在小规模作业中也不可行。格温·理查兹建议在每天吞吐量超过 3 000 个货箱的情况下才考虑使用这种拣货方法。

### 订单拣选顺序

确保所有的订单都能按时完成应当是仓储活动计划的一部分。最简单的方法包括先拣选最早收到的订单上的货物，或者先拣选最重要的客户的订单上的货物。然而，这些方法在实际应用中都会产生问题。在第一种情况下，最早收到的订单可能并不是最紧急的；而在第二种情况下，某个客户的订单可能永远不会到达拣选列表的首位，因此永远不会尽可能早地为其发货。

最好始终保持快人一步。也就是说，如果有三天的时间来发运一张订单上的货物，那么不应等到第三天再发运，除非出现了难以解决的问题。

很多企业提供级别更高的服务，即费用更高的次日交货服务。提供这类服务的企业不仅包括大型邮购公司，还包括汽车经销商，这些经销商通常接受每天的车辆离开道路（Vehicle Off Road，VOR）交货（可能承诺在上午8点之前）和每周的库存订单。如果采用前一种方案，那么它们会为零配件的交货支付更高的费用。

针对仓储活动计划，我有以下几条建议。

- 对于按固定时间交货的情形，如向大型零售商在约定时间段交货，请与负责预约时间的工作人员保持联系，以免产生时间冲突。
- 在开展大型促销活动之前，确保劳动力和MHE都是可用的。
- 考虑采用波次拣选方式，即拣货按不同的批次进行。很多WMS都有这个功能，而且如果它能与车辆装载计划配合好，它就会特别有用。波次拣选时间表示例如表5.3所示。
- 为不太紧急的订单制订拣货计划，以便在它们变得紧急之前完成拣货工作。例如，可以在每天早上接到紧急订单之前为不太紧急的订单进行拣货。
- 确保非紧急订单在未及早发货时会被识别为紧急订单。例如，如果订单上的货物必须在三天内发运，则应在第三天将其列为紧急订单。
- 不要完全忽略一部分仓储活动。例如，有时我们会听到"我们似乎从来没有抽时间去处理退货"这样的话，但这绝不是良好的管理方式。

确定合理的拣选次序可以使仓储作业变得更加流畅。

表 5.3　波次拣选时间表示例

| 波次 | 描述 | 发布时间 | 完成时间 | 车辆驶离时间 |
|------|------|----------|----------|--------------|
| 1 | 非紧急订单 | 8：00 | 10：00 | — |
| 2 | 非紧急订单 | 10：00 | 12：00 | — |
| 3 | 非紧急订单 | 12：00 | 14：00 | — |
| 4 | 前几天未完成的非紧急订单 | 14：00 | 15：00 | — |
| 5 | 北爱尔兰次日达 | 15：00 | 15：30 | 16：30 |
| 6 | 苏格兰次日达 | 15：00 | 16：00 | 17：00 |
| 7 | 英格兰东北地区次日达 | 16：00 | 17：00 | 18：00 |
| 8 | 英格兰西北地区或威尔士北部地区次日达 | 17：00 | 18：00 | 19：00 |
| 9 | 英格兰西南地区次日达 | 18：00 | 19：00 | 20：00 |
| 10 | 威尔士南部地区次日达 | 19：00 | 20：00 | 21：00 |
| 11 | 英格兰东南地区次日达 | 20：00 | 21：00 | 22：00 |
| 12 | 英格兰东部地区次日达 | 21：00 | 22：00 | 23：00 |
| 13 | 本地次日达1 | 22：00 | 23：00 | 次日7：00 |
| 14 | 本地次日达2 | 23：00 | 24：00 | 次日8：00 |

# 拣货容器

在一些业务（如电子商务）中，货物会进行预包装，然后被放入货箱中等待发出，发运时只需要再次贴上标签。这些货物能以这种货箱包装的形式被拣取，并被放置到货笼、带围网的手推车、带边托盘等拣货容器里，因为拣货人员会带着货物在仓库里四处走动。在小规模作业中，拣货人员实际上可以把拣选出来的货物松散地放在手推车上，甚至可以将它们以这种货箱包装的形式带至打包区。

然而，在大多数较大的仓库中，上述做法是不现实的，拣货人员需要将货物放到合适的拣货容器中。如果需要使用订单分拣机来拣货，那么肯定是这种情况，而且如果需要使用订单集中拣选的拣货方法来避免不同订单中的货物相互混淆，这样做就显得尤其重要。

如果出库运输是托盘化的，那么最有效的方法可能是把货箱直接放到托盘上，并在拣货完成后对托盘进行缠绕打包。在托盘上加一圈围领以防止缠绕打包时货箱脱落可能是一个好主意。

使用装运货物的货箱作为拣货容器从表面上看是很有吸引力的，而且WMS可能可以确定特定订单所需的货箱的大小。然而，在实际应用中，特别是在货物的形状和大小均不相同时，拣货人员不太可能按照能把货物以最小总体积放进货箱里的正确顺序去拣货。这样做的结果要么是货箱装不下，并有损坏的风险，直到拣货完成并重新堆放货箱里的货物；要么是需要指定超大号的货箱，并且需要用填充物来填满其内部空间。换句话说，这样做的结果要么是冒着显而易见的风险，要么是需要为包装填充物花钱，而且大号箱子比小号箱子贵。

通常来说，最好的解决方案是把货物放到一个临时的拣货容器里，而使用塑料搬运箱是最常见的解决方案。在拣货时，货物可以先被放到塑料搬运箱里，然后被转移到发货箱里，而塑料搬运箱还可以用于下次拣货。尽管这代表着在拣货流程中多了一个步骤，但在实践中使用塑料搬运箱通常是最有效的解决方案。

# 发运

有效的货物发运的关键在于计划。拣货应当及时完成，而货物的恰当准备也要及时完成。这些工作可能涉及包装，在某些情况下，如果客户要求，可能还涉及产品组装。

当上述工作完成时，货物应当被运至按有利于发运原则而布局的发货区域。如果业务规模非常小，那么发货区可能只有几个空的笼车，在白天包裹被放入其中，以便当收集包裹的厢式货车到达时这些笼车被推到车旁装载。如果业务规模非常大，那么有可能每天发运100个整托盘的货物，此时应当在发货区以 26 个托盘的正确尺寸（假设是尺寸为 1.2 米 × 1 米的托盘）为基础的存放单位在地板上做标记，这也是一辆铰接式卡车所能装载的最大托盘数量。

如果是发运混合装载的货物，那么它们也许会以托盘和包裹的形式混合在一起，用很多辆车通宵运往英国各地，我建议在发货区使用物理屏障对货物进行分隔，而不是依靠地板上的标记。发货区具体的布局形式取决于仓储作业的性质。

如果文件资料是在其他地方生成的，如出口文件，就要有可靠的通信系统来确保它被及时提供给正确的驾驶员。如果没有正确的文件，这批货物很可能被海关扣押，并在获准通关放行方面遇到很多困难。

我认为应该给予驾驶员检查车辆所装载货物的机会，并要求他们签署相应的文件。一些企业出于健康和安全方面的原因，不允许驾驶员出现在装卸平台上，但是如果驾驶员不亲眼看到货物被装上车，若在运输途中出现货物丢失或损坏的情况，企业就很难进行索赔。大多数 WMS 都会制作发运文件，驾驶员应当在上面签字。发运文件应该记录驾驶员的车牌号和车辆收货的日期和时间。如果是高价值货物，那么承运人有可能要求驾驶员提供带照片的身份证件；而在一些高度戒备的环境里，在被获准进行货物收集之前，承运人会被要求提供驾驶员的生物特征识别数据。

未经授权的驾驶员以盗窃为目的进行货物收集的情况虽然罕见，但并非没有。在我的职业生涯中，我听说过多起这样的案件。这些案件大都得到了解决，原因是有人产生了怀疑，或者罪犯发现偷来的货物无法出售而将其遗弃。不过，在一个案件中，一位未经授权的驾驶员，在几乎可以肯定他得到了某些内部人员的帮助的情况下，成功地偷走了一整辆拖挂卡车的洗衣粉。这是一种很容易销售且无法追踪的商品，因此这个案件悬而未决。

## 结论

如前文所述，仓储流程并不是从收货才开始的，同样的道理，它也不是以发运结束的。发运之后还有其他问题需要考虑，如交货证明。

然而，发运似乎是本章的一个简单的完结点。后面关于运输作业的章节将深入探讨发运之后的那些问题。

# 第 6 章

# 仓储管理系统

我曾提到，我在 1979 年为一个仓库工作，那时计算机还没有普及。在那一年里，我花了大约一半的工作时间作为一名库存控制员与其他四位同事共事。仓库里有上万种零件，每一种零件都有一张库存控制卡。当销售部门传递过来一张订单（手写）时，我们需要找到正确的卡片，在上面手写日期、客户名称、订单号、我们的通知单号和订货数量，并用前一行记录的剩余库存数量减去这次的订货数量，口算出新的剩余库存数量。实际情况是，尽管每个人都尽了最大的努力，并且我们的工作成效在当时是可以让人接受的，但以现在的标准来看，这样的工作流程存在很多问题，笔误或简单的算术错误都有可能造成千位数级别的数量误差。

现在，WMS 能够提供更多的帮助，可以在减少错误和提高生产效率方面做出重大贡献。我不建议任何人到今天还尝试使用手动记录的表格或电子表格来运营仓库，毕竟这并不是电子表格的设计用途。

WMS 的成本差异非常大。一个满足特定组织的特定需求并进行了重要的定制开发的顶级系统可能需要花费数百万英镑（或美元或欧元）。

我们可以在网上找到免费的 WMS，如 ABC 库存软件。我从未使用过这个软件，所以不知道这个软件的品质如何，但是从网上的描述来看，它好像提供了管理一个小型仓库所需的基本功能。它的免费版本似乎不支持联网，而且没有支持服务；但它其实是有支持服务的，只要你花费 435 美元购买一个单用户使用许可证。

在这两种极端情形之间有很多选择。Software Advice 网站列举并介绍了 94 种不同的 WMS。此外，很多企业资源规划（Enterprise Resource Planning，ERP）系统都有仓储管理模块，它可以作为一种附加组件出售。因此，假如你的公司目前正在使用 Sage 软件来为会计部门提供支持，那么 Sage Dexterity 在评选适合作为 WMS 的软件时会是一个合格的候选者。

如果你的公司是一家大型（可能是跨国）企业的一部分，那么你的公司可能已经与供应商签署了以优惠价格提供 WMS 的协议。确保这个 WMS 适用于你的公司所在区域是很重要的。例如，一些美国开发的系统并没有增值税功能，这会使其在欧盟国家的应用出现问题。在本地采购合适的软件包会好一些，尽管采购成本可能高于通过全球采购协议（Global Procurement Agreement，GPA）采购类似的软件包。

购买 WMS 时需要考虑的主要因素如下。

- 该 WMS 能否与企业目前正在使用的其他系统进行连接，或者在必要时能否与别人（如客户或供应商）的系统进行连接？
- 你需要或希望 WMS 拥有哪些功能？该 WMS 能提供哪些功能？
- 该 WMS 是否支持你希望使用的数据自动采集（Automated Data Collection，ADC）方式（如条形码、语音拣选等）？
- 该 WMS 的实际运行效果如何？
- 该 WMS 的成本是多少？

最终的决策几乎肯定是权衡后的结果，你要判断是否有可靠的商业案例支持你支付额外的费用来换取一个更好的系统。

为了帮助你做出此类决策，下面将进一步探讨影响决策的各种因素。

# 系统接口

现在几乎所有的企业都依赖系统，对所有的企业（除了小微企业）来说，那些可以接受对相同数据进行重复记录的日子已经一去不复返了。例如，采购订单应该对仓储部门可见（尽管有可能隐藏敏感的价格信息），以便他们能够确认到达的货物与该订单相符；会计部门希望确认这些货物在接收时情况良好，以便他们决定是否支付货款。

如果使用的是一个应用于整个企业的 ERP 系统（如 Microsoft Dynamics）

中的仓储管理模块，那么此类内部系统的接口应当是标准化的（特别是当这个 ERP 系统中的仓储管理模块比其他模块的版本更新时）。如果你正在使用内部系统或既有系统开展其他业务活动，那么你可能需要编写接口，这将不可避免地增加该 WMS 项目的成本并推迟其交付时间。

在企业外部，你的客户有可能坚持使用电子方式发送订单。尽管一些英国公司如特拉维斯·帕金斯公司（Travis Perkins）仍然提供通过传真发布订单的选项，但其他公司如沃尔沃（Volvo）不提供，而且沃尔沃强制要求客户按其标准使用电子数据交换（Electronic Data Interchange，EDI）。无论哪种情况，电子通信都是迄今为止的最佳选择。

你可能也希望你的供应商通过 EDI 进行业务沟通。虽然可以通过传真或电子邮件的 PDF 附件来接收预装货通知，但使用这种方式时需要手动输入数据。这样做会产生人工成本，而且有时会不可避免地出现数据输入错误。最好以约定好的可以直接输入 WMS 的方式来接收预装货通知。

与承运人沟通的问题也很重要。如果你每天运输的货物数量很少，只能手动输入信息的系统仍然可以有效地运行。然而，如果你在一家电子商务公司工作，每天要把数百个甚至上千个包裹送到客户家里，你就不可能指望承运人将上千个地址和其他详细信息手动输入自己的货物追踪系统。一些WMS 为主要的包裹承运人配置了系统接口，这是一个重要的优势。

最后，本节隐含的假设是你在运营自己的仓库。如果有第三方物流公司的参与，情况就会变得更加复杂，因为第三方物流公司很可能也有自己偏爱的 WMS。该系统和你的系统之间的接口应该是你在选择合适的第三方物流公司时需要考虑的一个重要因素。

## 基本功能

所有 WMS 都应该具备的基本功能如下：

- 收货；

- 存储；

- 拣货；

- 发运；

- 库存控制；

- 库存盘点；

- 统计报告。（产品 X 目前有多少库存？在过去的一年里有多少产品 Y 被运送给了客户 Z ？）

缺少了这些功能，一个 WMS 在大多数情况下将无法有效地运行，我建议不要使用这样的系统。

## 高级功能

除了那些入门级 WMS，其他的所有 WMS 都能提供比基本功能更多的功能，其中一些功能令人印象非常深刻。

一般来说，更贵的系统（见图 6.1）拥有更多的功能。在选择 WMS 时，关键之处在于确定哪些功能对你来说是值得支付额外费用的。例如，如果你需要通过序列号来追踪你的产品，这就是 WMS 的一个必备功能；如果你从不需要这样做，它就无关紧要了。

其他的功能可以被归为"锦上添花"的功能，而且你可能需要去判断该项成本是否合理。可选的功能几乎是不计其数的，下面介绍其中的一些功能。

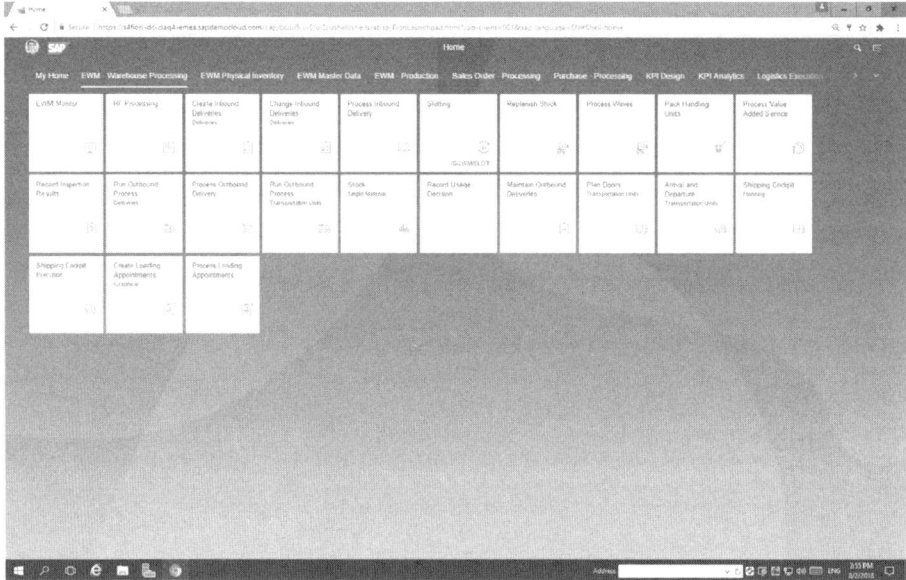

来源：思爱普（SAP）有限责任公司（英国）

**图 6.1　一个高级 WMS 中多种仓储处理功能的启动界面**

## 交货时间槽分配和货场管理

对中等规模的企业来说，这类功能有可能被归为"锦上添花"的功能。一个高级的 WMS 不仅可以用来管理交货时间槽的预订（见图 6.2），而且能够将到库货物分配到最佳装卸站台。

例如，如果在仓库的一端设有用于存储超限物品的悬臂式货架区域，WMS 就会把此类物品的运输路线规划为将其运至距离该区域最近的装卸站台。WMS 还能将甩挂的挂车作为一种特殊的物品来管理。

显然，相较于仅有 2 个装卸站台的仓储场地，这类功能对拥有 60 个装卸站台的仓储场地来说更有用。

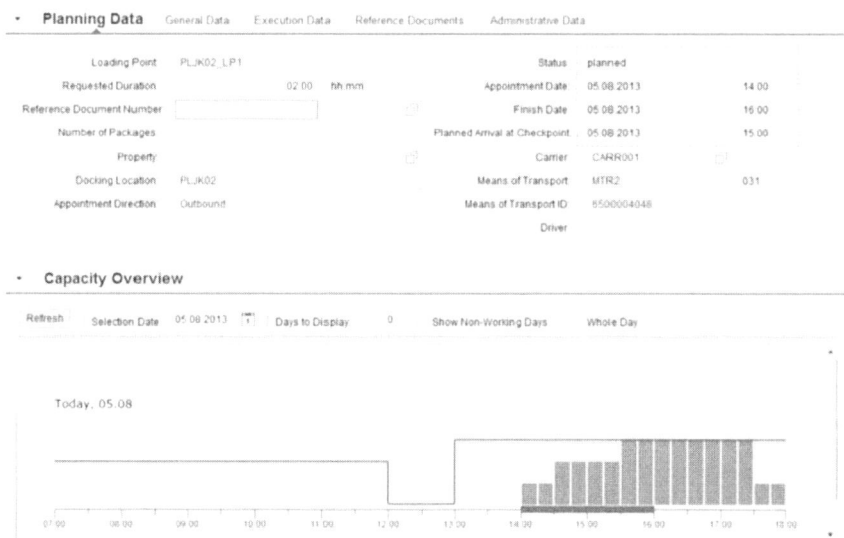

**Planning Data** General Data Execution Data Reference Documents Administrative Data

| | | | | |
|---|---|---|---|---|
| Loading Point | PLJK02_LP1 | Status | planned | |
| Requested Duration | 02:00 hh:mm | Appointment Date | 05.08.2013 | 14:00 |
| Reference Document Number | | Finish Date | 05.08.2013 | 16:00 |
| Number of Packages | | Planned Arrival at Checkpoint | 05.08.2013 | 15:00 |
| Property | | Carrier | CARR001 | |
| Docking Location | PLJK02 | Means of Transport | MTR2 | 031 |
| Appointment Direction | Outbound | Means of Transport ID | 6500004048 | |
| | | Driver | | |

**Capacity Overview**

Refresh　Selection Date 05.08.2013　Days to Display　0　Show Non-Working Days　Whole Day

Today, 05.08

来源：思爱普（英国）有限责任公司（SAP UK Ltd）

注：该界面不仅显示了单次时间槽预订的细节，还显示了全天可用的仓库容量和正在使用的仓库容量的全貌。

**图 6.2　交货时间槽分配功能**

## 库存预分配

在一个简单的 WMS 中，货物必须在接收和存放入库后才能被分配给某张订单。然而，在一个高级一点的 WMS 中，可以手动进行库存预分配或设置 WMS 自动进行库存预分配（见图 6.3）。

在高级的 WMS 中，参数设置可以调整，例如，保留一部分货物以满足将来的紧急订单，而不是现在将其全部用于满足非紧急的延期订单。一个非常高级的功能被称为"优化越库"，也就是将当天的入库货物分配给同一天的某张出库订单，以省去该批货物的入库存放和取回等操作，即使仓库中可能已经存储了相同的货物。一些人可能无论如何都不想使用这样的功能，因为它不符合先进先出的原则，但它展示了目前市场上一些 WMS 的成熟程度。

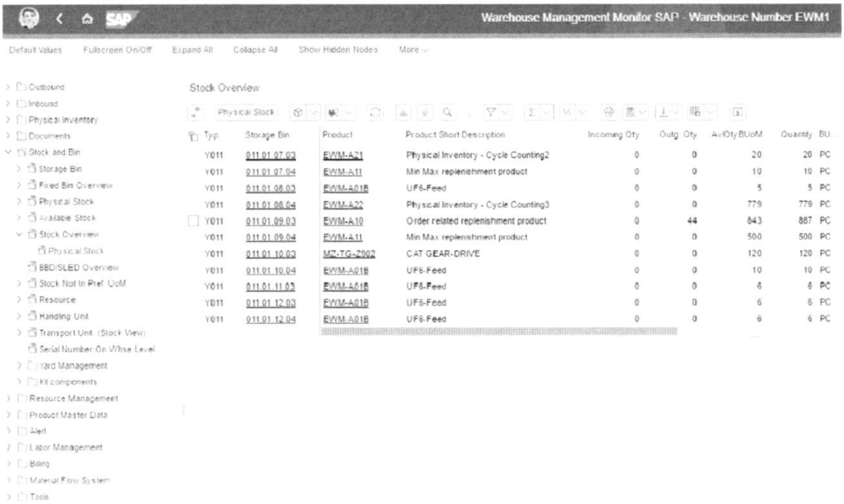

来源：思爱普（英国）有限责任公司

图 6.3 库存汇总表（显示了向一张尚未拣货的出库订单
预分配了 44 个单位的排在第五位的货物）

## 存储位置分配

大多数 WMS 都能为入库的货物生成存储位置（见图 6.4）。

在非常基础的 WMS 中，存储位置可能是随机生成的，但是大部分
WMS 通常能够进行预编程，以实现基于帕累托分析法的存储位置分配，或
者在特定区域存放特定货物。

不过，在特定货物的拣选面上方存放该货物的储备库存超出了市场上一
些 WMS 的能力。

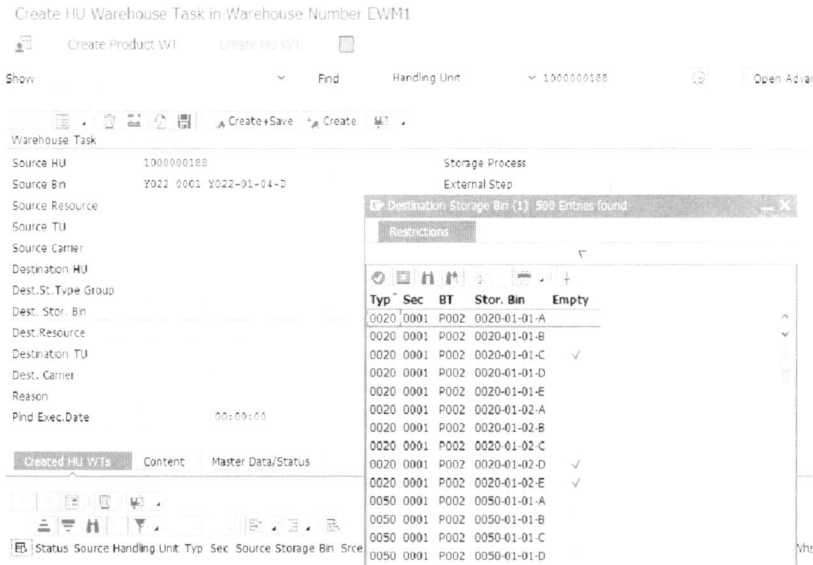

来源：思爱普（英国）有限责任公司

**图 6.4　可供存放货物的空闲位置**

## 促销装、套装和物料清单

这些产品组合形式从物流的角度来看都非常相似。

例如，红酒批发商有可能销售特意挑选的混搭箱装红酒；医药公司有可能单独销售医疗用品，或者按照急救箱中特定的用品数量和组合来销售一系列的医疗用品；一家太阳能装置供应商可能需要一张物料清单（见图 6.5），其中包括面板、配件和电气部件等。

在上述的所有例子中，物品在装运前都需要进行预选，并组合成套装或套件。并不是所有的 WMS 都能提供所需的功能，而且以零部件"装运"再以套件"接收"（在途组装）的权宜方案也并不理想。

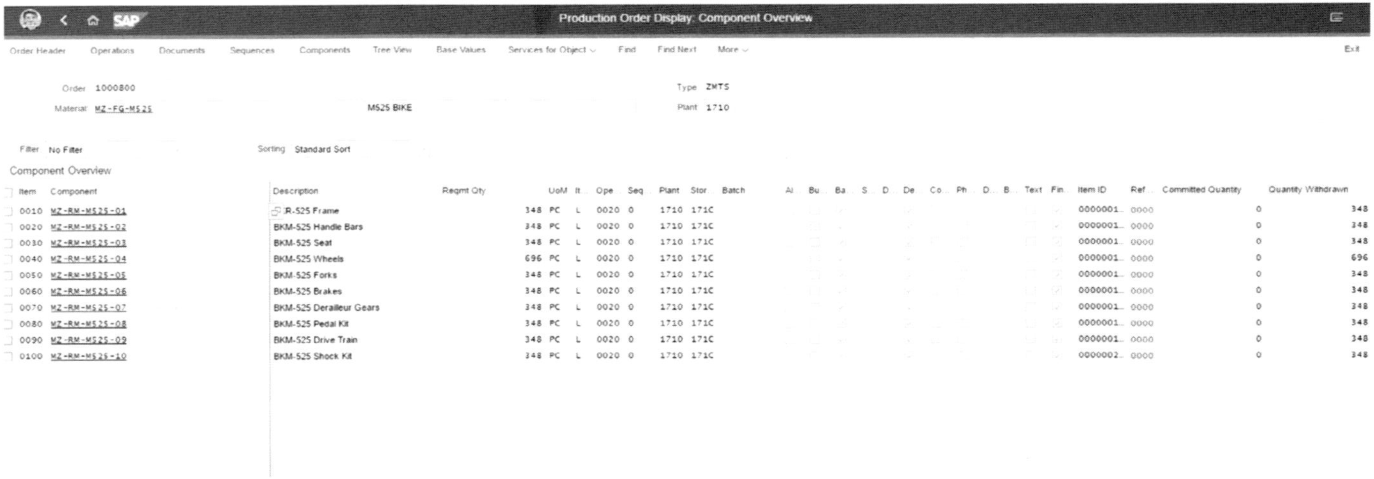

图 6.5　一张物料清单（生产 348 型 M525 自行车所需的全部部件）

来源：思爱普（英国）有限责任公司

### 打包、子装配和增值活动

当需要对产品做出改变以满足客户需求时，类似的原则也适用。这些改变涉及从贴标签、重新包装或重新托盘化装载，到插上电池，再到下载复杂的软件的整个过程，而且可能不止一个步骤。同样也有可行的权宜方案，可能是货物以 XYZ 的形式装运，经过标贴签和重新装箱，然后以 XYZ QVC 的形式接收。如果此类活动偶尔才发生，那么这样做可能是可以接受的，但在整个过程中失去对货物的追踪能力之类的缺点有时会引起一些问题。

### 拣货

前文已经介绍了各种拣货方法，如订单批量拣选和波次拣选。对比较简单的 WMS 来说，拣货任务是独立生成的，而且是由仓库主管将它们分配给每个拣货人员的。而比较高级的 WMS 可以在需要时生成波次拣选任务或订单批量拣选任务，并且将它们按照某个参数（如车辆发运时间）进行排序（见图 6.6）。

有些 WMS 甚至具备任务交叉功能。例如，该功能会安排一位叉车司机先去存放一个托盘，然后从邻近的存储位置取回一个托盘，这样叉车在往返发运区和收货区时在每个行驶方向上都是满载的。不可否认，这是一个好主意，而且完美地运行这样一个系统是一种美好的理想，但是在现实中，该系统很少会像人们所希望的那样运行良好。

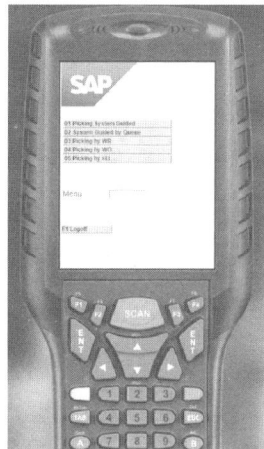

来源：思爱普（英国）有限责任公司

注：该手持设备被设计得坚固耐用，以防止在仓库使用中轻易损坏。

**图 6.6 仓库工作人员的手持设备显示了拣货的选项菜单**

## 自动补货

一些企业采取自动补充已售货物的策略（必要时可进行人工干预）。如果你的企业也在使用这种策略，WMS 就要提供相应的支持。它至少应当能够生成历史使用数据的详细统计报告，为预测未来用量提供必要的数据，从而使采购订单能够以正确的数量下达。

**海关仓储：** 不论你想要运营何种形式的保税仓库（该仓库里的货物免征关税或增值税），除非你的 WMS 拥有支持此项业务的特定功能，否则你将无法获得保税仓库运营许可证。

## 劳动力和资源

这是各种 WMS 功能差异非常大的另外一个领域。功能性处于中等水平的 WMS 可以协助仓库主管为不同的任务部署资源，例如，根据货运车辆到达时间表分配作业人员和叉车。这些信息也有助于确定所需的总体资源。在一个繁忙的日子里，作业人员可能需要加班，而企业可能招聘劳务派遣人员。

无论对企业整体还是对作业人员个人来说，绩效监控都是一个有效的管理工具（见图 6.7）。它也可以用来比较员工们的个人绩效，如拣货效率。通常来说，领导的一句硬话及得知自己的工作正在被密切关注，就足以提高一位表现不佳的员工的生产效率。

那些比较成熟的 WMS 拥有可以与企业人力资源和薪资管理部门进行信息交互的系统接口（见图 6.8）。员工休假和加班情况可由仓库主管管理并直接录入系统，然后系统就可以直接向该员工支付相应的报酬，而无须借助独立的工作时间监控系统。

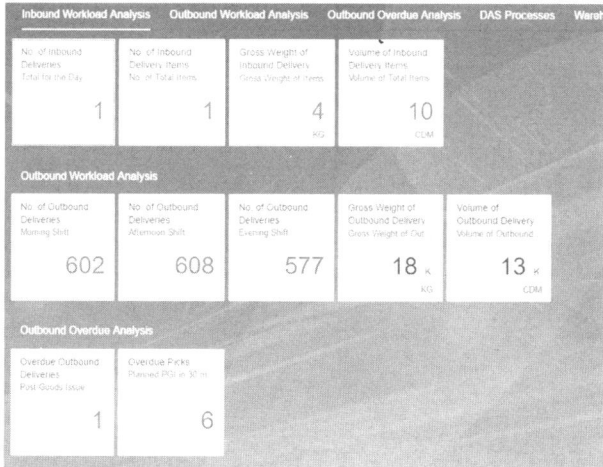

来源：思爱普（英国）有限责任公司

注：显示了入库、出库和拣货逾期三个方面的统计数据，显然，这是入库货物不多的一天。

**图 6.7　一个仓库运行一天的整体绩效**

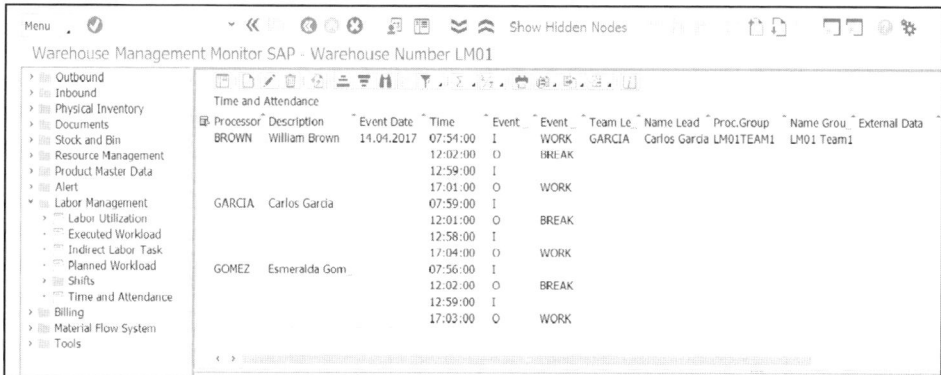

来源：思爱普（英国）有限责任公司

**图 6.8　仓库劳动力和资源管理模块中的考勤功能**

## 发货和运输

出库订单的管理与入库订单的管理相似，例如，为订单分配运输车辆和装运场地（见图 6.9）。

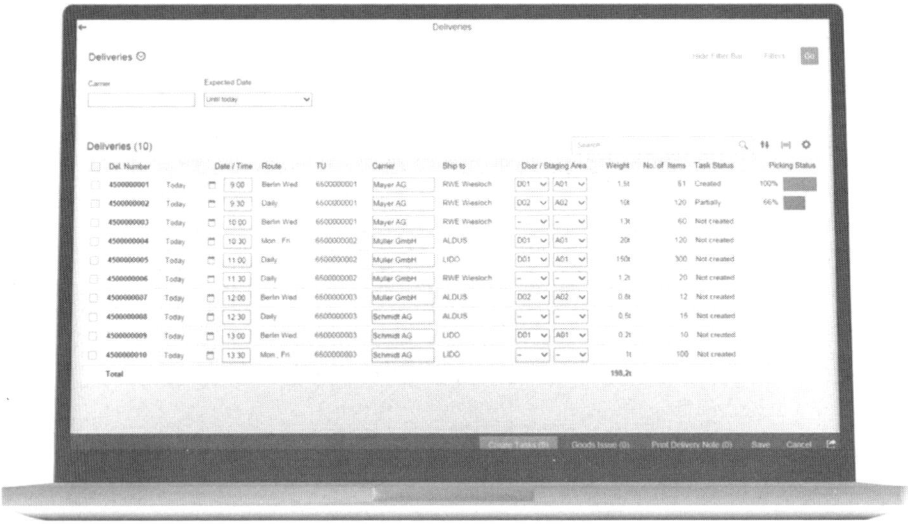

来源：思爱普（英国）有限责任公司

图 6.9　出库订单管理（包含订单规模、装卸站台分配和实时拣货状态等数据）

很多 WMS 在发货环节之后就没有相关的支持功能了，但是在运输规划方面还有实现进一步增值的空间。在简单的情况下，这可能只涉及纯粹的地理区域分配。例如，发往英格兰和威尔士的包裹可能交给承运人 A，而发往苏格兰的包裹交给承运人 B，等等。更高级的 WMS 能够根据一批货物在地理位置、货运规模和交货时间要求等方面的具体情况，为其选择最佳（或最便宜）的承运人。例如，1 个托盘若需次日运达巴黎，则交给承运人 C，若需 3 天内运达，则交给承运人 D；6 个托盘若需 3 天内运达，则交给承运人 E。

那些比较成熟的 WMS 具有规划运输线路的能力。例如，有些 WMS 可以安排把运往科隆的 6 个托盘和运往法兰克福的 9 个托盘装在同一辆车上，从而节省大量的运输成本。

最后，一个优秀的 WMS 应当具有妥善管理货物交付证明的功能，无论货物是由企业的自有车辆运送，还是由第三方物流公司的车辆运送。

# 数据自动采集

我们都熟悉日常生活中的 ADC。例如，在超市收银台扫描物品的条形码，系统会识别出我们所购买的物品是一瓶可乐；在电影院的入口处扫描电影票上的条形码，以验证我们自行打印的电影票不是其他人已经用过的旧票。在前一种情况下，我们能看到 ADC 的即时效果，因为那瓶可乐以正确的价钱被添加到了我们的购物账单中（基于中央数据库），而这笔销售业务可以触发从配送中心到超市的补货，而且最终会触发供应商送货。这些信息有可能被用于监控超市收银员的工作绩效，而且当我们在刷超市会员卡时，会员卡上的条形码可以提供优惠信息。

类似的原理也适用于仓库。条形码会被用于识别特定的物品，但是从中采集的信息则会被 WMS 以各种方式加以利用。

我们可以在不进行任何形式的 ADC 的情况下运营仓库，实际上，这意味着在仓储操作区域里，所有流程都基于纸质单据，而且作业人员需要在办公室向 WMS 手动输入信息。但对可能只有一名作业人员的小微型仓库来说，这样就足够了，而且缺少实时信息之类的问题可能也没那么重要。事实上，我们可能很难证明在一些技术更先进的东西上花钱是否值得，不过，一些简单的东西（如提供带夹子的写字板）就可以让工作变得更轻松。

然而，对中等规模的仓库来说，ADC 的好处在准确性和生产效率两个方面显而易见；而对大型仓库来说，ADC 是必不可少的。

必须选择能够支持所选定的 ADC 方式的 WMS，因此这两个决策（选择一个 WMS 和选择一种 ADC 方式）是相互关联的。本节将介绍几种主要的 ADC 方式。

## 条形码

很多产品上印有条形码，在某些情况下，这些条形码可以直接被使用。

如果你从一家邮购公司订购了本书，那么印在本书封底上的条形码很可能已经被作业人员扫描过了，他们以这种方式确保自己拣选了正确的书。

但是，在大多数情况下，仓库会使用不止一种条形码。到货时，作业人员有可能在托盘上贴条形码，货架上可能也有用来指示存储位置的条形码，而且在发货时也会贴条形码以追踪货物。下一章将讨论如何编制和打印条形码。

在很多仓库里，作业人员会使用手持式条形码扫描器。我们在超市收银台看到的条形码扫描器不是按照工业用途设计的，我强烈推荐一款被称为坚固型条形码扫描器的设备（尽管一些手机也拥有条形码扫描功能，但我建议将其视为仅在紧急情况下使用的一种备用解决方案）。基础型的条形码扫描器仅具备条形码扫描功能（见图 6.10），更高级的型号会有一个键盘和一块显示屏，这样作业人员就能直接访问 WMS。这通常是更受欢迎的，因为有时可能需要进行人工超控，在某些情况下需要手动输入部分信息。例如，一位叉车驾驶员可以在货架的地板层扫描条形码来指示一个托盘的存储位置，但是他需要输入数字"5"来表示他将托盘放到了货架的第五层。

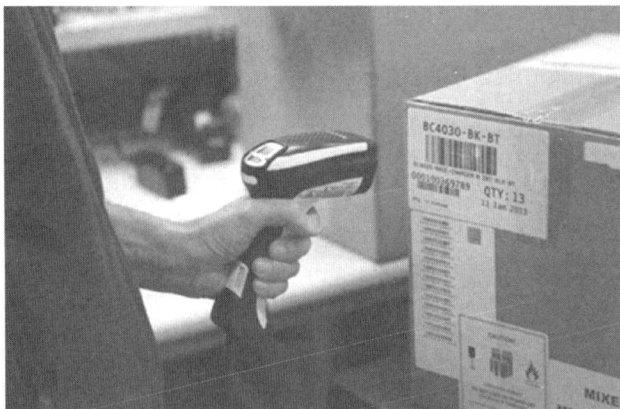

来源：得利捷公司（Datalogic SRL）

**图 6.10　用于 ADC 的得利捷工业级条形码扫描器**

老式的条形码扫描器往往是独立工作的，而且需要通过调制解调器下载其包含的数据。现代的条形码扫描器通过无线网络连接 WMS，因此 WMS 中的数据可以实时更新：当一个托盘在某个存储位置被扫描入库时，WMS 会立即增加其可用的库存数量。

条形码扫描器也可以被安装在桌上，既可以是便携式的，也可以是固定式的。前者在扫描即将发运的货物时非常有用，因为作业人员的双手都可以用来拿货物；后者可以被放置在输送机旁边，在货物经过时自动扫描其条形码而无须人工干预，它可能也是自动化分拣系统的组成部分。

进展最大的领域是可穿戴式条形码扫描器。这类设备的主体部分通常被戴在作业人员的手腕上，而其手指上戴着一个微型扫描器。它们的重量很轻，因此作业人员可以很快地适应，并能节约在正常情况下拿起和放下扫描枪的时间。

格温·理查兹和苏珊·格林斯泰德（Susan Grinsted）估计，使用可穿戴式条形码扫描器最高可以达到每小时拣取 150 件物品的拣货效率，而相比之下，使用扫描枪每小时最多能拣取 100 件物品。

条形码扫描的优点在于准确性高，相较于使用基于纸质记录的 WMS，使用基于条形码的 WMS 所需的专注程度低得多。其缺点是条形码必须贴到每个拣货单位上，而且扫描器和条形码之间不能有遮挡物。贴条形码标签或翻转货物进行扫描都需要花费时间。而且，就实际拣货速度来说，基于条形码的 WMS 可能并不比基于纸质记录的 WMS 的速度快。

使用条形码可以将大大提高拣货的准确性，这一结果本身就价值巨大，而且使用这种方式还可以避免因解决库存差异而造成的时间损失。因此，我建议在大多数应用中优先使用基于条形码的 ADC 方式，其次考虑使用基于纸质记录的 WMS。

### 射频识别

RFID 技术的原理是通过无线电波采集数据，它被应用于安全门禁卡和收费通行系统等，也可以应用于物流领域。

最常见的形式是无源 RFID，每个电子标签都只能由合适的 RFID 阅读器读取。它们所保存的数据有限，但是能与一个更加全面的数据库（如条形码数据库）进行交互。它们正在被玛莎百货（Marks and Spencer）等零售商所使用，而且如果你在这些商店里购物，你很可能看到服饰类商品上附着的 RFID 标签。一项调查显示，自 RFID 技术被引入以来，零售商已经将库存准确度提高了 50%，同时降低了总体库存水平，而且因为改善了产品的可获得性，实际增加了 1.5%~5.5% 的销售额。

与条形码相比，RFID 的优势在于速度快。要扫描悬挂在栏杆上的所有衣服的条形码，就要分别去扫描每一件衣服；若使用 RFID 技术，则只需要让 RFID 阅读器沿着栏杆前行。格温·理查兹和苏珊·格林斯泰德在 2016 年估计，使用 RFID 技术可以达到每小时拣取 200~300 件物品的拣货效率。斯科特·凯勒（Scott Keller）和布莱恩·凯勒（Brian Keller）估计，与条形码系统相比，RFID 系统提高了 58%~63% 的生产效率。

RFID 的主要缺点是电子标签成本较高，一个需要 10~20 便士。而条形码的成本非常低，特别是当把它的打印与包装的印刷结合起来时。这会对一年的销售收入产生巨大的影响。使用 RFID 技术时还可能出现货物丢失的问题。当 RFID 阅读器沿着悬挂栏杆运行时，无法确定每个标签都被识别了，而且其识别距离也很短，高处的 RFID 标签无法从地面读取。此外，金属和液体都会干扰信号，因此 RFID 技术不适用于这些产品。

你也可以使用有源标签，它有自己的电源，可以保存更多的信息，而且可以更新。这些标签的价格可能高达 40 英镑（或 50 美元），这阻碍了它们在价值极高的物品以外的所有其他物品上的应用。不过，它们可以被应用到仍处在物流链中的货箱或货笼上，并用于货物的整体追踪，例如，当它们经过一个转运中心的固定 RFID 阅读器时，货物追踪系统会自动更新该货笼内所有货物的信息。

### 摘果式拣选和播种式拣选

这是关联度很高的两种方法，两者的共同点是作业人员都被灯光吸引到合适的存储位置。

这两种方法显然都有不同的变体，不过描述一个典型的摘果式拣选的场景可能是最容易的（见图 6.11）。小型零件被松散地存放在货架上的塑料搬运箱里，当拣选面的塑料搬运箱里的零件被取空时，货架会依靠重力从后侧补充新的塑料搬运箱。货架上的每个塑料搬运箱下方都有一个指示灯、一个数字显示屏及向和上和向下按钮。作业人员会扫描条形码，该条形码指示了他们将要为哪张订单拣货；与此同时，指示灯会亮起，显示该订单中他们需要拣取的物品的存储位置。当他们到达第一个存储位置时，显示屏上的数字会指明该物品的拣取数量。如果数量是 6 个，并且箱子里有足够（6 个以上）的物品，他们就会拣取物品，将其放到拣货容器里，按动向下按钮 6 次；但如果箱子里只有 4 个物品，他们就会拣取这 4 个物品，按动向下按钮 4 次后拿走当前的空箱，让下一个箱子向前移动，然后从中拣取尚欠的 2 个物品，并按动向下按钮 2 次。当显示屏上的数字归零时，指示灯会熄灭；而当所有的指示灯都熄灭时，该订单的拣货工作就完成了。一种变体是货架上只设置一个按钮，当开始拣货时，作业人员只需按下该按钮，这样虽然工作速度快了一些，但不会迫使作业人员思考拣取数量；而一旦他们忘记了还需要从新补充的塑料搬运箱里拣取多少个物品时，那就非常麻烦了。

有时，确认货物的步骤也包含在这个过程中。当货物被拣取时，作业人员会扫描其上的条形码，这样可以提高拣货的准确性，但会降低拣货速度。

来源：胜斐迩公司（SSI-Schaefer）

**图 6.11　摘果式拣选的场景**

　　摘果式拣选的主要优势是速度快。格温·理查兹和苏珊·格林斯泰德在 2016 年估计，使用摘果式拣选法可以实现每小时拣取 250~450 件物品。这比其他任何非自动化和非半自动化的拣货方法都要快，而且在适当的情况下，它在实践中也可以良好地运行。

　　其缺点包括花费的时间较多、成本较高。格温·理查兹估计，1 000 个存储位置的设备安装费用为 15 万欧元。它不适用于订单批量拣选或订单集中拣选，也不适用于 SKU 有多个存储位置的情况，而且在出现技术故障时也很难采取有效的应急措施。

　　播种式拣选更适用于订单集中拣选。通常，在拣货完成后，货物会被带至打包区。在该区域里排列着货箱或塑料搬运箱，它们带有指示灯和数字显示屏。

　　作业人员扫描条形码以表明他们准备好了物品 X。这时指示灯会亮起，指示需要放入物品 X 的所有货箱，作业人员会将物品 X 按照正确的数量放入每个货箱，并按下相应的按钮熄灭指示灯。当所有指示灯都熄灭（物品 X 的剩余数量应当为 0）时，作业人员就会处理下一个 SKU。这样的解决方案并不适用于所有情况，但在适当的情况下它可以表现得很好。

## 语音拣选

这项技术起源于 20 世纪 90 年代，最早应用于冷库，因为作业人员戴着厚厚的手套，以至于手写和使用基于纸质记录的 WMS 变得十分困难（见图 6.12）。

来源：胜斐迩公司

注：由于温度极低，作业人员必须戴厚手套，但这也让手写和使用基于纸质记录的 WMS 变得非常困难。

**图 6.12　在冷库中使用语音拣选**

从本质上讲，这项技术非常简单。作业人员佩戴由耳机和话筒组成的耳麦。他们将收到"前往存储位置 123"之类的指示，到达该位置时他们会说："已到达存储位置 123。"下一条指示会是"拣取 6 件物品 XYZ"，他们会照做并说："已拣取 6 件物品 XYZ。"

大多数语音拣选系统都支持多国语言。在我第一次见识这种技术的那个仓库里，员工队伍中有很多波兰工人，他们可以用自己的母语波兰语接收指示并进行回复。

语音拣选的主要优点是简单、易于使用，与其他拣货方法相比，对作业人员进行培训更加简单快捷。它完全解放了双手，因此作业人员的双手都可以用来搬运货物。它的生产效率适中。格温·理查兹和苏珊·格林斯泰德在2016年估计，使用语音拣选时，作业人员每小时可以拣选100~250件货物，这一效率优于基于纸质记录或条形码的拣货方法，但劣于RFID或摘果式拣选。它的拣选准确性也很高。斯科特·凯勒和布莱恩·凯勒在2014年估计，与基于纸质记录的拣货方法相比，该方法产生的拣选误差至少减少了80%。它的缺点包括拣货时需要安静的环境，难以适用于不同SKU处于同一存储位置的情况，难以进行产品序列号追踪。

### 视觉拣选

尽管这项技术与"平视显示"这个概念有关，并且已经在军用飞机等领域应用了数十年，但它在仓储环境下仍属于一项新技术。

作业人员佩戴特制的眼镜，眼镜里会显示与语音拣选系统中的指示性质相似的指示。眼镜上还有一个条形码扫描器，这样他们仅仅通过移动头部就能完成对存储位置或物品的扫描，而且如果扫描了错误的条形码，就会触发视觉或者声音警报。他们可以通过叩击眼镜侧边或按压一个腕带式特殊装置来确认货物拣选完成。

Ubimax公司表示，他们2015年在荷兰布雷达市的三星手机零配件中心安装了视觉分拣技术的试点系统。该系统最初拥有5套设备，到2016年增加到了30套。他们的报告称，拣选快速流动的物品的速度提升了22%，拣选误差减少了10%。

现在就对视觉拣选的前景下结论还为时尚早，但它确实展现了成功的迹象。

### 其他技术

视觉识别是一项成熟的技术，可用于汽车车牌号的识别。它在物流领域的应用目前还局限于在邮件分拣中读取邮件地址。从技术层面来讲，这项技术有可能替代条形码，并且使用该项技术可以直接读取零件编号或图书封面之类的产品特征。然而，技术开发成本将是可观的，而且技术上的这些好处可能并不能抵消成本。

最后，我清楚现在仓库里的作业人员可以获得导航信息，例如，向前移动三个货架通道，左转，到达右侧第四个托盘存储位置。我个人的观点是，导航只有在仓库布局混乱或作业人员缺乏培训的情况下才有用。我的建议是，在这种情况下应该去解决那些问题，而不是去投资这项特别的技术。

# 选择一个在实际应用中运行良好的仓储管理系统

无论你的 WMS 有多优秀，它都无法扭转糟糕的仓储表现。如果你的仓库存在一些根本性的问题，如库房管理不善、因疏于防范而导致失窃、因库存过期或员工工作态度不端正而导致仓库爆满，那么你首先需要去解决这些问题。

新安装的 WMS 在实际应用中大都运行良好，而且人们通常会迅速地看到明显的绩效改善。尽管如此，有时起步期仍会出现一些小问题，而且如果系统不符合预期，这种情况偶尔也会令人失望。精心的准备可以极大地提高新 WMS 得以充分发挥作用的概率。

我的建议如下。

- 了解所有的利益相关方想通过新 WMS 获得什么。利益相关方包括那些直接受到 WMS 影响的人员（如作业人员），内部的利益相关者（如财务和销售团队），以及客户和供应商（有的话）。
- 基于了解到的信息列出你想要实现的结果。你可能对如何实现这些结果已经有了想法，但是要准备好去听一听其他方案，因为可能还有更好的方案。

- 寻找直接易懂的系统，避免系统违反常理。例如，一个系统提供的下拉框里有"退货"这个选项，但是当你想要处理退货时，你却需要选择另外一个选项。

- 在早期就争取获得高层的认可，做好预算，确保有明确的项目投资论证。在末期被要求以一半的成本提出一个替代方案肯定不是你希望发生的事情。

- 确保潜在供应商拥有能够理解你的需求的仓储专家，而不是只有信息技术（Information Technology，IT）专家和能干的销售团队。

- 尽量避免过多的定制开发。过多的定制开发会耗费资金并推迟项目的交付时间，而且会带来对规范的理解和解释产生偏差的风险。另外，WMS 中那些新开发的部分可能在起步期出现一些问题，而你可能并不想亲身体验并成为一只"小白鼠"。

- 尽量通过一个渠道获取整个软硬件资源包。我曾经历过这样的情形：系统出现了问题，硬件供应商说这是软件的问题，软件供应商说这是硬件的问题。不要让这样的事情发生在你的身上。

- 查看在线评论，与系统的现有用户进行交流，最好去拜访他们，与那些实际操作系统而且更愿意提供系统故障信息的用户交谈。寻找与你有相似的仓储功能需求的那些用户，因为 WMS 的功能性比行业特性更有价值。

- 确保你在需要时可以随时获得支持和帮助，甚至是全天候服务（如果你的业务也是 $7 \times 24$ 小时运行的）。

- 提前做好计划，这样你就不需要仓促实施。

- 确保你与关键人物的关系融洽。这会对实施阶段产生巨大的影响。

# 成本

最后谈谈成本问题。与采购其他很多物品一样，成本并不限于购买系统的一次性费用。需要考虑的成本因素如下。

- 软件。显然，WMS 本身会产生主要的成本，但是 ERP 系统的其他部分是否也需要升级？是否会持续不断地产生软件使用许可费用？这些费用包括软件更新所需的费用吗？软件使用许可是否只涵盖数量有限的用户？

- 定制。如果有可能，最好提前为定制商定所需支付的固定费用。按天收取费用有可能导致费用迅速增加。

- 硬件。硬件不仅包括基于桌面计算机的用户终端，还应该包括移动设备。是否在叉车或订单分拣机上提供用户终端？是否需要条形码扫描器或 RFID 阅读器（包括应对出现故障或需求增加等情况的备用设备）？是否需要改变仓库中无线网络的覆盖范围？

- 支持。要求系统软硬件供应商提供售后服务是否需要支付额外的费用？企业是否需要培训超级用户？需要投入多少时间来完成这项培训？

- 实施。软件成本是否包括软件供应商的技术人员在实施过程中提供现场支持所产生的费用？企业自己的 IT 部门是否需要投入时间和其他资源？

- 培训。员工何时接受关于新 WMS 的培训？培训期间是否需要引入替代劳动力？是否需要聘用企业外部的培训人员？如果需要，费用是多少？

- 生产效率的短暂下降。即便拥有最强的接受意愿，员工们也需要花费时间去跟上新 WMS 的步调。在新 WMS 启动阶段额外引入任何员工都要经过深思熟虑。

- 经得起未来的考验。未来的任何变化都值得我们去预测。或许企业预计其业务量会增长，因此需要获得涵盖更多用户的软件使用许可，而且在一开始不需要的一些功能有可能在中期发展中被企业所需要。在一开始为可选功能协商一个好价格比较容易，因为此时你在谈判中占据上风，但在 WMS 安装之后，供应商就会在谈判中占据上风。

## 结论

正如本章开头所述，在一个现代化的仓库里，WMS 几乎是必不可少的。它的成本看似很高，但是准确性和生产效率的提高所带来的收益通常远超其成本。在很多情况下，用户们很快就会意识到安装新的 WMS 之后所带来的改进如此巨大，以至于他们想知道如果以后没有这个系统，他们应该怎么撑下去。

第 7 章
## 包装和客户需求

到目前为止，本书已经讨论了到货物发运这个节点为止如何设置并运行一个仓库。然而，当货物发运后，你需要确保它在客户愿意接收的情况下被送达。如果客户是大型企业，那么它们会提出一些非常具体的要求，本章的最后一节将对此进行详细阐述。不过，所有客户都希望货物得到妥善的包装，好让它们在到达时情况良好，而且妥善的包装是大多数承运人的服务条款中的一项，"货物离开这里时一切正常"这种老套的借口现在不会再有什么作用了。

下面从包装的一般性原则开始介绍。

## 包装：一般性原则

包装的历史至少可以追溯到公元前 8 000 年，当时陶土罐被用来存储和运输谷物、橄榄和油膏。

包装是我们每天都能看到的东西，但很少有人会留意，而且实际上大多数人甚至都不会思考我们为什么要包装货物。

之所以包装货物，是因为包装具有以下四种主要功能。

- 容纳产品（即把产品的所有组成部分集中在一起）。这可能意味着一个汽车离合器套件（包括离合器盖、离合器盘和轴承）被装在一个货箱里或 1 千克冻豌豆被装在一个塑料袋里。

- 销售产品。这在零售行业中最为重要，因为通过设计产品的包装来吸引消费者购买该产品并不是一项物流活动。然而，一些零售商坚持认为将产品以特定的形式呈现出来应当是一项物流活动。

- 提供信息。在零售行业中，产品的初级包装上可能有营养成分之类的信息，虽然这不太可能被归入物流的范畴，但是产品的外包装通常需要印上产品简介、产品数量、条形码和收货地址等信息，而且实际情况很可能就是如此。对一些工业产品（如金属棒或整托盘屋瓦）来说，包装是唯一的信息来源。

- 保护产品。这通常是物流作业中客户最关心的包装功能。大多数产品都需要纸箱、板条箱、托盘或其他包装形式来保护，以防出现以下情况：
  - 撞击损坏（包括被刺穿）；
  - 挤压损坏；
  - 震动损坏；
  - 因光照、过热、过冷、潮湿、虫害、微生物污染而腐坏变质；
  - 被篡改或偷窃。

零售行业使用的三种包装的定义如下。

- 初级包装。这是消费者带回家的包装，例如，一盒止痛药片的初级包装包括直接与药片接触的泡罩包装及容纳泡罩包装的硬纸板盒。
- 二级包装。这是为了便于搬运而对产品进行的分组包装，例如，在超市的货架上，24 听蔬菜罐头有可能被装在一个硬纸板托盘里。
- 三级包装。这是为了方便运输而使用的包装，如拉伸膜缠绕的托盘或防滚架。这类包装是物流作业最有可能涉及的，而且运送给零售商的货物通常在发出前需要被分拣出来并放置到三级包装中。

这三类包装都能够在图 7.1 中看到，防滚架上的瓶瓶罐罐是初级包装，纸箱是二级包装，而防滚架本身就是三级包装。

类似的原则也适用于邮购零售。最有可能的情况是，货物被存储在初级包装里，但是在发货前需要被装进一个更大的货箱里，这个货箱能同时实现二级包装和三级包装的功能。

来源：科朗叉车公司（Crown Lift Trucks）

图 7.1　零售行业使用的三类包装

　　对于应当选择在供应链中的哪个节点进行包装，大家意见不一。亨里克·帕尔松（Henrik Pålsson）是延迟包装的倡导者，他认为应将此类作业尽可能保留到供应链最晚的阶段。这样做的好处是将无效工作或重复工作的风险降至最低，运输成本和货物在途损坏的风险也会降低，例如，红酒从澳大利亚运来时散装在罐式集装箱里，抵达欧洲时才装瓶。然而，亚洲很多国家的劳动力成本和包装材料成本比西欧国家低，这种成本优势有利于其在供应链更早的阶段包装货物。在物流作业中，最好的建议通常是两种选择都要考虑，并且根据各自的优点针对具体情况做出决策。

# 欧盟包装废弃物条例

　　确定产品的包装程度需要平衡多种因素。成本和环境因素都要求减少包装的使用数量，但是如果这样做会导致对产品的保护变得较弱，那么很可能因产品变质或损坏而产生更多的浪费，这种结果从成本和环境方面来看同样也是不可接受的。权衡的目的是以一种更加明智的方式来使用包装，而不是简单地增加或减少包装的使用数量。

这一点现在已被写入英国法律。《包装（基本要求）条例2015》[①]规定，包装的使用数量必须是在确保产品安全、卫生及消费者可接受的情况下所需的最低数量。包装应当能够通过循环利用、能源再生、堆肥或生物降解等途径回收。对于可重复使用的塑料托盘和玻璃包装的生产制造，还有更加具体的规定。这些条例可以在网上查到。

《生产者责任义务（包装废弃物）条例2007》[②]适用于那些年营业额超过200万英镑、每年使用的包装材料超过50吨的英国企业。它们必须提交关于包装使用数量和种类的年度报告，拿出证据证明它们回收了规定数量的包装废弃物，并循环利用了一定比例的包装废弃物。在特定的情况下，企业可以制定关于若干生产者责任义务的组合方案，而且在实际中这些责任义务有时是通过资助其他企业包装废弃物的回收和循环利用来履行的。这些条例同样能在网上查到。

这些英国法律是根据欧盟的指令颁布实施的，因此，这些法律同样适用于整个欧盟。包括澳大利亚和美国的多个州在内的其他国家和地区也都有自己的条例或自律准则。需要特别指出的是，欧盟法律适用于初级、二级和三级等所有类型的包装，但不适用于少数非服务行业的大型企业。

这些法律目前看来大获成功，因为在英国超过80%的产品包装被回收，而且有76%的产品包装是由可回收材料制成的。除非你的企业因为规模小而得到豁免，否则你应当熟悉并遵守这些法律。

---

① 即 The Packaging(Essential Requirements) Regulations 2015。

② 即 The Producer Responsibility Obligations (Packaging Waste) Regulations 2007。

# 初级包装

初级包装有各种各样的形式，包括罐、圆桶、玻璃瓶、塑料瓶、塑料托盘、塑料壶及各种形状和大小的盒子。初级包装多用于营销和产品开发活动，以确保产品对消费者有吸引力而且适合在家庭中使用。尽管在物流作业中工作人员可能给产品重新装箱，但产品通常在仓库收货时就已经有初级包装了。

但是，初级包装会对物流产生影响，这一点我们应当考虑到。例如，食用油和洗衣粉通常装在正方体或长方体的瓶子或盒子里销售，与圆柱体包装的产品相比，这类产品在运输途中的空间利用率高 25% 以上，但洗衣液很少以这种包装形式销售。毫无疑问，包装形式在降低成本和保护环境这两个方面还有更多的探索空间。

此外，产品的二级、三级包装可以从产品及其初级包装中获得部分包装强度。例如，黄油产品的每个初级包装内的流体静压会为其二级包装提供额外的强度，而瓶装红酒则为酒箱提供了支撑强度，因此使用较薄的不合格的玻璃作为红酒酒瓶是一种错误的节约行为。

# 瓦楞纸板

瓦楞纸板是包装行业的支柱性包装材料。仅在英国每年就有 210 万吨纸被用来制作 41 亿立方米的瓦楞纸板。

纸箱是包装行业的支柱，也是消耗性包装最明确的解决方案。因此，下面从构成纸箱的瓦楞纸板开始介绍。

瓦楞纸板有四种类型（见图 7.2 ）。

- 单面瓦楞纸板。它有一个波纹纸层和一个平板纸层。它具有弹性，但是强度不高。因此，它主要用于直接包裹产品。

- 单坑瓦楞纸板。它有一个波纹纸层和两个平板纸层。这是在制作包装盒和包装托盘方面应用最广泛的通用型纸板。

- 双坑瓦楞纸板。它有两个波纹纸层和三个平板纸层，因此强度比单坑瓦楞纸板高。它多用于包装大型家电和家具的箱子、长期存储架和展示架。

- 三坑瓦楞纸板。它有三个波纹纸层和四个平板纸层，因此极其坚固，用它制成的纸箱有时可以用来代替木质板条箱。它多用于包装汽车金属部件等重型产品，如变速箱盖。

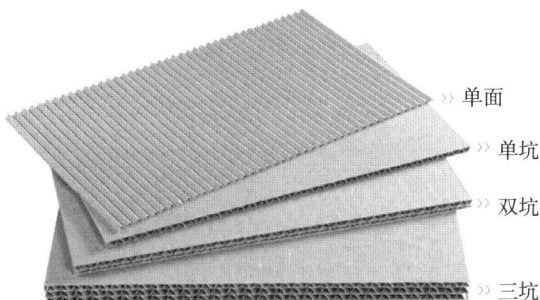

来源：麦克法兰包装公司（Macfarlane Packaging）

**图 7.2　瓦楞纸板的四种类型**

新的纸箱总是以扁平形式供应的，否则其运输成本会高得令人望而却步。如果你经营的是一家小公司，那么你可以通过回收入库货物的包装来满足一些需求，但是应当确保这些回收的包装仍然具有足够的强度。小企业客户很少会抱怨这种做法，如果他们抱怨了，那么你可以从环保的角度为这种做法辩解。在上述任何一种情况下，纸箱都应当使用高质量的胶带密封好，一些承运人建议胶带宽度不小于 48 毫米。吝啬地只使用一截胶带是错误的节约行为。

任何仓库都离不开胶带枪，如果你要新开一个仓库，不要忘记购买至少一把胶带枪，并准备充足的胶带（如果你不熟悉胶带枪，在图 7.18 中的盒子上就放着一把）。

如果货物使用三级包装来保护，或者使用你自有的车辆来运输，并且搬运十分小心，标准的包装纸箱就够用了。然而，对于邮寄订单或通过包裹及共享用户网络进行运输的物品，我建议你使用专用的邮递纸箱。邮递纸箱采用折叠式襟翼设计（见图 7.3）以消除脆质线，以免其在运输途中因粗暴装卸和震动而被打开。

来源：麦克法兰包装公司

**图 7.3　专用的邮递纸箱（采用了消除脆质线的折叠式襟翼设计）**

图书或玩具之类的小型物品可以使用由瓦楞纸板制成的带有密封条的邮递纸箱来运送。

大多数制造商会销售标准尺寸和标准形状的包装纸箱。不过，一些制造商也会提供定制服务，生产能够满足你特定需求的包装纸箱，例如，你销售的是大量的不适合使用标准包装纸箱包装的特殊产品。

你也可以购买机器设备，使用机器设备在现场用瓦楞纸板制造一系列的纸箱和纸质插件。采用这种做法显然需要大量的投资，而且除非你每天至少生产 200 个纸箱，否则是不可行的。这种做法的优点是可以按照你希望的尺寸来生产纸箱，并印上你的公司或客户的商标，以及"小心轻放"之类的提示；还可以在纸箱内部印上个性化的信息，如"祝我亲爱的妻子伊薇特 37 岁生日快乐"。

纸箱成型机可将一个扁平的包装箱折叠成型，并用胶带或胶水将其密封。制造商可以提供半自动（见图 7.4）或全自动的纸箱成型机，入门级纸箱成型机需要四位数的投资，不同型号的纸箱成型机能处理的纸箱的最大和最小尺寸不同。还有一种备选的机械设备是能将已经装满货物的成型纸箱用胶带简单地封装起来的纸箱封装机。尽管这项支出只有在纸箱吞吐量足够高时才是合理的，但手动制作纸箱并使用胶带枪密封纸箱是仓库中最乏味、最不受欢迎的一项工作。如果你能使仓库作业人员免于做这项工作，那么他们会感到非常高兴。

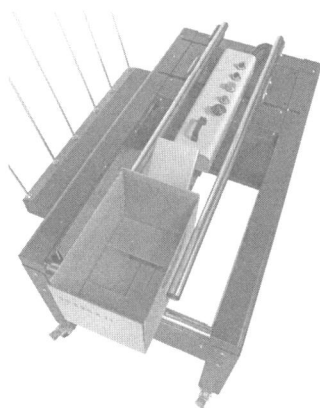

来源：罗博派克公司（Robopac）

**图 7.4　半自动纸箱成型机**

运送海报或长防护条之类的物品时通常用硬纸管来包裹物品。然而，圆柱形纸管不能充分地利用运输空间，而且有可能发生滚动，特别是在输送机上。值得考虑的替代方案是"邮政立方体"（见图 7.5），它是一种扁平包装管，但是其横截面呈正方形或三角形，而且由承运人（如敦豪）向客户提供。

如果产品又可能被水蒸汽损坏，如电器产品或手提包内衬，那么你可以使用硅胶包装吸收空气中的水蒸气并防止其积聚。

来源：麦克法兰包装公司

注：这是一种扁平包装管，但是其横截面呈正方形，因此更好地利用了运输空间，而且不易滚动。

**图 7.5　"邮政立方体"**

# 包装填充物

我们都知道，不应该让物品在货箱里来回滚动，因此需要使用某种形式的填充物来避免这种情况。这种材料的学名是"包装填充物"，它具有防撞击和防挤压的功能。花瓶之类的易碎物品通常应当被放置在一个带有包装填充物的大号货箱里。包装填充物一般应该填满整个货箱，空隙会增加物品因挤压而损坏的风险。

使用包装填充物也是包裹物品的一个好办法，例如，使用气泡膜或网套包裹物品，使用隔板防止物品相互碰撞，以及将零散的物品放到塑料袋里。

常用的包装填充物有以下几种。

- 密封空气枕。它们是充气的塑料枕，能以充好气的形式出售。不过，如果你需要购买大量的密封空气枕，那么你应该考虑购买成卷的未充气的密封空气枕及一台密封空气枕填充机（见图 7.6）。

- 气泡膜包装。它的工作原理与密封空气枕相似，而且有不同的气泡规格，以适应不同尺寸的产品。

- 扇形折叠纸。这种纸在购买时是平的，但你在使用时要预先进行折叠，这样才能保证其展开成扇形，形成有效的缓冲软垫。

- 碎纸丝。

- 褶皱纸。

- 包装填充芯。它们一般长约 2 厘米，通常被当作零散的包装填充物。包装填充芯有两种类型——发泡聚苯乙烯填充芯和可生物降解的填充芯。应当注意的是，后者中的一些填充材料来自谷物类产品（如谷壳），这是啮齿类动物喜欢食用的。如果要使用它们，最好把它们保存在密封的容器里并清理溢出物，以免引起虫害。

- 定制的聚苯乙烯包装。电视机、计算机等产品通常都使用专门设计的聚苯乙烯模塑包装，这些模塑包装的内尺寸要与产品的尺寸精确吻合，外尺寸要与货箱的尺寸精确吻合。这些产品都是大批量销售的，因此定制的聚苯乙烯包装的开发成本可以被分摊到很多产品上。但是，对于医疗诊断设备等利润很高的产品，即使是为数量较少的产品定制包装也是合理的。

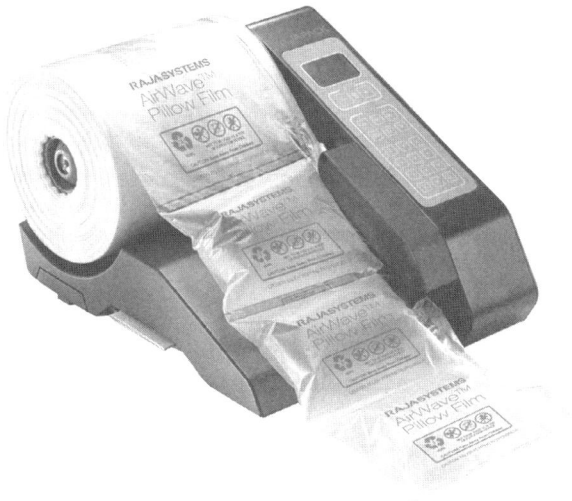

来源：Rajapack 公司

**图 7.6　密封空气枕填充机（该型号每分钟可填充 8~10 米）**

在所有的情况下，在产品包装发货时重复利用已入库的货物包装中干净的填充物，无论是出于成本原因还是环保原因，都是非常可取的。

# 其他的消耗性包装

虽然瓦楞纸板是最常见的消耗性包装形式，但是也有很多备选方案。

最简单的备选方案是软垫信封或气泡信封，即信封内侧有一层气泡膜或其他保护性填充物。它们在商业街上的零售店里就可以买到，而且大多数人对它们非常熟悉。

在小型包装材料方面，塑料袋也是一种选择。它们经常用于包裹杂志、叠装服饰和打印机墨盒之类的物品。购买像 A4 和 A5 这样的标准尺寸的自封口塑料袋仅需 3~4 便士（或美分），这可能是这些备选包装中最便宜的了。透明塑料袋对广告册或低价值物品来说已经够用了，但是我建议在大多数情况下使用不透明的塑料袋，以防物品被窃。

较大尺寸或尺寸不规则的物品可以使用成卷的平折塑料膜包裹，这些塑膜包装可以使用热封机进行切割和密封。它们有不同的规格（宽度或厚度）可供选择：62.5 微米规格的建议用于满足中等强度的包装使用需求（如布绒玩具），125 微米规格的建议用于满足高强度的包装使用需求（如垫子或成卷的地毯），而 250 微米规格的建议用于满足超高强度的包装使用需求。最后一种规格通常用于包装出口产品，因为通常情况下，我们可以预见运输途中会发生多次粗暴搬运。基础型的手动封口机仅售几十英镑（或美元或欧元），不过我建议至少应当购买一台几百英镑（或美元或欧元）的工业用手动封口机，因为它不仅封口宽度更宽，而且更结实耐用。这种机器的处理能力通常为每分钟密封 3~4 个塑料包装袋。对于封装数量更多的需求，应当考虑使用自动连续热封口机（见图 7.7）。塑料包装袋从封口机的一端被送入，在另一端被拉出。高端全自动封口机每小时可以处理上百个塑料包装袋。

对于较大且较重的物品，纸质托盘箱（见图 7.8）是一种选择。它们通常由瓦楞纸箱体和箱盖组成，事先被固定在木质托盘上。它们可以用来放置大量的小型货箱或单件不规

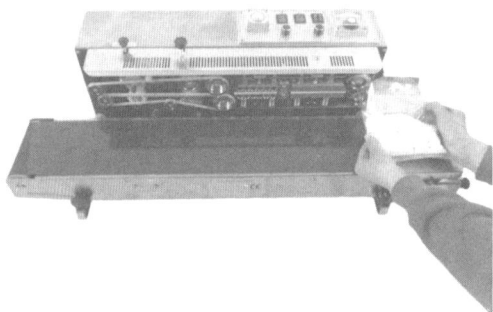

来源：Yolli 公司

图 7.7　自动连续热封口机

则物品，至少有一家知名摩托车制造商是以这种包装形式出口产品的。叉车可以通过托盘底座装卸货物。

纸质托盘箱一个变体是托盘围领（见图 7.9）。它由长度与标准托盘四边长度相同的木板构成，四角通常使用铰链连接，以便在不使用时折叠平放。它可以围绕托盘的边沿放置，形成一个约 20 厘米高的围领。使用时，几个围领可以叠放起来，最上面的围领还可以加盖，中间可以放置小型纸箱或形状不规则的货物，这些围领可以为托盘的堆放及托盘上货物的直接保护提供足够的强度和刚度。在这里，我提醒一句，你应该确保自己有一个靠谱的系统监控托盘围领的归还，如果它们经常丢失，那么这种包装形式很快就会变得成本高昂。

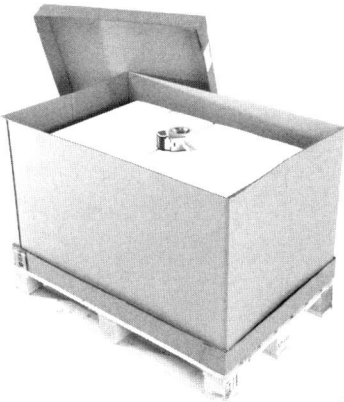

来源：Davpack 公司

**图 7.8　纸质托盘箱**

来源：Davpack 公司

**图 7.9　托盘围领**

最后一种选择是木质包装箱。它们可以满足中等强度的包装使用需求，可以按胶合板的形式购买。不过，像飞机或轮船的重要零部件这类极其沉重的物品应当使用特制的硬木包装箱，其木板应该有足够的厚度，以防包装箱因挤压而变形或破碎。

无论使用木质包装箱还是纸质托盘箱，货物都必须被固定在里面。对于

来源：Barnes & Woodhouse 公司

**图 7.10　定制的木质包装箱**

形状规则的物品（如包装盒或包装卷筒），使用木屑或其他合适的材料（被称为包装垫料）填充包装空隙就足够了。对于形状不规则或结构不稳定的物品（如摩托车或卷钢），则很有必要制造专用托架或使用包装带将其固定在定制的木质包装箱（见图 7.10）的底板上。

　　所有的包装木材都应当经过热处理或化学处理，以确保其不带有病虫害或霉菌。一些国家在进口货物的木材包装方面有和进口木材一样严格的生物防疫措施。例如，对于空运到澳大利亚的货物，不符合该国农业、水资源和环境部的境外包装处理要求的所有木材包装或垫料必须经过溴甲烷熏蒸、烘干、热处理、环氧乙烷熏蒸、伽马射线照射，或者在官方指定地点进行全面的拆箱检查。每一项处理程序都会产生一笔费用，因此在向这些国家运输货物之前，熟知其在海关检验和报关资料等方面的要求是一种明智的做法。

# 托盘

　　在物流行业中，大多数人在他们的职业生涯里见过数不清的托盘，它们似乎无处不在。

　　如果你使用自有车辆运输自家的产品，那么你没有理由不选择能够满足自己需求的托盘尺寸。如果你拥有发动机或发电机之类的不容易匹配标准尺寸托盘的产品，那么你选择能够满足自己需求的托盘尺寸也是最合理的做法。

话虽如此，标准托盘尺寸的演变还是有一定的道理的。在英国，最常用的托盘尺寸是 1.2 米 × 1 米；在欧洲大陆，最常用的是尺寸为 1.2 米 × 0.8 米的欧标托盘。它们的共同优点是都很适合装在 2.42 米宽的标准拖挂车上，而其他尺寸的托盘会导致空间利用率较低。其他国家和地区常用的托盘尺寸包括：1.1 米 × 1.1 米，在亚洲广泛使用；1.14 米 × 1.14 米，非常适合海运集装箱 2.33 米的标准内部宽度；1.219 米 × 1.016 米（沿用英制），在美国最常见。

标准尺寸的托盘更容易购买，也更便宜。通过托盘租赁机制，它们可以随时被取用，客户也更容易接受标准尺寸的托盘。

关于这一点，你也许会说，你的货箱尺寸无法在标准托盘上整齐摆放。如果是这种情况，那么我的建议是：如果可以，请更改你的货箱尺寸。因为货箱空悬于托盘之外会产生货损的风险，而且会给托盘的经济运载造成困难。事实上，一些承运人甚至会拒绝运输货箱空悬的托盘。如果产品的尺寸使得更换货箱尺寸不可行，那么我建议将这类产品堆放在纸质托盘箱或托盘围领里。

要避免金字塔式的堆叠，这种做法通常源自那些使用廉价且脆弱的货箱的公司。它们发现货箱运达时有货损，于是责怪承运人在堆叠货箱的托盘顶上堆放了其他物品。为了阻止这种行为，这些公司把货箱堆成了金字塔的形状，这样承运人就不能在托盘顶上堆放任何东西了。不过，其结果是承运人无法利用托盘上方的空间。许多承运人遇到这类情况时会收取附加费用，在我看来，这样的收费是完全合理的。

大多数托盘仍然是木制的，木材是传统材料，而且经得起时间的考验。

塑料托盘也是可用的，人们可以使用蒸汽对其进行全面清洁，因此出于健康和卫生方面的原因，其经常被一些行业（如食品行业）所偏爱。但是，它们过于光滑。这意味着货物必须更加牢固地固定在托盘上，而且有可能发生叉车急刹车之类的事故导致光滑的塑料托盘从光滑的金属货叉末端滑落的情况。因此，使用塑料托盘时应当更加小心。

金属托盘不太常见，但会被一些轮胎公司使用，因为对这些公司来说，产品中由木制托盘留下的木刺可能造成严重的后果。

另外一种选择是使用由回收木屑和树脂混合制成的托盘。这类托盘通常有垫脚，这些垫脚被压制成近乎尖角的形状，垫脚往往会在堆放时损坏下方托盘上的货物。出于这个原因，我不太喜欢它们。

最后一种选择是纸托盘，它们仅能满足超低强度的包装使用需求。

托盘的结构也值得考虑，因为有不同的结构。首先，托盘可以是双向进叉的，这意味着货叉只能从托盘前后两侧插入；也可以是四向进叉的，这意味着货叉可以从托盘的任意一侧插入。前一类托盘更加坚固、耐用，而且很多欧标托盘都是按这种结构制成的，在托盘两侧和中线都有固定的木滑槽。我们在图 7.10 中木质包装箱的右侧可以看到堆放起来的双向进叉托盘。不过，也会发生这样的情况：双向进叉托盘被侧向装在车辆上，结果在送达客户时才发现无法从车辆后方卸载托盘。这是一个令人尴尬的错误。

此外，托盘也可以采用带周底板的结构，即托盘底座是由木板围成的完整框架。这同样有助于提高托盘的强度和耐用性，而且如果它们总是由叉车来提举的，那么这将是我最偏爱的选择。然而，这类托盘不适合用某些类型的托盘堆垛机来提举，因为这些托盘堆垛机在举起一组货叉时，另外一组货叉仍然停留在靠近地面的位置，这会导致托盘底板被剥落。这会对托盘造成不可修复的损坏，因此托盘堆垛机应当仅被用于提举不带这类底板的托盘（如欧标托盘）。这类托盘也不适合用仅能将托盘从地面上举起几厘米的托盘运输车来提举。据说，托盘周底板上的倒棱会使手动托盘车的前轮更容易插入，但在仓库实际操作中，很少有人这样做。

无论使用哪种托盘，都必须检查它们是否足够坚固以满足预期的使用需求及它们是否状况良好。在检查中发现的所有已经腐朽的托盘都必须舍弃，所有已经损坏的托盘要么修复、要么舍弃。

最后，托盘应当存放在有遮盖的地方，以防受潮，从而损坏货物。二手托盘是有交易市场的，其中交易的大多数托盘都是合法的。但是，在此必须指出一点，被盗的托盘很难追踪，却不难出售。

# 纸货箱的托盘固定

大多数以整托盘形式运输的货物都不使用托盘围领或纸质托盘箱，因此纸货箱需要被固定在托盘上。固定方法主要有两种——捆扎和塑料膜缠绕。

## 捆扎

捆扎也被称为打包，即使用一定数量的金属打包带或塑料打包带对托盘进行捆扎，每条打包带都会穿过托盘的底部和纸货箱的上方（有时也用于单个纸货箱的安全密封），如图 7.11 所示。打包带的标准宽度有 9 毫米、12 毫米和 16 毫米。如果你仅运输少量托盘，使用手动操作的机器（通过拉动杠杆来拉紧打包带）就足够了。对于更大的托盘运输数量，建议优先选择手持无绳电动拉紧器；对于非常大的托盘运输数量，

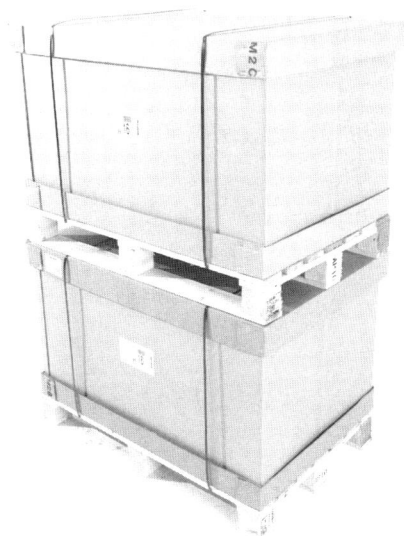

来源：Davpack 公司

图 7.11 通过捆扎固定的两个带盖纸质托盘箱

建议使用全自动设备。无论使用哪种捆扎方式，都应当使用塑料护角或纸护

角来防止打包带切割纸货箱的上部边缘。

聚丙烯打包带适用于大多数产品。而捆扎建筑材料或木材之类的重型物品时，聚酯纤维打包带可以拉得更紧。有时候还可以使用金属打包带，但是其边缘很锋利，而且在运达目的地时金属打包带较难去除。在任何情况下，我都建议在使用或去除打包带时使用厚手套和护目用具。我记得我年轻时没有这样做，因此得到了被金属打包带割伤的惨痛教训。

### 塑料膜缠绕

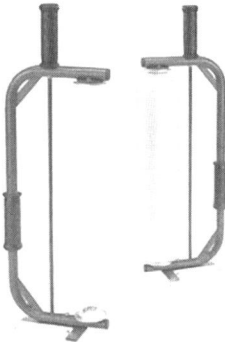

来源：Rajapack 公司

**图 7.12　用于拉伸膜打包的手持缠膜器
（该型号需双手操作）**

塑料膜缠绕是指使用拉伸膜（通常是聚乙烯膜）对托盘上的纸货箱进行缠绕打包，这种薄膜至少从表面上看来与家用保鲜膜十分相似。最基本的打包方法是使用一卷薄膜（通常为40厘米宽）和一个简易的手持缠膜器（见图 7.12）。操作人员将薄膜卷的一端固定，从托盘底座向上围绕托盘反复缠绕，直到所有的纸货箱都被薄膜固定在托盘上。

没有经验的操作人员通常会犯两个错误。一个错误是缠绕不牢。拉伸膜应当被扯紧，而且每层应该与下一层重叠约 50%。一个托盘可能第一眼看上去已经缠绕充分了，但是运输过程中的任何震动都会导致纸货箱松动，并有可能引起纸货箱堆垛的垮塌。另一个错误是只缠绕了纸货箱，但没有将纸货箱堆垛与托盘缠绕在一起，其结果是纸货箱堆垛会从托盘上不受干扰地滑落。因此，一定要确保托盘的底座也被缠绕进去。为了做到这一点，将薄膜卷的开口端绑在托盘的一个角柱上虽然并不是推荐的做法，但就个人经验来说，它往往可以发挥作用。

如果需要缠绕打包大量的托盘，那么手动缠绕会很累，而且操作人员会因为不停地转圈而头晕。在这种情况下，购买半自动拉伸膜缠绕打包机（见图7.13）可能是一笔很好的投资。将薄膜卷的开口端固定到托盘上，按下开关按钮，转盘旋转，拉伸膜分离、缠绕、上升，直至光电传感器检测到托盘顶端；当薄膜卷下降时，开始缠绕第二层。这种机器的处理能力为每小时打包6~40个托盘。

来源：罗博派克公司

**图7.13 转台式半自动拉伸膜缠绕打包机**

如果你想要购买这样的机器，我建议你同时购买一个活动坡道，它通常是一个可选配置。如果托盘总是由叉车装到转盘上，就没有必要购买活动坡道，但它能提供使用手动托盘车的选项。此外，建议由经验丰富的商家来安装活动坡道。

不同型号的打包机工作原理稍有不同。在托盘保持静止时，我们可以通过可旋转的机械臂或围着托盘绕圈的机器设备进行拉伸膜缠绕打包。全自动打包机通常还包括一个供给托盘的输送机。

另一种包装形式是收缩膜打包。收缩膜通常是聚烯烃膜，加热后会收缩，这使得纸货箱的密封性良好，因此收缩膜通常用于食品行业（例如，包装肉类和奶酪）。收缩膜既可以使用手持加热枪来加热，也可以在自动化系统中通过整合输送系统中的加热通道来加热。

在大多数情况下，人们会使用透明塑料包装膜。不过，如果产品对窃贼颇具吸引力，那么出于安全方面的考虑，使用黑色塑料包装膜也许是一个好主意。

# 托盘翻转器

在某些情况下，我们可能需要更换一批货物下面的托盘。当托盘损坏或需要使用另外一种类型的托盘（例如，将木质托盘更换为塑料托盘，或者使用租赁的公共托盘）时，就会面对这种情况。这当然可以通过人工对每个纸货箱进行重新堆放来实现，但这是一项高度劳动密集型的活动，而且人们也不愿意反复进行这项活动。

托盘翻转器（见图 7.14）可能是一种解决方案。以最常见的型号为例，装载货物的托盘被放置到托盘翻转器上，新托盘被放置在顶部。然后，托盘翻转器将这批货物整体翻转（下面的被翻到上面），接着人们便可从顶部移走旧托盘。被放置到新托盘上的货物就可以从托盘翻转器上被移走，可能需要重新进行捆扎打包或缠绕打包。一些客户会拒绝接收"上下颠倒"的产品，尽管在实际运作中这并不会造成什么差异，不过对某些产品来说，如袋装水泥，客户不太可能提出这种反对意见。有一些托盘翻转器的工作方式是将托盘倾斜到水平位置，以便移走旧托盘并在同样的位置换上新的托盘，这就避免了货物"上下颠倒"的问题。

来源：高级托盘系统公司（Premier Pallet Systems）

**图 7.14  托盘翻转器**

翻转托盘的其他理由还包括从货物底层移除破损的包装，以及使优质瓶装红酒的瓶塞保持湿润。

# 耐用包装

到目前为止，本书介绍的主要是一次性包装（尽管托盘和木板箱是可以重复使用的），这是因为在很多情况下人们并没有其他的选择。对一家电子商务企业来说，从私人地址回收大量的、可重复使用的小包装容器的成本远远超过提供一次性纸板箱的成本（超市的在线配送是一个例外，因为超市使用专用车辆送货，而塑料容器在送达消费者处卸空后会被同一辆车运回）。

相反，如果你反复向同一家客户发货，或者向自己的零售网点发货，耐用（可重复使用）包装就成了一个更加经济的解决方案。事实上，在某些行业里，这样的做法非常普遍。例如，英国的酒吧会收到被装在可重复使用的酒桶里的扎啤及被装在可回收的玻璃酒瓶里的瓶装啤酒和混合饮料；然而，同样的产品在超市里却被装在一次性的罐子和瓶子里出售。

需要注意的一点是，不要错失在双向运输中使用耐用包装的机会。我知道有一家企业使用耐用集装箱将货物从英国运到西班牙并返回空箱，而将其他一些货物用同样的集装箱从西班牙运到英国，而且也返回空箱。这家企业已经不再营业了，所以这种利用空箱的做法对他们来说也于事无补了。

## 塑料搬运箱

纸板箱最常见的替代包装是塑料搬运箱（见图 7.15）。它们有不同的形状和尺寸，既可以带活页盖也可以不带活页盖；其侧板可倾斜一定的角度（以便在不用时堆叠起来，节省空间）或垂直。

一家知名的时装零售商使用带盖的塑料搬运箱向各个商铺运送挂装服饰以外的所有服装，随后将空箱返回中心仓库。由于他们使用的是专有运输车队，所以返回空箱并没有增加额外的运输成本。

图 7.15  可堆叠的塑料搬运箱（可用于各种规模的仓储和运输活动）

　　欧式塑料搬运箱很受欢迎，因为它们尺寸合适，可以堆叠起来，还可以方便地在欧标托盘（尺寸为 1.2 米×0.8 米）上并排堆放。例如，它们的尺寸可以是 0.3 米×0.4 米或 0.6 米×0.4 米。托盘推车（即轮式手推车）有专门为移动欧式塑料搬运箱设计的版本，并且在仓库搬运中非常实用。

　　耐用包装的主要优点是不需要反复消耗纸板之类的包装材料，例如，塑料搬运箱可以使用很长时间。尽管耐用包装和一次性包装的成本不同，但是带盖的塑料搬运箱的一次性成本大约是相同尺寸的一次性纸箱成本的 20 倍，因此如果在一年内每周送货一次，就意味着前者的投资回报率是后者的二十几倍。同时，耐用包装更加坚固，它们不仅能减少在途运输中的货损，还能带来环境效益。

　　耐用包装的主要缺点是必须建立回收程序。这在封闭系统中并不困难，但是如果它们被运送到大量的消费者手中就比较困难了，人们需要对它们进行追踪，以确保返回数量与发运数量相同。但是，消费者有可能认为"没人在乎"塑料搬运箱的回收，而且塑料搬运箱也是一种很有吸引力的物品，例如，它们是在楼梯下的壁橱里盛放儿童玩具的绝佳容器。此外，在某些情况下企业返回这些空塑料搬运箱还需要支付运输成本，甚至在所有情况下都会产生空箱搬运成本。

### 金属货笼

金属货笼（见图 7.16）已经在汽车、航空航天等行业中被使用了几十年。大型汽车制造商通常有很多金属货笼，它们通常用于厂内物流业务，也可能被提供给供应商用于零部件运输。因为金属货笼可以使用非常长的时间，所以个别金属货笼可能有很多年的历史了。导致金属货笼不能长久使用的最大危害是水，金属货笼应当保持干燥，避免生锈。

来源：劳氏公司（Lowe RP）

**图 7.16　带侧网的金属货笼**

金属货笼的主要缺点是很重，只能使用叉车搬运。如果用它们搬运重型工程零部件，在现实中它们的缺点就不止一个，因为在任何情况下，这些零部件都需要机械化搬运。

大多数标准金属货笼是不可折叠的，但如果你是初次设置 WMS，那么你应当考虑使用可折叠金属货笼。

### 防滚架

正如金属货笼已经在汽车等行业中被使用多年，防滚架一直是零售行业的标准配置。在图 7.1 中，你可以看到防滚架的样子，大多数人都在杂货店里见过它们。一些防滚架带有搁板，并被用于店内展示，例如，我家附近的超市使用这类防滚架来陈列牛奶。不过，大多数防滚架会被推进店内，放在其中的商品会被卸载并放到货架上，然后防滚架会被放回储藏室并返回仓库。

它们的主要优点是在没有任何形式的机械辅助的情况下，人们就能推动它们。人们可以通过装卸平台把它们从车辆上推下来，或者使用车辆的升降尾板、剪力式升降机对其进行装卸。当它们被送到商铺时，这一优点就显得非常重要了，因为那里不太可能有叉车。它们的主要缺点是不能被堆放，因此拖车上的大部分上层空间无法得到利用。这个问题的解决方案之一是使用双层拖车。

## 托盘和货箱租赁共用系统

前文已经介绍了消耗性包装（即托盘和包装盒不会被退回）和耐用包装（这些包装会被返回发货源头并被重新使用）。不过，还有第三种选择，即单程租赁。这种做法既有经济效益，也有环境效益。

这个领域里的市场领导者是集保公司（CHEP），其独有的蓝色托盘在零售行业中被广泛使用。该公司在 35 个欧洲国家拥有 220 个经营场所，还活跃在包括美国在内的其他 19 个国家和地区。英国超市行业里的一家供应商通常会要求安排运输一批托盘（如 500 个，也可以选择收集其他租户返还的托盘）到其经营场所。供应商将使用这些托盘向超市配送中心运输货物（可能是每批 24 个托盘），在集保公司的系统中登记托盘数量和目的地，根据持有每个托盘的时间按日支付租赁费用。当托盘清空时，集保公司会在超市配送中心收集这些空托盘并将其运回租赁共用系统。这些托盘非常坚固，可重复使用多次。

捷富凯物流公司（Gefco）运营着一个类似的系统，向汽车行业提供硬质塑料包装盒。空的硬质塑料包装盒被运送给供应商，供应商用它们向汽车制造厂送货，然后在汽车制造厂那里收集硬质塑料包装盒，必要时对其进行蒸汽清洁，然后将其运回系统。

一个更加特殊的例子是 PPS 设备公司提供的鱼箱共用系统。在这个系统中，拖网渔船在冰岛水域捕获的鱼在返港时被装箱，然后通过冷链运输方式被运往英国（见图 7.17）。在英国，鱼被出售，鱼箱被退租、清洗，然后被送回冰岛。在如此长距离的运输中可以使用单程租赁服务，鱼箱公用系统的优势显而易见。

来源：PPS 设备公司（PPS Equipment）

图 7.17　可重复使用的运输鱼的单程租赁包装盒
（盒中是从冰岛运往英国的鳕鱼）

# 贴标签

我在一家第三方物流公司工作时，曾经收到一个包裹，上面的地址写的是"伯明翰，戴夫（收）"。当我给寄件人打电话时，他说："你们之前给我们在伯明翰的仓库送过货，所以我以为你们知道收件地址。"

出于某些原因，贴标签是物流过程中经常被遗忘的环节。上述案例是我能记起的最极端的例子，但是糟糕的标签并不少见。地址标签始终应当包括国家、邮政编码及可用于识别目的地的信息（如收货人姓名，当只有该信息

可用时 )。

　　一个常见的错误是将某公司的收货地址与其采购部门、会计部门或总部办公室的地址混淆。尽管这有可能是粗心造成的，但是语言障碍也会制造困难，其中的教训是：如有疑问，敬请询问。

　　物流标签应当包含一个通知单。它可以被放在货物包装内，也可以被放在包装外面的随附文件袋里。通知单最好包括你能想到的所有细节信息，如物品编号、描述、数量、包装和采购订单编号，但不要包含价格之类的机密信息。大客户或许会详细说明其需求信息，但是你最好谨慎一些，通知单包含的信息宁多勿少。

　　你的客户可能还会指明需要在标签上显示的信息，例如，电视购物频道可能希望显示自己独特的产品编号。在这种情况下，标签必须显而易见。另外一个需要避免的尴尬错误是将标签贴到产品上，然后把产品放到外包装纸箱中，导致标签无法被看到，或者用打包胶带遮住标签。

## 条形码

　　条形码是我们几乎每天都会见到却从来不会多留意的另一件事物。事实上，条形码有很多不同的版本。在西欧国家，最常见的条形码版本是EAN13（本书英文版的纸质版封底上就有一个EAN13条形码）。很重要的一点是确保你使用的条形码能被客户的扫描器读取，他们会在你会使用的三种条形码版本中指定一种。确保条形码周围有足够的留白也很重要，否则条形码将无法被读取。我以前的一位客户曾经因为这个原因而被一家行业内领先的零售商拒收了上千件商品。

　　你可以在网上找到免费的条形码生成软件，你还可以使用标准办公打印设备将条形码打印到标签上。不过，我建议使用专用的条形码打印机，以确保获得较好的打印效果。适用于中等打印数量的台式条形码打印机（见图7.18）仅需几百英镑（或美元或欧元）。条形码打印机既可以独立工作，也可以集成到自动化流程中，由同一个装置为输送机上经过的物品打印和粘贴标签。如果这个装置还能在标签上打印条形码以外的其他信息（如物品编号和物品描述），那么它会很有用。

来源：条形码仓库公司（Barcode Warehouse）

图 7.18　台式条形码打印机（两种条形码和其他信息一起被打印出来）

## 客户要求

前文曾提到，大型公司或许会明确规定收货形式，例如，徕德公司（Leidos）提供了一份 86 页的手册。在绝大多数情况下，这些公司是有充分的理由这样做的。这是因为，以相同的规格接收他们采购的货物，会使他们更加容易处理这些货物，并节省原本会被浪费的时间，如操作人员查找货物标签的时间。事实上，这些规定往往都是一些常识，例如，破损的托盘和模糊的标签无疑都是不受欢迎的。

一些公司对供应商的要求往往会超出物流的范畴，并且供应商必须经常证明其财务稳定性。不过，这里的讨论仅限于物流问题。

话虽如此，但遗憾的是，一些客户将供应商的打印字体过小作为取消订单而不招致处罚的伎俩是广为人知的。我记得有一批电风扇在一个潮湿的夏天被拒收，原因竟然是运输车辆的车轮直径超出了规定尺寸（实际上比规定尺寸短 2 厘米）。我所能给出的最好的建议是确保你严格遵守客户要求，并且对于任何事项都要和客户事先商定。

客户要求中可能涵盖的事项如下。

- 提前预约。几乎可以肯定的是，客户会有一个提前预约系统，这要求你在订单的截止日期之前通知客户。例如，如果你收到了英国电视购物频道 QVC[①] 的一个订单，那么你将得知该订单的截止日期，而且你应当在该日期前至少 10 天与 QVC 商讨预约事宜。如果预约成功的信息不是系统自动发布的，那么明智的做法是取得预约成功的确认信息。你应该确保你的车辆及时到达，因为可能需要排队，而且如果车辆迟到，那么可能不会有员工和搬运设备来卸货。未按时践约可能导致客户不能充分利用人力和 MHE，因而你很可能面临经济处罚。例如，QVC 会向未赶上交货时间段的车辆收取 250 英镑的费用，而我能理解他们这样做的原因。

- 创建 ASN。在一些情况下，这项工作可能在预约之前就要完成，更常见的情况是在预约之后生成 ASN。在所有的情况下，ASN 上都要有必要的编号（对亚马逊来说是提单编号，对 QVC 来说是预约编号）；还要有关于订单规模的精确数字（如 6 个托盘或 312 件挂装服饰，以便规划人力和 MHE 等资源），以及物品种类和数量等基本信息。出于安全方面的考虑，一些客户希望得到驾驶员的姓名和车辆登记编号等信息。如果你使用的是多家公司共用的物流网络，那么你很可能有一家首选供应商（例如，亚马逊选择了 Palletline 公司）。

- 创建通知单。客户很可能为所有的供应商指定一个标准格式，而且几

---

① Quality（质量）、Value（价值）、Convenience（便利）的首字母缩写。

乎所有的标准格式都会明确供应商至少应该提供的各项信息。语言也很重要，在英国等国家，人们可能不会说外语，而且像塞尔福里奇百货公司（Selfridges）这样的客户只接受英文交货文件。

- 贴标签。与通知单的原则类似。大多数客户都会指定标签的具体内容和张贴位置及可以接受的条形码版本。

- 包装指南。标准托盘尺寸由大多数客户指定。在英国，客户很可能指定的标准托盘尺寸为 1.2 米 × 1 米。然而，托盘的最大高度和载荷因客户而异。而在一些情况下，同一家客户对应用于不同经营场所的托盘的要求也不相同。例如，英国家装零售企业威克斯公司（Wickes）在韦克菲尔德接受 1 吨以下、1.5 米高的托盘，而在内瑟海福德接受 1.5 吨以下、1.3 米高的托盘。我认为这反映了两个经营场所在货架或 MHE 方面的差异。一些客户还会指定封装方式：塞尔福里奇百货公司不接受对外包装纸箱使用金属或尼龙打包带；一家知名的制造企业坚持只使用透明胶带，并声明"不接受彩色胶带"。但是，我无法理解他们这样做的原因。

- 向消费者展示。一些企业要求在托盘或防滚架上将物品面朝前方单独排列，以便在商店中进行有吸引力的展示。

- 车辆要求。很多仓库都是按照通过装卸站台从车辆后方卸货的方式布置的，而且没有其他装卸设施。这意味着车辆尺寸和装卸站台的最低高度可能有一定的限制。此外，如果你从车辆侧面装载了双向进叉托盘，你就不能从车辆后方卸货。如果你将货物送到一个只能从车辆侧面卸货的地点，那么侧面固定的厢式拖挂车将不适用。

- 到达现场时的要求。你应当向驾驶员通报在车辆到达时对他们的期望是什么。安全级别较高的场所有可能要求驾驶员提供带照片的身份证明；驾驶员有可能被要求穿安全鞋或可见度较高的服装；乘客和动物有可能被禁止进入这些场所。驾驶员有可能被告知在特定区域等待，在车辆卸载过程中车钥匙有可能被拿走（这是一种安全预防措施，防止车辆在叉车进出车厢时突然启动，这种情况非常危险）。他们有可能被要求打开和关闭车门和车窗帘及协助卸货。在任何情况下，你都应当向驾驶员做详细的情况通报。

- 交货证明。驾驶员应当确保他们得到了符合客户规定的交货证明。例如，如果交货通知单上加盖的日期和时间印章不正确，或者交货通知单上的某一页缺少印章，客户就有可能拒绝付款，即便交付的托盘数量没有任何争议。对于客户声称的任何短缺、货损情况或货物差异，应当立即进行核查，可能只是数错了而已。再次强调，详细的情况通报是关键。

- 被全部拒收或部分拒收的货物。尽管这是我们都在努力避免的事情，但它确实会发生。预先制订一个应急计划是一个好主意，如果可能，你应当使用送货的那辆车将被拒收的货物带回。如果你不能做到这一点，那么稍后收回这些货物可能更合适，因为客户的承运人提供的货运服务相当昂贵。

## 客户自提

在讨论上述内容时，隐含的前提条件是你送货给你的客户。但是，一些客户会坚持自己上门提货，或者将其作为一个可选方案，这在汽车行业被称为工厂交货模式，在零售业被称为出厂价结算模式。

如果你的客户自己上门提货，那么上述所有内容仍然适用，只是运输责任发生了变化。

## 结论

本章介绍了货物应当以何种形式展示给客户，包括在货物包装、贴标签及满足特定的客户要求等方面的多种选择。我们应当谨记，上述每种选项都会产生成本，而且都是我们在服务不同客户时造成成本（服务成本）差异的影响因素。当然，其他影响因素也会造成成本差异，其中一些影响因素尚未提到，后面的章节将更加详细地介绍服务成本。

# 第 8 章

# 陆运车辆

在本书开头，我引用了一个玩笑式的物流定义——"经营仓库和货车"。尽管物流的范畴远比这个定义宽泛，但是不可否认，仓储和运输是物流的两个核心职能。到目前为止，本书主要介绍了仓库里发生的事情，包括什么样的货架可能最符合你的要求及如何对货物进行恰当的包装。

现在，我们继续探讨物流的第二项主要活动——运输。你有可能被分派任务，例如，将货物运输到公司的经营网点，或者将货物从一个网点运输到另一个网点，或者将货物从这些经营网点运输到客户那里。你可能使用自己的运输资源，也可能使用第三方物流公司提供的服务。然而，在任何情况下，你都有可能使用公路运输，特别是国内公路运输。

2016 年，英国重型货车的运输总量为 1 700 亿吨千米，几乎是铁路运输量（170.5 亿吨千米）的 10 倍。此外，还有 790 亿车千米的厢式货车运输量。

后文将介绍铁路运输及其他内陆运输方式、海洋运输和航空运输等。现在，关于公路运输的第一个问题是：你应该使用哪种车辆？

# 两轮运输

如果我是在 2000 年写这本书，并且在书中提到了脚踏车，那么很多人会认为我在开玩笑。然而，对几千米以内的小规模货物运输来说，它是目前的一个重要的可选方案。自行车运动作为一项业余爱好和一种个人出行方式越来越受欢迎，有一批精力充沛的自行车爱好者可以在骑车送货这一行业工作。尽管骑车送货可能都与外卖食品有关，但是它也是运送文件或药品的一种解决方案，特别是在城市中心区域。这种方式的主要优点是成本低、环保、可以规避交通拥堵。

对于非常紧急的较长距离的送货，当日达的摩托车快递可能是最佳选择。运送的货物可能包括紧急医疗物资、故障车辆急需的零部件及一场重要的展销会所急需的宣传材料。在实际应用中，摩托车送货的成本有可能很低，甚至比使用一辆小型厢式货车还要低，但这种方式仍然具有规避交通拥堵的优势，而且这往往是快速运送小件物品的最可靠的方式之一。

# 厢式货车

我曾经被问到："厢式货车需要多大才能被称为卡车？"这个问题没有很好的答案，但是我能回答另外一个稍微不同的问题，并定义厢式货车（有时也被称为整体式厢货车）。如果车辆后部有顶无窗，车辆被设计用于货运，而且车顶和厢体都是由与车辆前部相连续的面板构成的，它就是一辆厢式货车。小型厢式货车往往是基于轿车车型设计出来的，两者使用相同的底盘、传动系统，而且两者共用的零部件要尽可能多。例如，沃克斯豪尔 Corsavan 是基于沃克斯豪尔 Corsa 设计出来的。这类货车被称为乘用车衍生型厢式货车。像梅赛德斯 - 凌特（Mercedes Sprinter）这样的大型厢式货车往往采用了专门的厢式货车设计。介于这两类厢式货车尺寸之间的货车可以是其中任意一类，福特全顺 Connect 是专门设计的厢式货车，而尺寸相似的标致 Partner 是由标致 308 衍生而来的。

所有的大型汽车制造商都会提供各种规格的厢式货车。在英国，四大畅销厢式货车中有三款都来自福特，另外一款是大众 Transporter。因此，我将使用福特厢式货车等的型号来说明厢式货车的可选规格（见表 8.1），其中也包括梅赛德斯 - 凌特，我认为这是目前在英国销售的最大规格的厢式货车。

对于每种车型，我使用的都是接近各项参数上限的数字。然而，它们可能无法同时达到。例如，选择一款高车顶的厢式货车可以增加载货空间，但是额外的车身重量会减少车辆的有效载荷。

表 8.1　福特厢式货车及梅赛德斯 – 凌特的规格

| 型号 | 车辆总重量（千克） | 整车长度（米） | 装载长度（米） | 装载空间（立方米） | 有效载荷（千克） |
|---|---|---|---|---|---|
| 福特嘉年华厢式货车 | 1 685 | 3.95 | 1.30 | 0.96 | 500 |
| 福特全顺 Courier | 1 795 | 4.16 | 1.60 | 2.40 | 663 |
| 福特全顺 Connect | 2 395 | 4.82 | 2.20 | 3.60 | 865 |
| 福特全顺 Custom | 3 365 | 5.34 | 2.90 | 8.30 | 1 393 |
| 福特全顺 | 4 700 | 6.70 | 4.20 | 15.10 | 1 446 |
| 梅赛德斯 – 凌特（5.5 吨选装包） | 5 500 | 7.37 | 4.70 | 15.50 | 2 343 |

数据来源：制造商手册——福特（2018 年）、梅赛德斯（2018 年）

注：表中数字均为各项参数的最大值，现实中可能不存在这样的参数组合。

　　市面上最小的一款厢式货车是福特嘉年华厢式货车（见图 8.1），其竞争车型包括沃克斯豪尔 Corsavan。它售价便宜、使用成本低，而且驾驶方便（尤其是在城镇周边），其主要的缺点是载货能力明显较弱。其后车门是上掀式的而不是侧开式的，但这不会造成太多的问题。但是，其后车厢处有一个凸起的边沿，将重物举过那道凸边时有可能产生问题。话虽如此，如果你要运送的是鲜花或蛋糕之类小而轻的东西，特别是在本地运送，它可能就是你所需要的车辆。

　　如果你的货物没有那么小，你就需要一辆更大的厢式货车。不过，令人困惑的是，它可能仍然被称为小型厢式货车。这类货车包括福特全顺 Courier（见图 8.2）、福特全顺 Connect、大众开迪、雪铁龙 Berlingo 和标致 Partner。后两款车的车型非常相似，因为它们都来自 PSA 集团旗下的姊妹公司。这种厢式货车的载货量是福特嘉年华厢式货车的 3~4 倍，但仍具有中型轿车的驾驶性能。其后车门是侧开式的，而且也不太可能有凸边，这可以使搬运重物更加方便。

来源：福特汽车公司

**图 8.1　两辆福特嘉年华厢式货车**

来源：福特汽车公司

**图 8.2　福特全顺 Courier（其装载空间大约是福特嘉年华厢式货车的 2.5 倍）**

市面上的大型厢式货车主要是福特全顺及其竞争车型。"全顺"这个名字自 1965 年开始使用，而且经常被当作该级别的所有厢式货车的统称，有点类似于用"胡佛"（Hoover）这个名字来称呼所有的立式真空吸尘器。福特全顺目前的 MK8 车型与 1965 年的 MK1 车型已经大不相同，竞争车型包括大众 Transporter、标致 Boxer、梅赛德斯 - 凌特和日产 NV400。这些厢式货车的驾驶方式不同于轿车，而且尽管大多数汽车驾驶员都能操控它们，但是了解厢式货车的规格还是有必要的。因此，不应当武断地认为拥有汽车驾照的人就一定有能力驾驶大型厢式货车。

挑选厢式货车时需要考虑以下因素。

## 规格

本书提到的所有车型几乎都有一系列令人眼花缭乱的可选配置。与轿车不同，厢式货车的可选配置还包括车辆的规格。短款、长款、加长款等车辆长度的变化（见图 8.3），或者低顶、中顶、高顶等车顶高度的变化，都会影响车辆的有效装载空间（单位为立方米）；而车辆不同的重量等级会影响其有效载荷（单位为千克）。例如，日产 NV400 有各种款式，装载长度为 2.6~4.4 米，有效载荷为 911~2 200 千克，有效装载空间为 8~17 立方米。

如果你的产品是轮毂轴承之类的重物，那么装载空间较小但载荷很大的款式是最理想的。如果从来不使用车辆立体空间，选择长轴距、高车顶的厢式货车会适得其反，因为额外增加的车身重量会降低车辆的载重能力。

需要避免的一个常见错误是只关注车辆的最大载荷。这可能只是一种制造商改款的方式，制造商通过使用小一些的发动机换取载荷的增加，客户很可能在使用中发现车辆动力不足、反应迟钝。实际上，大多数准备购车的客户试驾的都是空车，但是它们在满载时的操控性会有所不同，我建议尽可能在车辆满载情况下试驾。

同样的道理，如果小型发动机需要频繁使用低挡，那么在实际操作中通常不会实现令人满意的标称油耗。

如果你运送的是一些超长物品（如电视天线杆），那么你可以选择前排座椅能向下折叠的车型以获得额外的装载长度。

（a）福特全顺车型 1

（b）福特全顺车型 2

来源：福特汽车公司

图 8.3　福特全顺系列的两款不同的车型（两者在货厢长度上有明显差别）

车辆总重量超过 3.5 吨的厢式货车（包括所有拖车的重量）在法律上被视为重型货车。你需要获得操作人员许可证，驾驶员需要使用行车记录仪并且遵守驾驶时间的有关规定，而且除非是在 1997 年之前通过驾照考试，否则不允许持有标准驾照的人驾驶这些重型货车。如果你没有准备好承担相关的法律责任，那么你应当限制车队的车辆规格或使用承运人提供的服务。

应当谨记，更大的车辆售价更高，道路税、燃油成本、轮胎和保险费用也更高；在狭小的空间里，驾驶员的操作更加困难；若车辆的速度较慢，则其在实际应用中的生产效率较低。

我的总体建议是，计算你目前和以后对车辆规格的需求，再加上应对紧急情况所需的余量，然后购买一辆规格足以满足这些需求的车辆，但不要购买更大的车型。

### 货厢门

除了最小的厢式货车，对开后车门可能是所有厢式货车的标准配置。一些车型配置了不对称的后车门，也就是一扇车门比另一扇车门宽一些（见图 8.4），这种后车门在处理一些特殊的物品时会非常有用。

来源：福特汽车公司

图 8.4　福特全顺 Courier（该车型有不对称的对开后车门）

车厢侧门（见图 8.5）也很常见，而且通常都很有用。它允许相关人员从多个角度进入货厢，从而使货物搬运变得更加容易，特别是在一条运输路线上同时进行收货和送货作业时。

很难想象有什么情况会让我不建议配置车厢侧门，有些厢式货车会配置两个侧门。

来源：福特汽车公司

图 8.5　福特全顺 Custom 上被打开的车厢后门和侧门

### 变速器

大多数厢式货车都可以选择配置手动变速器（手动挡）或自动变速器（自动挡）。欧洲驾驶员大都比较熟悉车辆使用手册，我希望驾驶员在处理满载上坡的情况时能完全掌控车辆，并且可以熟练自如地选择挡位。手动挡的燃油消耗量可能稍少一些，而且自动挡与手动挡之间超过 1 000 英镑的购买成本差异也并非无足轻重。一些人可能不同意我的观点，但我更喜欢手动挡厢式货车。

### 驱动

车辆驱动有三种类型——前轮驱动、后轮驱动和全轮驱动。

在大多数情况下，我建议选择前轮驱动，这样就不需要把传动轴和复杂的后桥（驱动轴）放在后车厢下面，从而节省了车厢空间，减轻了车辆重量。这可以带来更大的装载空间和载荷，车厢底板也会降低，这会使重型货物的装卸变得更加容易。前轮驱动的厢式货车比后轮驱动的更便宜，油耗也更少。

如果有牵引挂车，那么后轮驱动是更好的选择，驱动轮距离牵引点更近会比较有利。车辆的转弯半径会更小，这对一些操作人员来说有可能很重要，而且对某些型号的车辆来说，后轮驱动车辆的发动机选择会更多。

全轮驱动是最贵的。如果它可以根据需要进行啮合或分离，那就更好了，因为这可以减少轮胎磨损。如果你有可能在湿滑的环境中作业，如泥泞的建筑工地或结冰的山区，那么选择全轮驱动明显是有好处的。如果你只在温暖天气里的柏油路上进行运输活动，那么这笔额外的支出很可能是不合理的。

### 辅助驾驶和安全装置

有一小群厢式货车驾驶员（被大众媒体戏称为"白色货车男"）给自己的职业带来了可悲的坏名声。他们因驾驶方式过于激进而闻名，而且他们似乎更倾向于认为车辆规格会在交通事故中为他们提供额外的保护，而不是他们应该更小心地驾驶车辆以避免发生事故。

不过，大多数厢式货车驾驶员（至少以我的经验来看）有完全不同的形象。他们非常专业，以自己的职业为荣。良好的人员管理（例如，提供相关培训并监控事故损害）在保持和提高驾驶水平方面发挥着重要作用。

此外，还有一些可选装的装置可以帮助驾驶员保持较高的驾驶水平或监控车辆状况，或者两者兼具。这些装置如下。

- 驻车传感器。当车辆接近其他物体（如另外一辆车）时，它会同时发出视觉和声音警报。
- 后置摄像头。它使驾驶员在倒车时可以通过车内显示屏获得良好的视野。
- 主动式泊车辅助系统。它比后置摄像头更先进，它通过取得对货车的控制权来操控货车驶入停车位。
- 限速器。它通常被用来防止驾驶员在驾驶特定类型的车辆时超过限速标准。

- 坡道起步辅助系统。它有助于防止在上坡起步时溜车或发动机熄火。

- 牵引力控制系统。它有助于防止车轮在泥浆中或冰面上打滑。

- 巡航控制系统。当道路限速（如道路施工临时限速）低于原来的限速时，它通常有助于驾驶员避免超速。

- 车道保持辅助系统。它专门为高速公路驾驶设计，前置摄像头可以在货车偏离行驶车道时激活视觉警报并振动方向盘，如果驾驶员没有反应，它还能提供辅助驾驶功能，以引导车辆回归行驶车道。

- 交通标志识别系统。它可以识别限速、禁止超车等标志，并在仪表盘上显示相应的图标。

- 驾驶员注意力辅助系统。它可以探测疲劳驾驶的迹象，提醒驾驶员休息一下。

- 仪表盘摄像头。它可以辅助识别交通事故中的过错方，以便对驾驶员采取措施，或者拒绝另一方驾驶员的恶意索赔。

- 预碰撞辅助系统。它可以探测车辆前方的行人和其他车辆，在必要时发出声音警报或刹车。

- 自动大灯。它会在光线不好的情况下自动亮起。

- 轮胎压力监测器。它可以让驾驶员在驾驶室里查看轮胎的受压情况。

- 拖车摆动控制系统。如果探测到拖车摆动，它将减小发动机扭矩并启动牵引车一侧的车轮刹车。

- 紧急援助。如果货车被卷入一场严重到触发了安全气囊的交通事故，控制中心就会自动得到通知。它被应用于欧洲的 40 个国家，旨在避免驾驶员受伤后被困在车里数小时甚至数天后才被发现的情况。

- 卫星导航系统。该系统可以通过语音控制使驾驶员通过双手控制方向盘。

- 额外的安全措施。在增强型警报系统、高安全性能车锁和车辆追踪设备等方面有无数的可能性。尽管良好的驾驶纪律（例如，不要让车辆无人看管）有助于确保安全，但这些设备或功能也可以发挥有益的作用。对于现金之类的高风险货物，应考虑使用钢化玻璃和防弹油箱。

- 燃油加注防错系统。把加满了汽油（而不是柴油）的货车油箱排空的代价很高，而且会导致车辆好几个小时都不能工作。如果汽油真的进入了柴油发动机，就很可能需要付出更大的代价。我建议在货车上安装永久装置或附属装置来防止这样的情况。

将所有这些装置都安装到同一辆车上耗资巨大，而且不太可能有人这样做。坡道起步辅助系统在佛兰德斯和英格兰芬斯（英格兰东部的平坦低地）几乎派不上用场，而车道保持辅助系统对那些只在市内道路上驾驶的驾驶员来说没有任何用处。不过，思考每一种可选装置在满足你的特定需求方面的优势并做出相应的选择是值得的。

### 驾驶员和乘客可选配置

厢式货车的驾驶室曾经非常简陋，不仅不是一个令人愉快的工作场所，而且是导致驾驶员疲劳的一个重要原因。不过，现代化的厢式货车通常以提供轿车驾驶室般的舒适感为标准（见图 8.6），因此这几乎已经不是什么问题了。其中一个可选配置是加热座椅。如果驾驶员需要在零摄氏度以下的冬季夜晚送货，他们就要多次进出驾驶室，因此这可能是最受欢迎的可选配置之一。

大多数厢式货车都有一个驾驶员座位和一个乘客座位，不过，也有带两排座椅（通常共计 5 个座位）的双排驾驶室。如果需要将一个工作团队及其设备带到现场（如建筑行业），后者就会很有用。第三种选择是福特全顺 Kombi 及其竞争车型，其驾驶室的第二排座椅在不用时可以折叠放平，这种厢式货车更加灵活。

驾驶室内的储物空间非常有用，如乘客座椅下的小抽屉。它可以用来放置驾驶员的个人物品或制作好的交货文件。最好不要把这些物品放在货车的主要装载区域。

来源：福特汽车公司

**图 8.6　一辆现代化厢式货车的驾驶室内部（与轿车几乎没有分别）**

## 装载区域可选配置

在厢式货车的主要装载区域铺设耐磨地板是标准配置。我建议在车厢侧面使用胶合板或其他内衬板来防止车身受损，否则在车辆的整个生命周期中，车身受损是不可避免的。后罩网或车厢隔板窗也有助于防止车身受损。一辆货车车厢的内部通常如图 8.7 所示。

来源：福特汽车公司

注：车厢侧面有胶合板；车厢地板上方、车轮拱罩顶部有固定点；车厢隔板窗上有防护网；该货车有两个侧门及允许工作人员从地面向上进入车厢的脚踏板。

**图 8.7　一辆货车车厢的内部**

车辆前隔板通常有好几种配置可选。我会推荐主体坚固的隔板，因为在货车上明显可见的物品（即使是内含不明物品的包装盒）会引来小偷的觊觎。

为货物固定带提供充足的连接点是必要的。它们可能是落地式的、侧装式的（可能沿着车厢腰线排列），或者两者兼有。

最常见的情况是货车同时进行收货和送货，而货物就放在车厢地板上。不过，工作人员有时并不知道在货车到达目的地时需要做什么，例如，有时货物在货车上销售，或者一辆道路救援车正在帮助处理故障。在这些情况下，在装载区域放置某种形式的货架会非常有用。简易货架通常可以从车辆制造商那里获取，但是让专业人士按你的要求打造最佳货架会好一些。

如果工作人员会进入货车车厢，就应当提供可供工作人员进入车厢的脚踏板。

车顶架是一个常用的附加装置，对运载像梯子之类无法装进车厢的长物品来说很有用。如果加装了车顶架，就应当提供脚踏板，以便驾驶员安全地够到它。放在车顶架上无人看管的梯子会有丢失的风险，我们可以在车顶的下方（即货车车厢内部）安装梯子固定架来防止梯子被盗。

最后，车厢应当有良好的照明条件。如果需要在夜间向没有照明的地点运送货物，那么在车后门上安装一盏向外照射的照明灯也会非常有用。

## 电动厢式货车

可充电电动汽车是汽车行业的总体发展趋势，而且随着技术的进步，它们无疑会越来越普及。梅赛德斯已经推出了威霆电动版。它是一款中等规格的厢式货车，装载长度达 6.6 米，有效载荷仅 1 吨多；充一次电需要 6 个小时，充满电后可行驶约 150 千米。凌特厢式货车的电动版原计划于 2020 年上市。

我确信，这些都是未来汽车行业发展趋势的标志。

# 皮卡

整体式皮卡与整体式厢式货车的区别在于，前者的货厢高度通常仅为车体高度的 1/2~2/3，没有车顶，而且后方有一个下拉式尾门。

它们在美国十分常见，销量占汽车总销量的 16.5%，而且经常被当作主要的日常家用车辆。然而，它们在欧洲却不太常见，这表现为在英国其销量仅占轿车和厢式货车总销量的 1.8%。有些人买皮卡就是为了日常家用，但是作为商业用车，它们主要在农业和建筑业发挥作用。

可选的皮卡车型主要包括福特流浪者（Ford Ranger，见图 8.8）、五十铃（Isuzu）D-Max、丰田海拉克斯（Toyota Hilux）和日产纳瓦拉（Nissan Navara）。可选配置包括全轮驱动，这在农业环境中特别实用。

来源：福特汽车公司

**图 8.8　在农场里使用的福特流浪者**

尽管可以使用车盖（也被称为货厢盖）来保护货厢里的货物，但是它并不能提供与厢式货车的车厢同等程度的保护。像栏板式货车这种可以替代货厢敞开式皮卡的方案都是可以选择的，皮卡是我极少推荐的解决方案。

# 大型车辆

关于有可能用到的车辆类型的描述在某些方面会极其复杂，因为关于车辆规格的法律法规本身就已经够混乱的了。

简单来说，相关内容如下。

- 车辆可以是不同规格的刚性卡车、拖挂卡车或两者的组合。
- 车辆有各种可选的配置。
- 货厢可以是不同类型的厢体，有些厢体比较专业化。也许这么说并不算太夸张，任何类型的厢体都可以安装到任何规格的车辆上。

下面依次对这些方面的内容进行介绍。

除了整体式厢式货车或铰接式卡车，在道路上行驶的大多数刚性商用车辆都是按照带驾驶室的底盘车的形式生产出来的，随后才加装厢体，并且这一操作很可能由专业的车身制造商来完成。它们可以制造从日产 NT400（车辆总重量为 2.8 吨）到沃尔沃 FMX（车辆总重量为 36 吨）的各种规格的车身。

大多数车辆总重量为 3.5 吨的厢式货车也可以被当作带驾驶室的底盘车来使用，其优势是驾驶员拥有标准驾照即可，无须获得操作人员许可证。车辆总重量为 7.5 吨的刚性卡车也很常见，经验丰富的驾驶员可以凭借其标准驾照驾驶这类卡车。另外一种常见的规格是车辆总重量为 18 吨的刚性卡车，这是两轴刚性卡车所允许的最大规格，也是多点式托盘的常用运输车辆。最大的刚性卡车包括在高速公路建设工地上常见到的翻斗卡车。

带驾驶室的底盘车上最显眼的就是驾驶室和底盘。它有一个驾驶室，其中有驾驶员和乘客座椅及驾驶室壁板；也有基础的车辆底盘，带有两根纵梁（大梁）、一根或多根横梁；还有发动机、变速箱、车轮、刹车及车辆行驶所需的其他零部件；但是没有车身，车身会在稍后加装。图 8.9 为加装车身前的带驾驶室的底盘车。

来源：五十铃卡车公司（英国） 摄影：奈杰尔·斯普莱德伯瑞（Nigel Spreadbury）

**图 8.9 五十铃 N 系列带驾驶室的底盘车**

铰接式车辆组合（几乎总是被称为拖挂车）由牵引车（也称原动机）和半挂车（技术上的称谓，但实际上几乎所有人都简单地称之为挂车）组成。挂车下方的牵引销与牵引车上的牵引鞍座啮合形成耦合关系（见图 8.10）。

来源：LC 车辆租赁公司

**图 8.10 正在与挂车连接的移动中的牵引车**

英国拖挂车的最大长度规定被很多人认为是那些化简为繁的复杂规则的一个例子。该规定要求从牵引销到挂车后方的最大长度不得超过 12 米；从牵引销向前测量的最大尺寸不得超过 2.04 米，但这指的是牵引销到挂车前角的对角线长度。实际上，这提供了 13.6 米的最大装载长度，虽然也有例外，如运输汽车的拖挂车。在英国，受限于包括发动机排放标准在内的多项规定，一辆拖挂车的车辆总重量不得超过 44 吨。

使用刚性卡车拖拉一辆牵引杆挂车可以获得更大的装载长度，这种方式也被称为公路列车或车厢拖挂（见图 8.11）。其主要优势是获准的组合装载长度可达 15.65 米，大约比普通拖挂车多出 2 米，或者说多出 4 个尺寸为 1.2 米 × 1 米的托盘的装载空间。在欧洲大陆上的大多数国家，挂车的装载长度限制是 12 米，所以差别就更大了。更重要的是，在很多欧洲国家，挂车还有 4 米的装载高度限制。因此，刚性卡车和牵引杆挂车的组合在欧洲大陆更加常见，但在英国仍然没有流行起来。其车辆总重量不得超过 36 吨，但是大多数货物在达到装载高度限制之前就已经达到装载长度或载荷限制了。对于早餐麦片之类的非常轻的产品，这类车辆在最大装载高度方面具有明显的优势。其缺点是开始从车辆后方卸载货物之前需要先分离车辆的拖挂组合，而且不太可能进行甩挂作业。英国驾驶员可能对此类车辆不太熟悉，但它们在英国并不算特别少见。

来源：埃迪斯图巴特物流公司（Eddie Stobart Logistics）

图 8.11　刚从仓库出来的两个刚性卡车和牵引杆挂车的组合

### 车辆和发动机规格

人们在购买车辆时倾向于选择同级别车型中车辆总重量最大的款式。其优势是灵活性更强（当业务发生变化时），在第三方物流市场上的可用性更高（当你正在使用承运人提供的物流服务时），残值可能更高（与那些不太流行的车型相比）。然而，在同级别车型中，那些车辆总重量不是最大的款式的售价和运营成本会更低。例如，一辆车辆总重量为 13 吨的刚性卡车每年的固定成本通常是 55 620 英镑，其运营成本是 26.5 便士 / 千米，与车辆总重量为 18 吨的刚性卡车的年固定成本 64 191 英镑和运营成本 29.4 便士 / 千米相比，前者每年运营 8 万千米可节约超过 1 万英镑的成本。如果你的产品是塑料之类的轻型产品，因此那么你应该相信这类车辆总重量稍小一些的车辆可以满足你的需求。

至于发动机的规格，我建议你最好与车辆供应商讨论一下能满足你的特定需求的方案。不过，重要的是要确保车辆不会动力不足，没有人想看到车辆以 50 千米 / 小时的速度在高速公路上爬坡。这不仅会败坏汽车行业的声誉，而且会降低生产效率，导致车辆在给定的时间段里供货不足。你还必须为制冷设备或混凝土搅拌机等车载附属设备的动力输出留出余量。

车辆使用的繁重程度（例如，主要进行满载运输或在山区运输）是另外一个需要考虑的因素。考虑到所有这些因素，对于 6×2 拖挂车（相关解释见下文）来说，功率为 336~388 千瓦的发动机是最受欢迎的。不过，对冷藏运输来说，功率为 447~485 千瓦的发动机可能更加合适。

### 轴数配置和车辆长度

对拖挂卡车和刚性卡车来说，有关轴数配置的标准表述形式是 A×B，其中，A 是车轮的总数量，B 是动力轮或驱动轮的数量。就算一个车轮上安装了两个轮胎，也只算作一个车轮。因此，一辆 6×2 的刚性卡车有 6 个车轮（三轴），其中有 2 个（单轴）是驱动轮；而一辆 8×4 的刚性卡车有 8 个车轮（四轴），其中有 4 个（双轴）是驱动轮。

对挂车来说，计算的是车轴数量。一辆铰接挂车可能是单轴的（现在较为少见）、双联轴的（即两个车轴并在一起）或三轴的。

在决定货运车辆的轴数配置时应主要考虑三个因素——车辆总重量、轴重和轴组（并在一起的车轴）重量。为了合法地运营，货运车辆的所有这些指标必须保持在规定范围内，要记住对特定车辆的具体限制有可能小于法定的最大限制。例如，一个 4×2 的铰接式卡车头拖拉一辆双联轴挂车时，法定的最大车辆总重量可能为 38 吨，但是若在挂车前部装载发动机之类的重物，则有可能导致牵引车后轴轴重超过法定的驱动轴单轴最大轴重 11.5 吨。一对双联驱动轴的组合的最大重量是 19 吨，因此一个 6×4 的牵引车头可以避免这样的问题。这可能看起来不可思议，货运车辆在满载时所有的轴重都符合法定限制，但在卸下车辆后部的货物（但没有卸下车辆前部的货物）后就有可能变成违规车辆。额外增加的轴数减少了车辆的轴重和轴组重量超出法定限制的风险，因此改善了装载的灵活性。这也是在 2018 年上半年，英国的四轮牵引车头只占拖挂车登记总数的 8.4% 的原因之一。

超载是一种严重的违法行为，而且在尽职调查时无法辩解。如果你的供应商在你的车辆上装载了比他们声称的要多得多的货物，导致车辆超载，那么你或你的驾驶员不能免责，除非你能证明你当时是在去往最近的地磅的途中。大多数制造商现在都提供用来显示车辆总重量的驾驶室内仪表，有的型号可以远程监控车辆总重量，还有的型号甚至可以通过手机监控（见图 8.12），我强烈建议你使用这种设备。

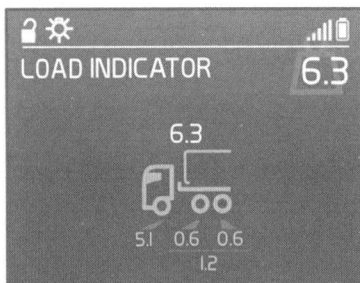

来源：沃尔沃卡车公司（英国和爱尔兰）

**图 8.12 轴重、轴组重和车辆总重量监测**

如果你在往第三方物流公司的车辆上装载货物时试图瞒报货物重量，以期降低运输费用，那么这不仅是一种欺诈行为，而且也很危险，还会导致车辆驾驶员被起诉，甚至丢掉工作和赖以谋生的手段。千万不要这么做！

空车运输尽管没有效率，但有时是不可避免的。在这些情况下，车辆不需要太多的轴数，因此很多车辆装备了可升降车轴。驾驶员可以在驾驶室内启动该功能，这样牵引车和挂车上的一个车轴就可以通过气动抬升、电动机抬升或弹簧抬升等方式被抬离路面（见图 8.13）。这最多可降低 4% 的燃油消耗量，而且可以减少轮胎磨损。众所周知，有些操作人员在车辆满载时也会抬起车轴，但这是一种错误的节约行为，因为它会加重那些未抬离地面的车轴上的轮胎的磨损。美国的一些州（如佐治亚州）已经宣布，车辆在满载时必须满足关于轴重等的法律规定的限制（即使所有的可升降车轴都被抬起来了），其目的是纠正驾驶员的这种陋习。

来源：沃尔沃卡车公司（英国和爱尔兰）

**图 8.13　牵引车和挂车的车轴都被抬起的货运车辆**

关于车辆长度，大多数车辆在按照同级车的最大车辆总重量制造的同时，往往也会按照最大的许可长度制造。为了使可用于装载的车身长度最大化，大多数车辆总重量为 18 吨的刚性卡车的总长度都是 12 米，而大多数拖挂卡车的总长度都是 16.5 米。缩短车身长度可以降低空车重量（车辆皮重），从而增加有效载荷，人们有时会遵循这样的策略，从而将车辆总重量保持在 7.5 吨以内。然而，这降低了在车辆内分配货物的灵活性，也降低了车辆运送更重货物的灵活性，而且会显著降低车辆在以后出售时的残值。出于这个原因，货车租赁公司不太愿意提供这类车辆。除非有特殊情况（例如，我曾经就职的一家公司因空间和出入口限制，在一家非常古老的啤酒酿造厂里使用 9 米长的拖车），否则使用长一些的车身会更有优势。

### 驾驶室

小型车辆最有可能在工作日的白天多次送货，并在每天晚上返回出发地。一些拖挂卡车也是如此运营的，包括那些在白班和夜班被不同的驾驶员驾驶的车辆。在这种情况下适用的驾驶室被称为日间驾驶室，一般带有驾驶员和乘客座椅，但是没有睡觉的铺位。

货车也有双排座驾驶室，即带有第二排座椅，这样就可以乘坐包括驾驶员在内的 6 个人。在少数情况下，大型团队一起乘车出行非常重要（消防车可能是一个例子），但那是例外情况而不是常规情况。

如果驾驶员需要在驾驶室里待上一夜，他们就需要一个带卧铺的驾驶室。铺位一般在座位后面，铺位可以使他们得到良好的休息。

一位精神焕发的驾驶员在第二天早上工作效率会更高，在驾驶车辆时也会更加安全。出于上述原因，在选择卧铺宽度或舒适程度时，我不赞成选择最廉价的方案，一次小事故的花费会比这样表面上节省下来的钱要多得多。

事实上，尽管不是为了在夜间使用，一些公司也会在车辆驾驶室内提供床铺（见图 8.14）。这提供了针对情况变化的适应能力；驾驶员在驾驶车辆的过程中休息时可能想要小睡一会儿；如果车辆出售，驾驶室带卧铺的拖挂车辆的残值会高一些。

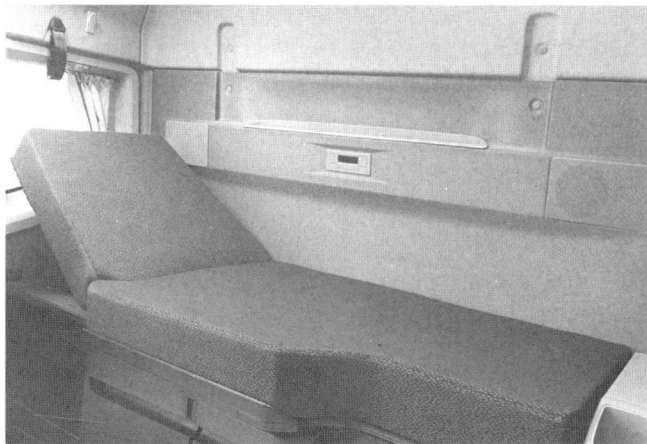

来源：沃尔沃卡车公司（英国和爱尔兰）

**图 8.14 驾驶室里的床铺**

一些长途运输工作需要两位驾驶员一起出行，带有两张床铺的双卧铺驾驶室是一种解决方案。

所有的带卧铺的驾驶室都应当为驾驶员提供充足的个人物品存储空间。车窗帘或百叶窗是另外一个标准配置，保持驾驶室内温度适宜的夜间取暖器和制冷装置也是标准配置。大功率取暖器是在非常寒冷的气候环境下（如斯堪的纳维亚半岛北部）的一个可选配置。我建议驾驶室内的取暖器使用独立的蓄电池供电，由于在夜间用光了所有的电池电量而无法启动发动机是一件令人尴尬的事情。

提高驾驶员的舒适度的其他可选配置包括微波炉、冰箱、咖啡机、电视机和无线网络。最后一项可能特别受欢迎，因为它可以使驾驶员在远离家乡的时候通过手机软件与家人通话。湿衣服的烘干装置在某些情况下也是非常受欢迎的。

### 气动管理

航空工程师很早就知道空气动力中流线型的重要性，它可以减小飞机外形所引起的空气阻力，这在该行业里被称为"形状阻力"。同样的原理现在也被应用于卡车。铰接装置被安装在车顶、侧扰流板、保险杠扰流板及侧导流板上，以最大限度地减小牵引车头周围及驾驶室与挂车之间的空气阻力。这最多能降低 10% 的燃油消耗量。出于类似的原因，挂车现在也有水滴形的车顶，而未来的发展方向可能是在挂车尾部安装船尾式导流板，以减小紧随在车辆后方的湍流造成的阻力。

### 油箱和尾气处理液

油箱有各种不同的容量。以沃尔沃 FH16 为例，其油箱容量从 150 升到 900 升不等。携带将近 1 吨的燃油会对车辆的有效载荷产生非常大的影响。然而，为了追求有效载荷的最大绝对值而选择一个特别小的油箱将导致车辆频繁地停车加油，这不仅会降低生产效率，而且有可能在非常不方便的时候发生。没有适用于所有情况的答案，但是我想说，任何每天需要停车加油超过一次的油箱都太小了。加油站点之间的距离也需要考虑，这有可能受限于加油站网络等因素，特别是在夜间运营时，很多加油站都是不营业的。

油箱盖上锁或油箱防虹吸设备都是可选配置，它们能够降低柴油油箱被盗的风险，这也是一种明智的预防措施。

AdBlue 是柴油废气处理液的商用名称，由尿素和软化水组成。它被喷射到柴油发动机的废气中，以减少氮氧化物的排放。它被保存在车辆上的一个单独的罐体里，《汽车运输》估计其使用量约为燃油使用量的 4%。它还没有在轿车和厢式货车上得到广泛使用，但在未来很可能成为强制性的要求。

### 牵引鞍座

大多数拖挂车头都会安装一个可调节式的牵引鞍座。安装一个固定式的牵引鞍座也可以，这样会便宜一些，但是很可能被证明是一种错误的节约行为。自润滑式的牵引鞍座也是建议使用的，它同时也是一个用来确认挂车连接情况的位于驾驶室内的指示器。

## 驾驶辅助装置

前面关于厢式货车的内容列出的很多可选配置同样可以用于卡车，如坡道起步辅助系统、车道保持辅助系统、驾驶员注意力辅助系统等。一些制造商提供的其他可选配置如下。

- 动态转向系统。它在车辆低速行驶时提供了额外的转向动力，可以使车辆在刹车困难的情况下刹车时保持直行，在崎岖不平的路面上行驶时减小转向回力。

- 预刹车系统。它可以减少发生牵引车相对于拖车呈 V 形（Jackknifing）的事故及其他事故的风险。

- 自适应巡航控制系统。它有助于驾驶员与前车保持安全距离。

- 液压减速器。它作用于传动轴，使用液压油提供额外的制动效果。

- 刹车片警报系统。它可以显示刹车片离需要更换还剩余多少行驶里程。

- I-shift。沃尔沃推出的一种系统，它可确保驾驶员在最佳点位换挡。其他的制造商可以提供类似的系统。

- 酒精锁。它要求驾驶员在启动车辆前进行呼吸采样，如果采样结果显示驾驶员饮酒，它就会锁定车辆。

- 在崎岖地形上行驶的可选配置，如重型保险杠、油底壳保护板、车灯保护罩和额外的空气过滤器。

- 远程监控系统。它可以通过手机访问，主要用于远程检查燃油量、机油量和电池电量，预设启动或即时启动驾驶室加热系统，在卡车的报警系统被激活时通过手机提醒驾驶员。

- 驾驶员新手应用程序。它有助于驾驶员在驾驶新车时获得最佳体验，包括关于调整驾驶位置等事项的教学短视频（通常都是免费的）。

最后，应当为驾驶员提供充足的照明。照明区域应当包括牵引车驾驶室后方的周边区域，这可以辅助驾驶员固定从牵引车到挂车的连接线。

# 车体类型

## 平板

最简单的车体类型是平板，即带有前挡板的一个简易平台（见图2.3）。其主要优点是便于装载（在任意方向上都没有装卸障碍）。如果使用起重机从车辆上方进行装卸，这会是装卸速度最快的车体类型。因此，它们通常用于建筑行业，如运输混凝土砌块或矩形钢楞。

其主要缺点是需要固定货物，并且缺乏对货物的保护。驾驶未对货物进行固定的平板货车是一种违法行为，更不用提丢失货物的后果了。因此，平板货车上的任何货物都应当使用绳索、捆绑带或捆扎链条进行固定，可能还需要一块货车蓬布，它可能重达50千克，因此对平板货车进行苫盖是一个体力活。

除非所装载的货物打算在户外使用或是不易损坏的，否则就需要使用蓬布对货物进行保护。然而，即使是蓬布表面的缝隙很少，雨水也可能通过这些缝隙渗入内部，随之而来的是货物损坏的风险。这也是它们不像过去那么常用的原因之一，我不建议使用开放式货车来运输任何需要保护的货物。

有时我们可以看到在平板货车两侧装有立柱，它们可以帮助固定货物，如在运输木材时（见图8.15）。

我们还可以给平板货车安装后挡板，例如，在用于运输草捆的农用平板货车上安装后挡板。

来源：安纳戴尔运输有限责任公司（Annandale Transport Co Ltd）

**图 8.15　正在运输木材的侧面带高立柱的平板货车**

一个特殊的变体是卷钢运输车，其平板上有一个或多个弯曲的凹槽以容纳卷钢。

### 皮卡、侧卸式货车和翻斗卡车

整体式皮卡的销量占美国汽车总销量的 16% 以上。不过，也可以在带驾驶室的底盘车上加装一个皮卡车身，它的侧边板是固定的，尾部有一个下拉式后挡板。这可以在垂直方向上（而不是在车辆的四边方向上）提供一个稍微大一点的装载空间。

更常见的是侧卸式货车，顾名思义，装卸时车辆的侧面可以向下折翻。它们通常用于建筑行业，拥有车辆总重量从 3.5 吨到 36 吨不等的各种规格，可用于运输建筑材料或建筑设备（见图 8.16）。车辆的侧边通常是固定的，高度不超过 1 米，但有时侧卸式货车的侧边会高一些，并且呈网格结构，如用于回收废纸的车辆。另外一个应用对象是法律规定必须用开放式货车运输的货物，如丙烷气瓶（以防止爆炸性气体在封闭车辆内部积聚）。侧卸式货车比皮卡更灵活，而且如果可以选择，它几乎总是我的首选。

来源：福特汽车公司

**图 8.16　施工现场正在使用的福特全顺 3.5 吨带驾驶室的底盘车（配备了可侧卸的车身）**

　　另一种常见的开放式货车是翻斗卡车（见图 8.17）。它们多用于建筑业和农业，车身形状通常有利于倾倒卸载。它们运载货物（如建筑骨料和建筑弃土）的工作性质，即使退一步说也是艰巨的；它们的车身通常非常坚固，有利于开展这样的运载工作。重型翻斗卡车具有较高的侧边，可用于废金属等货物的运输。

来源：艾文建筑材料公司（Avon Materials Supplies）

**图 8.17　正在装载建筑骨料的翻斗卡车**

翻斗卡车通常有一个回卷篷盖，这主要是为了防止松散的石块从车辆上掉落并伤害他人，而非为了保护所装载的货物。为高价值货物（如粮食）设计的翻斗卡车一般会配备坚固的车顶，而且不会被视为开放式货车。

翻斗卡车后挡板可以是手动式的（在车身倾倒时通过重力打开）、电气式的或液压式的。运输粮食的翻斗卡车通常有一个专门设计的卸粮滑槽。

### 侧帘厢式货车和厢式货车

无论是安装在带驾驶室的底盘车上还是安装在拖挂卡车的拖车上，最常见的车体类型可能都是侧帘厢式货车（见图8.18），也被称为货运班车。

来源：登比运输公司（Denby Transport）

**图8.18 牵引车头和侧帘厢式货车（公路上很常见的车体类型）**

车帘通常是带聚氯乙烯涂层的聚酯纤维面料，被设计用来约束所装载的货物，因此，即便一个托盘在运输途中移动，它也不会给其他的道路使用者带来危险。车帘需要在车辆出发前张紧。在车体两侧前后通常各有一个带螺旋齿轮拉紧器的车帘杆头，底部有两个手柄，一个手柄用来拧紧，另一个手柄用来放松。车帘底部的带子用棘轮扯紧，并被固定在拖车地板下方边缘。

对没有经验的操作人员来说，一个有用的提醒是戴厚手套；拉动车帘时要使用腿部肌肉而不是背部肌肉，以减少背部受伤的风险；要收拢松散的捆绑带，防止它们在车辆行驶时拍打车帘。

显然，侧帘厢式货车的主要优点是车帘可以打开，便于从侧面装卸货物。这个过程需要时间，而且如果运送大量的小包裹，那么带有一个或多个侧帘的厢式货车在给定时间内能进行更多次的运送。尽管车辆总重量为 3.5 吨的侧帘厢式货车比同等规格的厢式货车更少见，但是如果运送的是数量虽少但通过车门很困难的货物，侧帘厢式货车就会很有用，花园长椅的供应商就是其用户之一。

对需要从车辆侧面装货或卸货的、数量较大的托盘化运输的货物和大而笨重的包裹来说，侧帘厢式货车都是标准的解决方案，无论其是刚性车辆还是拖挂车辆。

车辆侧帘的缺点是，从车辆后方装货时，它们有可能被叉车损坏，而且它们需要维护（例如，给螺旋齿轮加润滑油）。解决这些问题的一种方案是在侧帘内侧安装带托架的竖直杆来支撑木质栏板。移除和更换木质栏板以从侧面获取车辆所载货物是非常耗时的，如果需要频繁地进行侧面装卸，那么我不建议选择这个方案。不过，如果常常从车辆后方（或上方）装载货物，那么木质栏板可以提供有用的保护。有人捅开侧帘也许是为了看看货车里面有什么东西可偷，不巧的是，这样的情况确实会发生。

如果总是从车辆后方装卸货物，那么厢式货车可能是最佳解决方案（见图 8.19）。这是一辆挂车或刚性车辆，没有侧面出口，车门在车辆后方。金属侧面更加不易损坏、更加安全，而且无需维护。它们常被用于大型零售商在其自有仓库之间的货物中转（如果不需要进行侧面装卸）。

虽然大多数侧帘厢式货车和厢式货车都有一个坚固的车顶，但这显然会妨碍从车辆上方进行竖直方向的装载。一些产品必须以这种方式装卸，但又需要车辆封闭式的保护，大型柴油发动机可能就是一个例子。在这种情况下的解决方案之一是使用滑动式车顶，它既可以通过侧帘杆进行手动操控（见图 8.20），也可以通过安装一个电动机进行操控。

来源：五十铃卡车公司（英国） 摄影：奈杰尔·沃勒尔（Nigel Waller）
注：该货车是基于图 8.9 所示的带驾驶室的底盘车构建的。

**图 8.19 五十铃 N 系列 7.5 吨厢式货车**

来源：登比运输公司

**图 8.20 侧帘厢式货车上正在被打开的滑动式车顶（可从车辆上方装卸货物）**

### 高容积车辆

有些货物本身密度就很大，如水果罐头或托盘化运输的图书，因此车辆在达到其最大载荷时并没有用完所有可用的装载容量。然而，情况并非总是如此。除了足球之类明显的例子，一些需要打包的货物（如汽车车身面板和挂装服饰）的包装中有大量的剩余空间，因此一辆满载的拖挂卡车有可能出人意料地轻，而且车辆在达到最大载荷之前就已经达到了其最大装载容量。

解决这个问题的一种方案是建造高顶挂车。然而，大多数欧盟国家对此都有法律限制，例如，比利时、德国和意大利等国允许的最大车辆高度是 4 米；在英国，出于桥梁高度等原因，还有车辆高度限制。额外的空气阻力也会增加车辆的燃油消耗量。

另一种方案降低车辆的底盘高度，并相应地降低整个装载甲板的高度，所以有时我们会听到"低车桥技术"这个术语。其缺点是降低了有效载荷。例如，沃尔沃 FH16 可选的底盘高度为 0.85~1.2 米，但是前者的前轴最大轴荷仅为 7.5 吨，而后者为 10 吨。

因此，有些挂车采用阶梯式或鹅颈式设计。尽管挂车前部是常规高度，但其余部分的地板高度较低，挂车车轮的尺寸也相应地缩小。这个方案有时与可升降车顶结合使用，挂车车顶可升高约 30 厘米，并在装载后降低，以防止因为在挂车车顶上有支撑车帘的车帘盒而浪费空间。阶梯式挂车或任何使用缩小了尺寸的车轮的车辆的一个缺点是轮胎每千米必须转动更多的圈数。这会增加轮胎磨损，从而增加轮胎更换成本。同样重要的是，必须确保装载甲板高度与所有可能使用的装卸站台都是兼容的。

如果货物不可堆码，增加挂车内部容积的做法的用处就是有限的。这个问题可以通过使用双层（或多层）挂车来解决。多出的装载甲板可以是固定的，也可以折叠到侧面，还可以安装液压油缸，使其可以根据需要进行升降。一些公司使用的挂车同时包含阶梯式装载甲板和双层装载甲板，适用于用防滚架装载的货物或混合装载的托盘化货物。Palletline 公司使用的一种阶梯式挂车如图 8.21 所示。

来源：Palletline 公司

图 8.21　为提高空间利用率而附加装载甲板的阶梯式挂车

为了增加小型车辆的容量，有时会安装一个卢顿厢式货车的车身，包括驾驶室上方一个小型的附加部分，这种货车有时被用于在本地运送家具。在现实中，由于其体积小、位置尴尬，额外的空间很难被利用起来，而且很有可能从未（或极少）被使用过，因此我不建议使用这样的车辆，除非你已经确定了额外空间的用途。

### 骨架式挂车

我们经常在公路上看到海运集装箱，它们由牵引车从港口或铁路站点拖到卸货点。

集装箱由骨架式挂车来运载。这个名字源于这类挂车的早期形态，包括一个安装在底盘上的简易钢架（钢架尺寸与一个标准的 40 英尺集装箱相匹配）及有四个底角的扭锁（以确保集装箱被固定在挂车上）。更现代、更结实耐用的骨架式挂车现在仍在生产，可以满足 40 英尺集装箱的运输需求，但除此以外没有其他的尺寸。

这类挂车的一个问题是，如果需要运输一个 20 英尺集装箱，集装箱必须被放在挂车后部才能卸货。但是，这会导致所有的重量都由挂车后轴来负担，从而导致其轴重超出法定的轴重限制。

这个问题有两种解决办法。一种办法是使用滑动式骨架挂车。20 英尺集装箱在运输途中将被放置在挂车的中间部位，以便重量在车轴之间分布得更加均匀。到达卸货点时，驾驶员会操作一个液压机构将集装箱滑动到挂车后部进行卸载。

另一种办法是使用可分离式骨架挂车（见图 8.22）。20 英尺集装箱可以装载在挂车的前半部分或后半部分，到达卸货点时，驾驶员可以断开气动锁紧销，使挂车一分为二。然后，每个集装箱都可以单独卸载，如有必要，也可以分别在不同的地方卸载。这类挂车的灵活性显而易见。提醒一句，如果两个 20 英尺重载集装箱的总重量超过最大车辆总重量的法定限制，就无法通过这种方法进行合法的运输。

来源：丹尼森挂车公司（Dennison Trailers）

注：该型号可以一分为二，两个 20 英尺集装箱可以分别在不同的装卸站台卸载。

**图 8.22　分离式骨架挂车**

## 罐车

大家最熟悉的罐车是向加油站运送汽油或柴油的大型油罐拖挂车。当然，还有许多其他货物也是由罐车运输的，包括液体（见图8.23）和粉末（见图8.24）。具体的例子如下：

- 润滑油；
- 化学制品；
- 啤酒；
- 巧克力（熔融状态）；
- 盐；
- 动物饲料；

- 液化天然气；
- 牛奶；
- 红酒；
- 面粉；
- 糖；
- 污水和废水。

有些罐车只有一个舱室用于运输一种货物（如牛奶），有些罐车可能有多个舱室，如运输许多不同类型的润滑油的罐车。

即使是那些只有一个舱室的罐车，通常也带有隔板，以防止在制动或转弯时液体晃动，这有可能导致车辆不稳定（特别是当罐车仅部分装载时），这也是一个严重的安全隐患。

车辆卸载可以通过水泵或借助重力进行，在某些情况下还可以通过倾倒来辅助卸载。有些罐车是可计量的，因此运送数量可以具体到每滴，例如，有些罐车向许多不同的物业公司运送家用取暖燃油。

有些罐车是温控的，要么冷藏货物（如牛奶），要么加热货物（如熔融的巧克力）。

罐车清洗也很重要，而且必须使用排放软管之类的辅助设备。罐车运输对特定的产品类别有严格的规定，所以必须保存工作日志以确保可追溯性。就地清洗是最常用的内部清洗方法，简单来说，就是将设备放入罐中，向罐体内表面喷洒洗涤剂，然后清洗。

来源：艾贝物流公司（Abbey Logistics）

**图 8.23　用于运输食品级液体的罐车**

来源：艾贝物流公司

**图 8.24　用于运输粉末的罐车**

## 冷藏车

冷藏车在公路上运载着一些最有价值和最敏感的货物。一辆装满烟熏鲑鱼的冷藏车一般价值几千英镑，而一批药品的价值可以达到七位数。

考虑到这一点，保持冷链的完整性至关重要，这样才能使货物始终处于恒定的最佳温度。冷藏车会运载温度要求不同的货物，例如，针对超市的上门送货可能涉及在室温、冷藏和冷冻条件下存储的货物，而且单个药品可能有非常具体的要求。因此，设置不同温度的隔舱是一种普遍的做法。

提前计划也很重要。达到要求的温度不是一个瞬间就能完成的过程，必须及时启动装置以调整温度。现代技术通常支持这样的功能，并能够对温度进行远程监控。在装货区进行密封以防热空气进入系统是非常值得去做的，并且当货物必须暂时离开冷链时（例如，当将防滚架从冷藏车推到零售店的冷冻室时），应提供可用的劳动力转移货物，以免出现不当延误。

冷藏车需要隔热保温，而且法律允许额外增加车辆宽度，因此冷藏车最多可以加宽至 2.6 米。制冷装置显然需要电力来源，它可能是一台独立的柴油发动机，也可能是卡车上的主发动机的动力输出装置，在某些情况下还可能两者兼有。立式挂车可能需要外部电源，例如，多佛港有 130 个此类冷藏车的供电点。明智的做法是提前确认这些供电点是否可用。

无论是独立的柴油发动机还是动力输出装置，都会增加废气排放量。在某些城市，将废气排放量和夜间噪声水平保持在法定范围内都是需要解决的问题。

### 专用车辆

专用车辆用于运输特定的货物，而且有许多种变体。例如，汽车运输车可以用于运输 1 辆车，或者最多运输 12 辆车。其他的专业用途包括：运输现金、牲畜或垃圾；运送冰激凌或预拌砂浆等特殊商品；提供紧急服务（如消防车和救险车辆）。

# 装卸辅助设备

大多数车辆可以手动装卸，也可以在有叉车等独立设备的地方装卸。但是，如果情况不是这样，它们就需要携带合适的装卸辅助设备。

其中一种选择是携带叉车。它们通常是专门设计的紧凑型设备，可安置在车辆后部（见图 4.1）。对于偶尔的升降作业，可携带如图 4.2 所示的手动托盘车。

汽车等自行式物品可以通过坡道驶上运输车辆。装载的困难阶段往往是将物品从坡道上移动到车辆的主甲板上。在运输车辆上行驶过快的汽车有可能撞到甲板边缘，造成底部产生凹痕。如果进行了某些修理（例如，修补了一个小划痕，甚至换掉整个车门），汽车仍然可以作为新车出售；如果这种修理不适用于此类损坏，汽车就不能再作为新车出售。因此，事故的成本是很可观的，并非所有此类汽车都能被运输公司当作公司用车。叉车的离地间隙往往很小，因此装载时需要一个小角度的斜坡。

有些装载工作需要手动或电动托盘车的辅助，例如，把坏掉的汽车装上救援车，或把船从水里拖到挂车上。

### 升降尾板

如果你需要从车辆甲板上将重物（可能是托盘化的货物）卸到地面，升降尾板可能是最佳解决方案。开降尾板是一个可通过垂直液压柱塞或连接臂升高或降低的平台。

常见的升降尾板类型主要有立柱式、悬臂式和可收起式。立柱式升降尾板的名称来自连接在车辆后部两侧的立柱，柱塞在立柱上运行，该平台只能以与车辆成 90 度角的角度操作，这会给在非水平地面上的操作带来困难；而悬臂式升降尾板有一个铰链平台，可以从不同的角度操作，因此解决了上述问题，但使用该平台的成本更高。

顾名思义，可收起式升降尾板是指在不使用时可以收起并放在车辆下方的升降尾板（见图 8.25）。这种升降尾板是目前最流行的，因为当不需要时，它们几乎会被遗忘，并且当货车通过传统的装卸平台卸货时，它们也不会妨碍卸货。

有各种升降能力和平台尺寸不同的升降尾板可供选用。应该记住的是，重型升降尾板会对车辆有效载荷产生较大的影响。如果你需要卸载单个气瓶，那么载荷为 500 千克的开降尾板就够用了；对于重型托盘货物（可能是向农场运送的袋装肥料），载荷为 1 500 千克的升降尾板可能更加合适；而载荷为 3 000 千克的升降尾板几乎能满足所有的需求。

来源：Palletline 公司

**图 8.25　用于卸载托盘的可收起式升降尾板**

虽然大多数升降尾板只能将货物提升到车辆主甲板的高度，但双层挂车需要升降尾板才能将货物提升到上层甲板的高度。我们经常可以看到挂车携带着两层防滚架。出于安全考虑，我建议在此类车辆的平台边缘设置围栏。

操作人员正确使用升降尾板是很重要的。重型货物应该沿着靠近车辆的平台中心线放置，以免损坏升降尾板；如果货物重量分布不均匀（如电动托盘车），此类规定就显得尤为重要了。

## 车载起重机

另外一种装卸辅助设备是车载起重机（见图 8.26）。这种设备主要用于（但不限于）会使尾部提升操作困难的那些地形，而且车辆必须是敞篷的（如平板货车或侧卸式货车）。

需要使用车载起重机的行业包括建筑业、林业和一些更专业的行业，如便携式厕所租赁行业。

来源：埃迪斯图巴特物流公司

**图 8.26　安装在平板货车上的起重机（将被运送到建筑工地）**

车载起重机有各种型号。最简单的是手动操作的摆动式起重机，它使用杠杆操作液压泵。一台起重能力为 250 千克的入门级起重机只需花费几百英镑。从汽车电池获取电力的电动版起重机可以安装在厢式货车内部。紧急的汽车零件交付通常可以手动处理，偶尔包含发动机或变速箱的业务是使用起重机的一个典型场景。小型摆动式起重机往往重量轻（也许只有 20~25 千克），因此对车辆的有效载荷影响很小。有些型号被设计成易于拆卸的形式，因此可以在短时间内安装或拆除。

市面上还有一种可伸展超过 20 米或工作负载超过 30 吨的卡车式起重机，所有型号的起重机在加长臂长后起重能力都会减弱。其附件包括负荷传感器，安装该附件似乎是一个好主意。有些起重机只有一个挂钩，吊索或链条可以连接到挂钩上。一个常见的提升附件是侧向操作夹具，它可以通过夹紧货物（如托盘化堆码的煤渣砌块）的任意一侧来提升货物。此外，还有专门用来抓取原木或圆桶的附件及用于挖取沙子和砾石等材料的抓斗。

承载起重能力较强的起重机的车辆必须安装支腿，并且应该在启动起重机之前降低支腿，以确保起重机稳定地提升货物。当然，对起重机操作人员进行全面的培训是必不可少的。起重机在提升货物后未能完全降低，然后撞上矮桥，是一种较常见的事故。

### 自动化系统

你可以将输送机系统扩展到货车上。在采用先进技术的情况下，托盘可以通过辊式输送机直接装载到挂车上，不需要使用叉车或其他设备。显然，要想使用这样的系统，就要投入较多的资金。

最后，一些货车装有活动地板，用于卸载生物质颗粒等材料，这是一个高度专业化的解决方案。

---

### 结论

本章介绍了多种可选的车辆类型，我希望这些内容能帮助你针对具体的业务需求制定最佳解决方案。

后面的章节将介绍操作这些车辆的最佳方法。

---

# 第 9 章
# 异形大件货物运输

大多数货物可以如前一章所述使用普通货车来运输，但情况并非总是如此，有时货物实在是太大了，这种情况被称为异形大件货物运输（Abnormal Indivisible Load，AIL）。

英国法律认可这种运输方式，并准许以满足特殊要求为前提的 AIL。

在英国，AIL 的法律定义是"无法在合理的费用水平或在没有货物损坏风险的情况下分成两批或两批以上进行道路运输的货物运输方式，或者无法使用符合《英国道路车辆建造及使用条例》（Construction and Use Regulations）限制性规定的车辆来运载货物的运输方式"。

实际上，这意味着运载货物的车辆：

- 车辆总重量超过 44 吨；
- 或者驱动轴轴重超过 11.5 吨；
- 或者非驱动轴轴重超过 10 000 千克；
- 或者车宽超过 2.9 米；
- 或者车长超过 18.65 米。

异形大件货物包括风力发电机叶片、远洋游艇、船舶锅炉、移动式办公房、建筑工地的起重机等，所有这些货物都有可能超出上述货运车辆的预期运载能力。

应该注意的是，货物必须是不可拆分的，才能作为异形大件货物运输。运输一台 60 吨重的工程机械设备是合法的。将这件货物分成三块（每块的重量为 20 吨）运输有可能更便宜，但是根据法律规定，必须使用三辆不同的普通货车来分别运输它们。

话虽如此，如果货运车辆总是在相同的两个地点之间行驶而且车辆总重量不超过 80 吨，那么将工程装置及其附属设备装载到同一辆货车上运输是合法的，例如，从起重机上拆下来的可替换的提举装置，或者为了便于运输而从挖掘机上拆下来的铲斗。

# 《英国道路车辆建造及使用条例》中的异形大件货物运输

如果载货长度超出了普通货车的限定范围，但是只超出了一点儿，那么可以根据《英国道路车辆建造及使用条例》(为在公共道路上行驶的所有车辆制定的条例) 来运行车辆。例如，假设悬挂在拖车后面的一根无线电桅杆：

- 超出拖车车厢的长度小于 1 米，那么没有特别的要求；
- 超出拖车车厢的长度在 1 米以上 2 米以下，那么货物末端必须清晰可见；
- 超出拖车车厢的长度在 2 米和3.05 米之间，那么货物必须悬挂标志牌；
- 超出拖车车厢的长度在 3.05 米以上，那么必须携带一名乘务人员，并且必须通知警方。

乘务人员的职责是提醒驾驶员和其他人员注意任何可能发生的危险情况。实际上，其主要任务是在驾驶员操控车辆时予以引导和协助。

一个免费的网站，即异形货物运输电子服务系统 (Electronic Service Delivery for Abnormal Loads，ESDAL) 可以用来通知警方。旧有的填表申请方式仍然可以使用，但是效率较低，因此不推荐使用。ESDAL 包括一个自动路径规划系统，该系统可以为给定的异形货物运输计算出两点之间的最佳路径，识别出必须通知的政府部门及机构，用户只需单击鼠标即可完成这些工作。其他的付费软件 (如 Abhaulier) 也可以用于通知警方和相关政府部门及机构。

必须至少提前两个工作日通知警方 (星期一通知的货物在星期四之前不得运输)。

对于车辆总重量超过 44 吨的货物运输，除了警方，还必须通知其他政府部门及机构，包括英国铁路路网公司、英国运河和河流信托基金会、伦敦交通局等市政管理部门和道路桥梁所有者，并对道路桥梁设施支付损害赔偿金。如果车辆总重量超过 80 吨，那么必须提前 5 个工作日通知这些政府部门及机构。

# 特种运输一般法规

更大的货物适用一系列特殊的法律法规，它们被称为特种运输一般法规。这些法规包含在 1988 年《道路交通法》[①] 第 44 条和 2003 年《机动车辆（特殊类型授权）（通用）规则》[②] 中。

英国特种运输一般法规共有三种许可。

- 特种运输一般法规一类许可：车辆总重量不超过 50 吨。这在现实中很少见，因为车辆总重量超过 44 吨但不超过 50 吨的情况很少见。

- 特种运输一般法规二类许可：车辆总重量不超过 80 吨。

- 特种运输一般法规三类许可：车辆总重量不超过 150 吨。

这些货车需要使用专门的设备，必须安装一个标志牌，提示"特殊类型使用"及载荷和行驶速度的限值。牵引车头的发动机功率通常要比普通的牵引车头大得多，而且对车辆结构的很多方面（如行车制动器和驻车制动器）也有特殊的要求。使用的主要挂车类型包括：低平板挂车，其装载区域低于车轮上方平台的水平面（见图 9.1 和图 9.2）；半低平板挂车，其装载区域与车轮上方平台在同一个水平面上。实际上，很多用于此类运输作业的挂车都是可以调节的，其装载区域可以升高、降低或延展。

---

① 即 Road Traffic Act 1998。

② 即 Motor Vehicles (Authorization of Special Types)(General) Order for 2003。

来源：哈雷特·西尔伯曼公司（Hallett Silbermann）

注：该货车正在运输一台 70 吨重的履带式挖掘机。

**图 9.1 在特种运输一般法规三类许可下运营的低平板货车**

来源：哈雷特·西尔伯曼公司

注：装载的是起重机，牵引车头和挂车一共有 12 根车轴。

**图 9.2 在特种运输一般法规三类许可下运营的低平板货车**

运输时间通常也是有限制的。例如，在夏季周末，这类货车不能将货物运往英格兰西南部，伦敦警察厅也不允许这类货车在 7：00 和 10：00 之间及 16：30 和 19：00 之间在伦敦市内运输；超过 100 吨的所有货物运输都必须在 19：00 和次日 7：00 之间进行。这在实际操作中会产生问题，因为在重型设备被允许运输的时间段里，英国的施工计划许可限制规定有可能禁止该设备在现场进行施工作业。这会导致货运车辆长时间延误，而且在某些情况下需要两名驾驶员以遵守驾驶员工作时间的有关规定。显然，上述每一项限制都会产生成本。

如果需要警察或私人保安护送，还会产生额外的费用。虽然有货运指南，但是每个警察机关都可以制定自己的规则，规定何时需要护送（或何时不需要护送）。如果需要临时封路，也可能需要支付费用。近年来，承运人已经支付了 2 800 英镑的临时封路费用，该费用用于在伦敦的哈默史密斯地区封闭一条当地道路 15 分钟，从而允许货运车辆在该地区单向行驶的道路上继续逆向行驶。此外，还需要为超常规的重型货运对道路或桥梁可能造成的损害支付赔偿金。

在发生交通事故的情况下，还会进一步产生运营问题，例如，发生事故后需要关闭高速公路。货车只能装载着货物沿着已授权的路线行驶。假设其他道路设置了临时绕行路段，即使它是由警方设置的，货运车辆按照该绕行路段行驶也是违法的。

准确地通报货运细节信息极其重要，因为货运授权信息非常具体。通报的车辆总重量是 90 吨但实际上是 92 吨的货运车辆将被视为超重 48 吨（与 44 吨的限重相比）。2017 年，针对这种情况的罚款共计 36 万英镑。例如，托运人没有考虑附属设备（如已经安装到机械设备上的卷扬机），或者瞒报车辆总重量和规格以期获得更低的货运价格（更加糟糕的错误），都会造成极其严重的后果。

车辆总重量超过 150 吨、载货长度超过 30 米或载货宽度超过 6.1 米的超大型货物运输需要申请特别法令。虽然无法保证一定获得批准，但应当至少提前 10 周通报。

最后，在英国，对于载货高度没有明确的限制，也没有关于通报此类货物运输的任何要求（除非在其他方面是非常规的），但是通报有关各方总是明智的做法。然而，在实际运输中，运载货物的车辆必须能在桥下安全通过，高速公路上的桥梁高度通常最低为 4.85 米，往往不会超过 4.95 米。

A PRACTICAL GUIDE TO LOGISTICS

An Introduction to Transport,
Warehousing, Trade and Distribution

# 第 10 章
# 车辆运营：各项成本及如何降低成本

通过阅读本章，你可以清楚地了解到，货运车辆的运营成本并不低，至少肯定不像很多没有跟运输行业打过交道的人所认为的那么低。我们经常听到客户这样说："你是在用自己的车辆送货。既然你已经拥有那辆车了，你给我们送货就不会花什么钱。"如果你正在考虑运营自有车辆，无论它是一辆厢式货车还是一支拖挂卡车车队，了解成本都是很重要的。即使你正在使用第三方物流公司的服务，弄清楚其成本报价是否符合实际也是很有用的。

本章将首先介绍车辆运营总成本的构成及各项成本要素，然后将更加详细地介绍每个成本要素，并就如何降低成本提供建议。

# 总成本

《汽车运输》（*Motor Transport*）是公路运输行业的一流期刊，每年都会发布不同类型的车辆的成本明细表。表 10.1 列出了四种车型的成本明细（2018 年）。

表 10.1　车辆运营成本

| 对比项目 | | 车辆总重量为 3.5 吨的厢式货车 | 车辆总重量为 7.5 吨的刚性卡车 | 车辆总重量为 18 吨的刚性卡车 | 车辆总重量为 44 吨的拖挂卡车（6×2，三联轴） |
|---|---|---|---|---|---|
| 车辆成本 | | 22 666 英镑 | 43 274 英镑 | 64 690 英镑 | 100 738 英镑 |
| 残值 | | 4 043 英镑 | 7 017 英镑 | 10 485 英镑 | 14 123 英镑 |
| 固定成本 | 折旧（年限） | 3 725 英镑（5 年） | 7 251 英镑（5 年） | 10 895 英镑（5 年） | 11 315 英镑（牵引车头 7 年，挂车 12 年） |
| | 财务成本 | 653 英镑 | 1 190 英镑 | 1 778 英镑 | 5 893 英镑 |
| | 保险 | 1 565 英镑 | 1 746 英镑 | 2 216 英镑 | 3 819 英镑 |
| | 车辆税 | 140 英镑 | 165 英镑 | 650 英镑 | 1 850 英镑 |
| | 司机工资 | 24 433 英镑 | 28 876 英镑 | 31 366 英镑 | 35 304 英镑 |
| | 建账成本 / 间接成本 | 5 233 英镑 | 7 299 英镑 | 14 229 英镑 | 23 787 英镑 |

（续表）

| 对比项目 | | 车辆总重量为3.5吨的厢式货车 | 车辆总重量为7.5吨的刚性卡车 | 车辆总重量为18吨的刚性卡车 | 车辆总重量为44吨的拖挂卡车（6×2，三联轴） |
|---|---|---|---|---|---|
| 固定成本 | 利润扣除（5%） | 1 787 英镑 | 2 326 英镑 | 3 057 英镑 | 4 098 英镑 |
| | 每年的固定总成本 | 37 536 英镑 | 48 853 英镑 | 64 191 英镑 | 86 066 英镑 |
| 变动成本（每100千米） | 燃油（每升燃料行驶千米数） | 9.76 英镑（9.9 千米/升） | 16.16 英镑（6 千米/升） | 21.13 英镑（4.6 千米/升） | 32.31 英镑（3 千米/升） |
| | 尾气处理液 | — | 0.22 英镑 | 0.30 英镑 | 0.45 英镑 |
| | 轮胎 | 0.86 英镑 | 1.39 英镑 | 1.65 英镑 | 3.34 英镑 |
| | 车辆维护、修理 | 3.00 英镑 | 4.47 英镑 | 4.79 英镑 | 7.15 英镑 |
| | 利润扣除（5%） | 0.68 英镑 | 1.11 英镑 | 1.39 英镑 | 2.17 英镑 |
| | 变动总成本 | 14.30 英镑 | 23.35 英镑 | 29.26 英镑 | 45.42 英镑 |
| 年度总成本（行驶里程） | | 44 400 英镑（4.8 万千米） | 63 797 英镑（6.4 万千米） | 87 599 英镑（8 万千米） | 130 123 英镑（9.7 万千米） |

注：（1）折旧期限是指车辆的资产价值从其初始成本下降至残值的预计年限。

（2）折旧按直线法计提，即每年计提相同的折旧额。

（3）车辆油耗以使用1升燃油行驶的千米数来衡量，例如，假定厢式货车每行驶9.9千米消耗1升的燃油。

这些都是具有代表性的数字，具体的情况当然会有所不同。例如，司机的工资会因地理区域而异。如果你正在考虑建立公司自营的运输业务，那么我建议你先自行计算成本，你可以使用表10.1的表头，但要填入自己的数字。

通过表10.1可以看到，一辆拖挂卡车的年度总运营成本接近13万英镑，相当于每个工作日的运营成本超过500英镑。因此，不应当轻率地做出是否开始运营自有车辆的决策。

第8章介绍了车辆的型号和规格，这将在很大程度上决定了车辆的购买价格。除了一个明显的商业观点，也没有什么可多说的了：经常购买货车的大买家可以获得较低的价格。比较不同销售来源的报价总是值得的，而且如果你只购买一辆货车，那么你有可能足够幸运地碰到一个好价钱，这也许是因为别处的一笔订单被取消了。

本书的后续章节将讨论车辆保险。本章将更加详细地介绍影响车辆总成本的其他重要因素。

# 残值和折旧

在选择车辆类型时，应当考虑其对车辆残值的影响。例如，驾驶室带卧铺的车型比只带日间驾驶室的车型能更好地保值。但是，升级车辆驾驶室内的娱乐设施对二手卡车的市场价值的影响可能很小。

购买二手卡车当然是一个可选方案。然而，对没有经验的买家来说，这是充满危险的，因为很难知道一辆卡车在其整个使用期限内是否得到了良好的维护，或者车辆是否达到了满足法律要求的最低条件，以及车辆是否为了出售进行过翻新。

辨别划算的交易既是一门艺术，也是一门科学。如果你的企业拥有这样的专长，那么请利用好这一点；如果没有这样的专长，那么我会建议你在决定购买之前先花钱对车辆进行独立的检查。更好的办法是，尽量把你的购买合同包含在一个延长的保障服务合同中，以防发生重大的计划外支出。

在表 10.1 中，车辆折旧被假定是按直线法计提的。在确定一个计划采购项目的可行性时，我通常建议使用这种折旧方法，以便在车辆的预计使用期限内对项目进行成本核算。然而，这并不能反映车辆的实际价值。公司的会计政策有可能规定使用年数总和法，这将加大车辆在使用期限的早期阶段的折旧额。如果需要比预期更早地出售车辆，这将更好地反映车辆在任何给定时间点的价值。当然，还有其他的会计惯例，你应当在这个折旧过程的早期阶段去咨询公司的会计或财务总监。

# 车辆成本

英国大约3/4的卡车采购都涉及某种类型的信贷资金。其余的大部分卡车则是由卡车租赁公司之类的企业购买的，因此很少有卡车是由公司用户使用现金直接购买的。其主要原因是，很少有公司有如此充裕的现金，以至于可以在一支由10辆拖挂卡车组成的车队上花费100万英镑，而且那些资金充裕的公司往往会发现他们可以在其他地方获得更高的投资回报。购买运输场地的永久产权可能是比购买停放在其中的车辆更好的一项长期投资。

此外，如果你只购买少量的货运车辆，也许只买一辆，那么对制造商来说，你的购买力并不强。通过一家大型汽车租赁公司购买车辆并利用其购买力所带来的收益有可能超过通过中间商购买车辆所带来的收益。

与此相反，小型企业应当了解从年度投资补贴和二级投资补贴等资本补贴政策中可以获得的税费优惠。前者允许小型企业用每个纳税年度里25 000英镑的资本投资进行税额抵扣，后者允许小型企业用每年未涵盖在年度投资补贴额度中的资本投资中的18%进行税额抵扣。如果你的企业是一家想要建立一支小型车队的小型企业，也许只有一辆厢式货车，那么这些补贴会让使用现金直接购买车辆变得更有吸引力。

## 短期市场租用

在另外一种极端情况下，车辆可以按月、按周甚至按天进行短期租用，甚至大型运营商也有可能时不时地这样做。应当记住，即使只租用车辆总重量超过3.5吨的货运车辆1天，你仍然需要持有运营许可证。这种租用方式的主要优点是无须承诺，可以在租期结束时归还车辆而不产生罚金（除非车辆损坏）。车辆的维修和保养仍由租赁公司负责。你通常可以预付租金，这就避免了进行企业信用调查，这对新公司来说很有利。其缺点当然是成本较高，这是获得车辆的最昂贵的方式。此外，在繁忙时节也很难获得车辆。任何曾经在圣诞节前数周内尝试从市场上短期租用拖挂卡车的人都会告诉你，这绝非易事。

在市场上短期租用车辆时，一定要在接收车辆时仔细检查，并且报告发现的车辆损坏情况。在退回车辆时要确保车辆在交接前经过检查。有一些无良的车辆租赁公司试图就同一个车辆维修项目向一系列客户收取"修理"费用。

### 长期协议：一般性意见

如果你想签一份长期协议，就需要进行企业信用调查。租赁公司当然地想要确保你在整个协议期限内有能力支付款项，而且在某些情况下，你还需要提供担保。这对一家新公司来说可能是一个问题。

从你的角度来看，寻求保障以免被提供一辆有故障的车辆也是合乎情理的。当与提供长期保修服务的大型制造商打交道时，这不太可能是一个问题。然而，也会发生这样的情况：一家小型的独立经销商提供一辆二手车，甚至当时可能也有保修单，然后它就停止营业了，只留下一文不值的保修单。维修资金是由一家独立的金融机构提供的，即使车辆有很多毛病，以至于修理起来很不划算，金融机构也会坚持向对方全额付款。

一份财务协议中包含"我们在选择车辆方面不扮演任何角色，因此我们对其适用性不承担任何责任"之类的措辞就是一个警示信号。如果你没有从其他地方得到保障，就不要签约。

当车辆因为故障或事故抛锚时，更换车辆通常是一个可选方案。协议可以规定在使用时可以免费更换车辆（不过，基础价格仍然会反映这一点），或者按短期市场租赁价格酌情收费。车辆租赁公司通常会设定好价格，使得无论选择哪种方案，总成本都非常接近，因此选择哪种方案在很大程度上取决于个人偏好。

该协议很有可能包含一个最大行驶里程数，例如，也许是 3 年内每年 8 万千米。任何超额的行驶里程都将按照预先商定好的标准进行收费。如果有可能，最好在一起租用几辆车时商定一个整体的行驶里程数，这样一辆车的超额行驶里程数可以被另一辆车不足的行驶里程数所抵消，这样可以避免为了规避费用而来回切换车辆。

协议可能还会规定，在协议到期时，车辆应当毫无损伤地退回，但合理的磨损是可以接受的。英国车辆租赁协会对"合理的磨损"的定义如下。

合理的磨损是指在正常使用车辆时导致的车辆损伤。不得将其与撞击、不恰当的货物装载、粗暴使用、过失行为或疏忽大意之类的特定事件或一系列事件所造成的车辆损坏相混淆。

英国车辆租赁协会还发布了更加以详细的标准。你可以从租赁公司获得一份副本，你也可以通过该协会的网站购买一份副本。必要时，该协会提供仲裁服务，但这项服务显然是有偿的。明智的做法是确保没有丢失备用钥匙或保养记录之类的物品，提前修复车辆的轻微损伤。你如果在合同期开始时或合同履行期间为车辆增加了涂色或附件，就应该在当时与车辆租赁公司商定是否对其拆除收取费用。

最后，在返还车辆前应清洁车辆的内外部。这不仅有助于获得车辆检查员的认可，而且可以避免因使用专业的车辆清洗服务而产生的超高费用。

## 合同租用

短期租用与合同租用的主要区别在于合同租用需要一个最短的租用期承诺，通常为 1~5 年（有些人使用 364 天的租用期，因为 1 年及以上的租用期需要董事会批准，我强烈反对这种规避程序的做法）。机械维修仍由车辆租赁公司负责，这对希望规避风险的企业来说很有吸引力。较长期的租用承诺相较于短期租用可以节约一定的成本，但是提前终止合同的罚金数额可能也是巨大的。

## 经营性租赁

与合同租用一样，经营性租赁也会有一个最短租赁期限的条款，通常也是 1~5 年。不同之处在于，你要自行承担车辆保养和机械维修的责任，尽管你可以与另外一家企业签订协议，让其提供这些服务。在合同期满时，车辆被归还给车辆租赁公司，而对车辆的未来处置，包括车辆可能达不到预期残值的风险，就由车辆租赁公司来承担了。

## 租购及替代方案

大多数人都很熟悉租购，即先支付定金，也许是 10%，然后在一定年限里定期付款，以支付卡车的全部成本和利息。你可以申请资本补贴进行税额抵扣。在合同期满时支付一小笔管理费，卡车就归你了。

融资性租赁与此类似，只是你没有获得车辆的合法所有权。在租期结束时，你可以出售车辆并保留大部分所得收益（通常为 95%），或者将租期延长，进行二次租赁，只需每月象征性地付款。由于你永远不会拥有车辆所有权，因此租赁公司可以申请资本补贴进行税额抵扣，而这将导致每月的费用会比租购的费用低一些。

如果签的是合同采购协议，那么每月的付款额小于租购的付款额，但最后必须支付等同于车辆预期残值的款项才能获得车辆的所有权。此时，将车辆归还给租赁公司是一个可选方案，你可以根据车辆当时的市场价值与预期残值的高低来做出决定。

所有这些租赁方式都必须反映在公司的资产负债表中，而且资产和负债都需要显示出来。如果你不希望租赁车辆出现在资产负债表中，例如，你认为这样做可以使获得新贷款变得更容易，那么经营性租赁会是一个更好的选择。

# 道路税

英国的道路税（又称车辆消费税）的规则近年来变得越来越复杂。其基本目标是设定能够反映出车辆危害道路和环境的程度的税率，以使得对道路和环境危害最严重的车辆支付最高的税费。车辆总重量越大，其税费越高，但如果车辆有更多的车轴、道路友好型悬架及更低的排放量，其支付的税费就有可能减少。车辆总重量超过 12 吨的车辆需要缴纳税款，那些进入英国的外国注册车辆也需要缴纳税款。总的来说，这带来了一个高度复杂的税费制度。戴维·劳（David Lowe）和克莱夫·皮金（Clive Pidgeon）在他们的书中提供了超过 15 页的综合性表格，我的建议是确定你正在考虑使用的具体车辆的税率水平，并在决策时考虑这个因素。

如果你确定你不会按照原始的车辆总重量来运营，那么你可以自愿降低车辆总重量。你可以在当地的货车检测站完成变更，还需要向位于斯旺西的驾驶员和车辆证照管理局（Driver and Vehicle Licensing Agency，DVLA）发送一份变更申报表。变更费用是 27 英镑或 40 英镑。将刚性卡车的车辆总重量从 18 吨降低到 12 吨之后，每年的道路税将从 650 英镑减少到 200 英镑。

# 司机工资

这是一个如果你不愿支付合理的费用就很有可能适得其反的成本要素。多年来，英国一直缺少司机。英国交通部 2015 年的一项调查结果显示，大约有 45 000 个司机职位空缺，但是申请求职者津贴的司机不到 1 200 人。司机的平均年龄为 48 岁，这些劳动力逐渐变老、退休，但是没有足够的年轻人加入这个行业来顶替他们，因此这个问题很有可能继续恶化。其原因有很多，包括恶劣的工作条件、负面的公众形象及想与爱人和孩子一起待在家里消磨时间而不是孤独地睡在货车驾驶室里的正常愿望等。

如果你想招聘到优秀的司机，你就需要支付有市场竞争力的工资。这一点尤其重要，特别是在以下情形中：你需要推行令人讨厌的轮班模式以满足客户的需求，例如，从凌晨 3 点开始工作以满足早上 6 点交货的要求；你所在的区域对重载卡车司机和长途汽车司机有很大的需求量，如在希思罗机场周边区域；司机需要具备专业技能。最后这一点是汽车运输车司机和罐车司机历来工资较高的原因。

在计算这项成本时，必须包括国民保险税和养老金，以及年假工资和病假工资。年假可以在某种程度上加以管理，例如，公司可以规定必须在公司没有那么忙的时候（如工厂停产期或在圣诞节和元旦之间的这段时间）休部分年假，禁止在公司特别忙的时候休假，或者只奖励整周休假（而不是按天零散休假）的员工。管理因病缺勤的员工更加困难，但同样重要，而且由于频繁的人员流动而造成经常性的岗位空缺是最不理想的情况。

对一支大型车队来说，雇用备用司机并使其在必要时接手车辆驾驶可能是可行的。然而，很少有运输业务能够避免在某些时候不使用中介机构的临时司机。这些司机中的一些人是自愿成为中介机构的临时司机的。他们可能很享受各种不同的工作所带来的多样性，或者已经处于半退休的状态，不需要每周都去工作。然而，其中的一些人是没有经验的新手，甚至是因为各种原因而无法保住一份固定工作的人。在繁忙的时节，可能只有后面的这批人是可用的；在非常忙的时候，你可能在短期内找不到任何可用的临时司机。临时司机对你的特定需求不那么熟悉，你也不能指望他们对你的品牌充满热情。贬损所有的中介机构的临时司机肯定是不公平的，我也不希望造成不恰当的冒犯，但我自己的经验是，他们的表现通常没有那么好，而且据传他们有可能造成车辆损坏，导致交货延迟，或给客户留下不好的印象。因此，我建议你与某家特定的中介机构建立强有力的合作关系，并与其保持密切的联系，以评价哪位驾驶员表现最佳。通过对自有司机进行适当管理并保持适当的人员平衡（例如，善待司机又不容忍松懈）来最大限度地减少对中介机构的劳动力的使用，这对看重经济性的运输业务来说是至关重要的。

## 建账成本、间接费用和利润扣除

对于一项小型的业务，在某些情况下仅仅是运营一辆厢式货车，成本增量是极小的。获得一辆厢式货车，雇用一个司机，对他们进行管理不需要任何额外的资源。像仓库主管这样的管理人员可以在履行其他职责的同时承担直线管理的责任，而且人事部门几乎不会注意到一位新增员工所带来的影响。

然而，到了某些时候，就需要额外的管理资源。企业可能需要聘用一位具备使车队和司机达到最佳工作效果的管理技能及经验的运输主管，可能还需要一间驾驶员休息室和一间运输管理办公室，公司账户将需要处理更多的付款发票及支付额外的工资，这会占用高级管理人员的工作时间，而且额外的电话费和电费有可能非常难以量化。像运营许可证、司机制服和行车记录仪分析之类的成本可能也都是不可避免的。

在这种情况下，我的建议是实事求是地看待每一项成本。如果管理司机需要花费一位管理人员 1/4 的工作时间，那么这项费用的 1/4 应该计到该管理人员身上，以此类推。杂项费用应当单独核算，并在以后的预算中照此计算成本。对于这个成本类别，并没有恰当的答案，你必须尽可能做出最好的成本估算。

最后，值得注意的是，《汽车运输》提供的成本明细包括 5% 的利润。每家企业都必须获得利润才能生存，而运输业务至少应该为此做出一些贡献。

# 燃油采购

燃油采购成本是所有运输业务中最重要的成本之一。在英国，对一辆车辆总重量为 44 吨的拖挂卡车来说，燃油采购成本大约是 32.5 便士/千米，或者说每年的成本超过 4 万英镑（按每年行驶约 13 万千米计算）。

每升燃油只节省几便士的采购成本，就可以在一年中产生巨大的成本差异。即使你在运营数量很少的小型厢式货车，在加油站加油并报销费用的传统方式也会鼓励驾驶员在家附近的高价加油站或会员积分最高的加油站加油。此外，管理成本也相当可观。因此，我建议实行大宗燃油采购或加油卡制度。

大多数大型的燃油供应商、一些制造商和独立的机构都提供加油卡计划。对于小型车队，我建议将公司汽车的燃油采购与厢式货车和卡车的燃油采购结合起来以获得规模经济；对于非常小的采购数量，一些加油卡供应商基于其加油卡的使用特权，实际上收取的费用要高于加油站的价格。此外，虽然由几千个站点构成的加油网络听起来有可能令人印象深刻，但是在该网络中很可能存在间隙，如果一个间隙正好靠近你的主要加油点，或者附近仅有的加油点顶棚较低，无法容纳你的车辆，这就会成为一个问题。很多企业还提供仅限英国境内使用或全欧洲通用的加油卡。

安全也是一个需要考虑的因素。所有的加油卡都应该有个人识别码保护，我建议将每张加油卡的使用具体限制到每辆车上，因为使用公司的加油卡给家人的私家车加油的事情并不少见。一些加油卡供应商会对疑似滥用加油卡的行为向公司发出提醒，这是一个好办法。

简言之，我建议你货比三家，为你的特定业务选择最好的加油卡。

对大型车队来说，明智的做法是进行大宗燃油采购，这样做将节省数额巨大的成本。这些燃油可能来自一家大型石油公司或专业的燃油批发商。采购的燃油既可以运送到你的运营中心的油罐里，也可以运送到一个燃油库网络中。如果前者还没有建成，那么你当然需要投入大量的资金，我建议建立严格的用油监控制度以防滥用。可计量的燃油运送量一般为 10 000~37 000 升，但从成本角度来看，满载运输更为合适。

燃油库网络的运营方式与银行非常相似。燃油供应商有可能向位于伯明翰的一个燃油库站点满载交付一批燃油，然后将其出售给你。你的车辆在第二天可以从位于格拉斯哥的一个站点使用燃油库网络的加油卡提取 250 升燃油。当燃油库存被英国各地的站点提取完毕之后，新的一批燃油将进入某个燃油库站点。

大宗燃油采购有很多种定价机制。我个人的偏好是将独立指数作为定价基础，如鹿特丹普氏燃油价格指数，它监测了燃油批发价格的市场波动情况。一个商定好的燃油价格公式可能是，一周的燃油价格将根据前一个周五中午的普氏燃油中点价（按英国《金融时报》公布的汇率，将美元换算成英镑）加上英国燃油税，再加上每升若干便士计算得出。这种定价机制为各方提供了价格透明度。其他人可能更喜欢使用燃油现货价格，或者预先约定一段时期内的燃油价格，或者只在指数涨跌幅度达到预定值时才触发燃油价格调整。同样，你需要为你的特定业务选择最佳的燃油定价机制。

# 节约燃油

在以最便宜的价格购买燃油之后，下一个挑战就是尽可能少地使用燃油。常识表明，无论是从企业的盈利能力还是从环境保护的角度来看，这都是一种很好的做法。这并不是一门精密的科学，因为其中有很多变数，即使是冬季和夏季的天气差异，也会导致 10% 的燃料消耗量变化。话虽如此，我们还是可以采取一些措施来显著地改善燃油的经济性。

第一步是确定合适的车辆。第 8 章对此进行了充分的讨论，但在此重申一点，大型车辆比小型车辆消耗更多的燃油，选择一辆超出需要的更大的车辆会产生不必要的费用。同样值得记住的是，高顶挂车的燃油消耗量较高，但安装气动管理系统和可升降车轴可以减少燃油消耗量。此外，轮胎也很重要。低滚动阻力轮胎可以在长途运输中带来最高可达 6% 的经济性的改善，而且应当避免宽轮胎的无谓使用。

第二步是对车辆进行适当的调整和保养。未将轮胎充气至推荐胎压会增加燃油消耗量，轮胎过度充气虽然可以略微地减少燃油消耗量，但会加剧轮胎磨损，而且很有可能被证明是错误的节约行为。车顶安装的空气导流板也可能需要根据挂车高度进行调整，挂车前部的潮汐状痕迹可能是空气导流板设置过低的一个信号。同样，滑动式牵引鞍座的一个优点是它可以进行调节，以使牵引车头和挂车之间的间隙尽可能地小。当然，留心轴重也很重要。

车身破损和挂车车帘撕裂会增大气动阻力，因此应当尽快修复。车辆带着敞开式车帘行驶时，气动阻力会非常明显（也会将挂车内部暴露在灰尘和雨水中）。事实上，适当地覆盖一辆空载翻斗卡车的车身可以在 90 千米 / 小时的速度下提高 8% 的燃油经济性。车帘应当适度张紧；打包带和带扣不得随风飘荡；应当避免安装汽笛、顶灯、旗帜和其他干扰空气流动的装置；不需要时应当拆除车顶行李架。

对车辆进行正确的保养和维护是显而易见的合理建议。刹车卡滞、车轮错位、燃油滤清器肮脏、管路渗漏和排气管冒黑烟都是车辆吝于保养而有可能造成的一些后果。不保养或很少对车辆进行正确的保养可能违反了运营许可的相关要求，而且有可能是一种错误的节约行为。司机在驾驶车辆前应当进行每日例行检查，无论发现任何问题都应立即报告并及时纠正，而且要避免司机认为这样做毫无意义。

司机的驾驶风格对燃油经济性也有非常大的影响。许多企业发现，把他们的司机送去参加关于节约燃油的课程是很有好处的。通常来说，有经验的司机不太喜欢去上课，甚至会觉得自己被这样的做法羞辱了，但是很少有人没能从这样的课程中或多或少地受益。此外，我建议监控每位司机的总体表现。虽然由于工作模式各不相同（如高速公路驾驶和城市道路驾驶），我们不能期望所有的司机都使车辆达到相同的平均油耗水平（使用 1 升燃油行驶的平均千米数），但是这样做可以揭示一些意料之外的显著差异，并对其进行相应的处理。

不良的驾驶习惯包括：发动机转速过高（尤其是在驻车时未使用怠速）；使用错误的挡位；猛踩油门加速；未能预见需要停车，导致猛踩刹车制动。良好的驾驶习惯包括：始终保持正确的挡位（尤其是在低速时）；留意转速表刻度盘，确保发动机转速保持在效率最高的绿色区域内；使用巡航控制系统；驻车时使发动机停止运行；正确使用排气制动系统和其他系统。

最后，节约燃油的一种十分简单的办法是开慢一点，而且一些企业会通过调整车辆上的限速器（或在没有法律要求的情况下安装限速器）来强制实施限速。戴维·劳和克莱夫·皮金引用了一项研究结果，他们发现，在高速公路上拖挂卡车以 64 千米 / 小时的速度行驶要比以 80 千米 / 小时的速度行驶节省约 20% 的燃油，消耗量是 3.7 千米 / 升，而不是 2.8 千米 / 升。不过，这也会减少 20% 的行驶里程，相应地增加了每千米的固定成本，包括车辆折旧费和司机工资等。根据表 10.1 中车辆总重量为 44 吨的由 6×2 牵引车头和三联轴拖车组成的拖挂卡车的成本数据，假定车辆每年行驶 50 周，每周行驶 45 小时，每千米的总成本如表 10.2 所示。

表 10.2 速度分别为 64 千米 / 小时和 80 千米 / 小时时的每千米总成本

| 对比项目 | 速度为 64 千米 / 小时 | 速度为 80 千米 / 小时 |
| --- | --- | --- |
| 固定成本（每年） | 86 066 英镑 | 86 066 英镑 |
| 每小时固定成本 | 38.25 英镑 | 38.25 英镑 |
| 每千米固定成本 | 0.60 英镑 | 0.48 英镑 |
| 每升燃油成本 | 0.97 英镑 | |
| 每升行驶千米数（每千米燃油成本） | 3.69 千米（0.26 英镑） | 2.78 千米（0.35 英镑） |

（续表）

| 对比项目 | 速度为 64 千米 / 小时 | 速度为 80 千米 / 小时 |
|---|---|---|
| 每升尾气处理液成本 | 0.34 英镑 | |
| 每千米车辆维护、轮胎成本 | 0.11 英镑 | 0.11 英镑 |
| 每千米总成本 | 0.97 英镑 | 0.94 英镑 |

从这个例子中，我们可以看出，即使乐观地假设车辆每周行驶 45 小时，因行驶速度较慢而导致生产率下降所带来的损失也超过了节约燃油所带来的好处。如果司机因交通拥堵而耽搁，并且无法追回损失的时间，就会因延迟交货而产生商业影响。从纯粹的财务角度来说，我并不赞成降速行驶这个方案，我建议把让司机接受良好的培训作为改善燃油经济性的更好的方法。

# 轮胎

对普通司机来说，一次性换上一套新轮胎的情况是很少见的，除了是一件麻烦事和一项不受欢迎的成本，它实际上很少受到额外的关注。然而，对商用车辆来说，轮胎成本是巨大的。对一辆拖挂卡车来说，轮胎磨损相当于每千米花费约 3.36 便士；对一辆总质量为 32 吨的翻斗卡车来说，轮胎磨损相当于每千米花费 4.84 便士。如果车辆是两班倒的，那么这意味着每年将花费超过 5 000 英镑。

为了尽量减少轮胎磨损，最重要的一点是保持合适的轮胎压力。过度充气会导致轮胎中间区域过度磨损，而充气不足会导致轮胎外侧区域过度磨损。过度磨损也可能是由糟糕的车辆保养造成的，车轮错位、车轮平衡不良和悬挂系统故障都会造成损失。最后，违章和野蛮驾驶也会增加轮胎磨损。要尽量避免猛加速、急刹车和高速过弯，这些行为不仅会增加轮胎成本，还会增加燃油成本，而且在很多情况下还会造成车辆事故。

关于购买轮胎，我建议选择有信誉的品牌。你当然能以比一线品牌轮胎便宜得多的价格购买廉价轮胎，但这些轮胎往往并不是按照与一线品牌相同的标准制造的，磨损也会更加严重。这样的廉价轮胎对只用于场地调车的车辆，或者一辆从不离开城镇、每年只以低速行驶几千千米的厢式货车来说，可能够用了。然而，对频繁在高速公路上行驶的重要商用车辆来说，质量良好的轮胎是必不可少的。

最后，明智的做法是确保你有一个关于车辆紧急道路服务的恰当的应急计划。你通常需要在一家大型轮胎安装公司开设一个账户，以便在需要时及时得到帮助。如果车辆在正常工作时间以外的时间里在高速公路上爆胎，就需要快速地更换轮胎，以免延迟交货。然而，众所周知，在紧急情况发生之前，这个问题一直会被忽视，其结果往往是司机不顾一切地四处打电话安排使用个人信用卡付款。这是当时唯一可用的方法，但这种情况是绝对要避免的。

# 车辆维护

在过去，车辆维护是一件简单的事情。一位经验丰富的机械师能够发现车辆的问题，并在必要时使用基本工具和检修坑来安装备用零件，而且许多小型运输公司都有自己的维修车间。然而，现在的情况并非如此。卡车（实际上还有轿车和厢式货车）有成熟的发动机管理系统，车辆故障识别是由专门的诊断设备完成的。操作人员仍然可以自行维护车辆，但是建立一个维修车间需要在设备和具备必要的专业技能的劳动力方面进行大量的投资。因此，我不建议没有经验的操作人员选择自行维护车辆这个方案。

每辆新车都有制造商提供的保修期，你通常可以在合理的成本下延长保修期。你一定要确保这可以带来足够的行驶里程以满足商业用途，而且你要仔细阅读延保服务协议上的小字，意料之外的免责条款有可能出现在第9页（总共15页）下方的三分之二处。

我建议在购买车辆的同时与供应商签订一份服务合同，该合同应规定供应商提供的服务包括车辆的日常保养和保修范围以外的所有机械维修。在其他所有因素都相同的情况下，我建议同时购买车辆、车辆保修服务和车辆保养服务，这些通常是合同租赁协议自带的。这样做可以避免出现关于某次维修是否在车辆保修范围内之类的潜在纠纷，而如果和信誉良好的供应商签订服务合同，就不太可能发生这种情况。

在最终确定协议之前，你应当确定何时、何地进行车辆维护，以及是否在你的公司总部接收车辆，或者是否需要由你来安排车辆的交付和返还。这可能是影响你的采购决策的一个重要因素。

因事故损坏的车辆的维修不在保修范围之内。下一节将介绍避免此类损坏的方法，但重要的是要制定一套程序来控制维修成本。我建议这类维修（包括相关费用）都应当事先得到批准，并寻找其他方案来比较维修费用。通常来说，安排移动车辆维修服务站上门维修车辆的小凹痕比到车辆制造商的经销店里维修要便宜得多。如果监管不力，费用很容易就会增加，并很快变成一个大问题。

### 日常绕车检查

司机的一项重要工作是在每次交接班时完成绕车检查，检查项目如下。

- 轮胎：

  ○ 压力合适；

  ○ 胎纹深度符合规定；

  ○ 无可见的磨损斑块、凸起或破损。

- 轮胎螺母指示器排列一致。

- 货物、车门和车帘均妥善固定。

- 后视镜正确校正、干净、无霜且未损坏。

- 所有车灯正常工作。

- 雨刷器正常工作。

- 液位充足：

  ○ 燃油；

  ○ 水；

  ○ 玻璃水；

  ○ 制动液。

- 刹车和方向盘正常工作。

- 无肉眼可见的车辆损伤。

- 未发现其他问题。

你应当建立一套明确的程序让司机报告车辆的问题（无论是在车辆检查中发现的还是在工作日中显现出来的）并采取相应的措施。如果司机曾经报告过车辆的问题，但是车辆迟迟未得到修理，他们以后可能就不会那么积极地报告了。

## 车辆清洁

一辆脏兮兮的货车对公司的形象极为不利，尤其是当它还有粗俗的涂鸦时，因此，清洁车辆所花费的资金和时间都应当列入车辆的运营计划。

商用设施（无论是手持式压力冲洗设备还是通道式洗车设施）是合理的解决方案。你也可以自己安装洗车设备，一套洗车系统对小规模车辆运营来说可能是最适合的选择。这可能意味着，车辆会比前往洗车店洗车保持得更加干净。

入门级的洗车系统既可以是固定式的（见图10.1），也可以是移动式的。前者有自己的水箱，通过自来水总管补水，由一个球阀控制。其动力来自电动机，某些型号的水压非常高。使用可加热的型号时，用于清洗车辆的水可

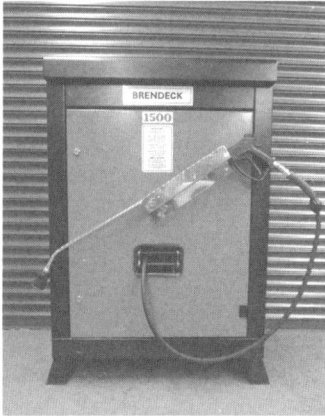

来源：布伦戴克公司（Brendeck）

**图 10.1　固定柜式压力冲洗机**

以通过燃烧机载油箱或外部油箱中的柴油来加热，在室内使用时也可以使用电气设备加热。移动式的洗车系统会被安装在轮式手推车上。移动式的入门级洗车系统的价格约为 1 000 英镑，而固定式的入门级洗车系统的价格接近 2 000 英镑。

请注意，你可能需要安装下水道截流器或分离器，以确保润滑油、燃油和其他污染物不会进入排水系统。在安装任何污水处理设备之前，最好咨询一下污水设施供应商。

### 轮胎螺母指示器

来源：Checkpoint Safety 公司

**图 10.2　安装了轮胎螺母指示器的两个车轮**

人们常说，好的方案通常都很简单。轮胎螺母指示器（见图 10.2）就是一个例子，它只需要几便士。它是一个塑料装置，带有一个套环和一个尖角。在轮胎的每个螺母上各安装一个指示器，各个尖角相互对齐。如果一个螺母开始松动，这一处的尖角指向就会与其他的不一致。显然，此时你需要拧紧该螺母。

# 驾驶标准和事故预防

安全小心地驾驶是任何运输业务都应当优先考虑的事情。从伦理和商业的角度来看，这是无可争辩的。2018 年，欧盟 39% 的工伤死亡事故是由道路事故造成的，英国每年的因公交通事故成本约为 27 亿英镑。据估计，其中 95% 的事故是由司机的过失造成的。此外，还有之前已经提到过的一些成本，例如，由野蛮驾驶造成的燃油和轮胎成本的增加。

建议采取的事故预防措施如下。

- 在整个企业内部逐步培养道路安全文化。无论是拜访潜在客户的销售总监还是厢式货车或拖挂卡车的驾驶员，都同样适用。宣传海报和企业内网通知会很有帮助，但口口相传是最重要的沟通方式。

- 准备驾驶员手册并定时更新。手册应该包括从法律法规到特定客户的服务指南等所有的相关信息。

- 招聘时，通过结构化面试或心理测试评估应聘人员对安全驾驶的态度。

- 接受推荐信。

- 获得所有驾驶员的健康声明。

- 推行一项政策，即鼓励驾驶员汇报影响驾驶的健康问题（如睡眠呼吸暂停）并寻求治疗，支持他们进行治疗并在必要时为他们提供替代性的工作岗位。一项会让他们被立即解雇的政策很可能导致他们不顾危险地继续开车。

- 坚持每两年做一次视力检查。

- 制定关于驾照被罚最高分数的政策并强制执行。

- 制定关于禁止饮酒的政策。

- 对新入职的驾驶员进行安全培训，并将其作为入职培训的一部分。

- 制定针对驾驶室内分散注意力的事项的政策。例如，不得使用手机

（即使不用手去触碰），禁止未经授权的乘客进入驾驶室。

- 在车辆上安装车辆远程信息处理系统，监控各项驾驶标准。确保在必要时给出反馈并进行记录，如果情况没有改善，就考虑采取纪律措施。车辆远程信息处理系统最多可以减少 50% 的安全事故，许多企业在一年内就收回了系统成本。
- 正确地保养车辆。
- 不要频繁调度车辆，以免司机为了赶上最后期限而危险驾驶。

公益组织 Brake 设立的主要目的是改善道路安全情况，它在自己的官方网站上提供了很有用的支持材料。

### 驾照

英国的很多企业规定了驾驶员持有的驾照被罚的最高分数，这也是一些保险政策的要求。过去，你可以通过检查驾照本身来核实罚分情况，但是现在再也不可能了。

你可以去英国政府官方网站查询驾照分数。只要输入驾照号码、国民保险号码和邮政编码，你就可以获得某人的驾照的详细信息，包括驾照分数和驾驶资质。你还可以获得一个有 8 位字符的代码，这样你就能让其他人查看你的驾照的详细信息，这是我推荐给准备雇用驾驶员的雇主的方法。

### 酒精

英国 1/6 的道路死亡事故是由驾驶员摄入酒精超过法定限量而造成的；即使低于法定限量，驾驶员的驾驶能力也会被严重削弱。我建议对酒后驾车实行零容忍政策，公司内部设定的驾驶员每毫升血液中酒精含量限制应当低于英格兰和威尔士的每毫升血液中酒精含量不超过 80 微克的法定限制。我建议设定为每毫升 50 微克（这是苏格兰及欧洲许多国家的法定限量），或者每毫升 20 微克（这是瑞典的法定限量）。实际上，这就是对酒精的零限量。

值得注意的是，一些国家（如瑞士和奥地利）对商用车辆驾驶员血液中酒精含量的法定限量要比普通汽车驾驶员低。我认为，酒精绝对零限量是不可行的，因为酒精可能是由因为某些疾病（包括糖尿病的副作用）而产生的，而且少量的酒精也可能是作为某种非处方药的成分被意外摄取的，甚至可能是从轻微发酵的苹果中摄取的。

同样，允许任何人员在非法药物的影响下驾驶车辆是极其不负责任的，我同样建议实行零容忍政策。这不仅有利于减少事故，而且有利于厘清责任。

为了执行这些规定，可以购买专门用于工作场所的酒精检测工具包（见图 10.3）。酒精检测工具包通常包括一个单人使用的酒精含量呼吸测试仪，它用来进行初始筛查。如果酒精检测结果呈阳性，你可以使用类似于交警使用的读取器来获得呼气中酒精含量的准确读数。

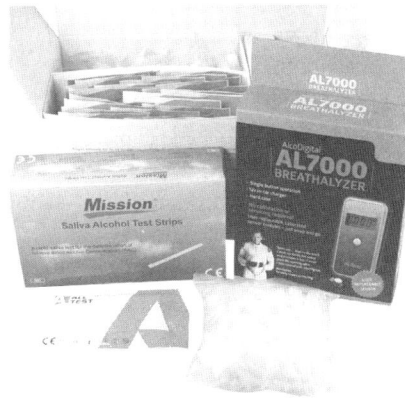

来源：UKDrugTesting 网站

图 10.3　专门用于工作场所的酒精检测工具包

需要注意的是，除非员工同意，否则他们有权拒绝接受检测。我建议将同意接受检测作为员工合同的一部分，一名拒绝同意接受检测的员工通常有违规的嫌疑。

这项政策应当适用于公司所有的驾驶员，包括销售代表甚至主管。我认为它的适用范围还应包括叉车驾驶员和所有操作机械设备的人员及办公室工作人员。在每次事故发生后当然要进行检测，在有合理的怀疑对象时也应该进行检测，例如，从一个驾驶员的呼气中闻到了酒味。甚至在某些情况下，在场的每个人都要接受检测。我还建议进行随机检测，无论是对个人还是对在特定时间出勤的所有人员。为了确保公平性，检测的时间、日期和参检人员都应该由系统随机生成。

有的驾驶员会酗酒，这是严重且可能致命的问题。公司应该鼓励任何遭受此类问题之苦的员工承认事实并立即寻求治疗，无论是心理咨询、认知行为治疗、戒酒匿名会还是住院治疗。与某些疾病一样，一项会让员工被立即解雇的政策很有可能导致他们继续酗酒驾驶，这有可能带来十分悲惨的后果。在员工治疗酒瘾的过程中提供必要的支持并通过日常检测来贯彻零容忍政策是一种更好的做法。

# 其他成本

### 车辆涂色和驾驶员制服

车辆上光鲜漂亮的涂色可以提升你的公司的形象，特别是在给你的客户送货的时候。车辆涂色的另一个优势是，当车辆在道路上行驶时，它可以进行提高品牌知名度的广告宣传。这显然会产生成本，而且几乎可以肯定每辆车的涂色成本会达到四位数。如果你使用的是合同租赁的方式，车辆涂色成本应当作为租赁合同的一部分进行商定，包括合同期结束时的涂色去除成本。如果你将物流业务外包给第三方物流公司，类似的原则也适用，尽管有些合同会包含这样的条款，即规定对车辆涂色的任何合理的变更都应由第三方物流公司根据客户的要求完成，费用由客户承担（例如，给车辆换上包含新的营销口号的涂色）。不过，车辆涂色脏乱或效果欠佳会让人产生负面印象，因此应当避免。

在某些情况下，不建议车辆使用涂色，如运输红酒和烈酒时，这有可能使运输车辆成为抢劫的目标。

同样，整洁漂亮的制服也能提升公司的形象。如果驾驶员在室外工作，那么一套制服应包括安全鞋、厚手套和保暖且防水的外套。一套邋遢的制服或一位不刮胡子且在脸上打洞穿孔的驾驶员可能都不利于打造良好的公司形象。不过，因为驾驶员在换轮胎时扯掉了领带而解雇驾驶员的做法，在我看来就太过分了。

### 通行费和拥堵费

如果你在一个小城镇及其周边地区运营一支小型厢式货车车队，就不会产生这类成本。然而，对长距离运输来说，这类成本很难规避。

在英国，有少数桥梁和隧道收取通行费。M6 收费公路也要收费，这条公路实际上是经过伯明翰地区的经常拥堵的 M6 公路主干道的支路。在某些情况下（如在泰恩隧道），驾驶员仍然可以在收费站支付现金，但是在达特福德大桥或于 2018 年开通的默西盖特威大桥却不行，驾驶员必须通过网络或电话一次性支付通行费。车辆收费是通过车牌识别摄像头来执行的。

不过，在几乎所有的情况下，你都可以设立一个预付款账户，而且我建议这样做。例如，在达特福德大桥，你可以设置一个账户，并且注册登记被授权使用该账户的车辆。每次车辆经过该大桥时，通行费都会记入借方款项，你可以在需要时设置为账户自动充值。这样做可以节约成本，一辆拖挂卡车每次通过大桥将被收取 5.19 英镑的通行费，而不是 6 英镑，而且能够节省管理费用。人们忘记付款时会产生罚款，这应当避免。如果管理员忘记对新的车辆进行注册登记，罚款仍然有可能产生。

类似的原则也适用于法国，法国的大多数高速公路都要收费。驾驶员在收费站可以使用现金或银行卡支付通行费，但也有由 Liber-T 和 TIS-PL 运营的供长期用户使用的标签式自动收费系统。在比利时，仅对车辆总质量超过 3.5 吨的车辆收取通行费（除了位于安特卫普的一条隧道），缴费车辆必须安装一种电子车载设备。在德国，在高速公路和主要道路上行驶的车辆总质量超过 7.5 吨的车辆要支付通行费，驾驶员可通过车载设备或手机应用程序缴费。然而，在保加利亚，你必须在边境获得贴纸。

伦敦、杜伦、斯德哥尔摩、里加和瓦莱塔等城市的一些市中心地区都征收拥堵费。费率一般是固定的，但在某些情况下，费用的多少与碳排放水平相关，其目的是鼓励使用污染较小的车辆。例如，伦敦将设置超低排放区，并在未来将其扩展到北部和南部的环线道路。排放量不达标的卡车每天将被收取 100 英镑的拥堵费，这将使它们无法在该区域开展商业活动。

## 结论

正如本章开头所说，运输业务的成本并不低。本章已经列出了各项必要的成本，提供了如何针对特定业务量化这些成本的建议，并介绍了一些降低成本的措施。

需要考虑的主要成本因素如下：

- 选择正确的车辆，不要超出需求；
- 车辆成本；
- 道路税，可通过使用道路友好型和环境友好型车辆来降低；
- 燃油，包括寻源采购和经济使用；
- 车辆维护和事故预防；
- 杂项费用，如通行费和拥堵费。

这些信息也有助于评估第三方物流公司，以确认其收费是否合理。

下一章将介绍与运输业务有关的各项法律要求。

第 11 章

# 法律要求和合规性

道路运输业务的相关法律非常复杂，各项条例几乎涵盖了你能想到的每一个方面。这些法律往往还有例外规定，这常常使事情变得更加麻烦。

然而，有些规定在实践中并没有造成问题。例如，所有车辆都有建造和使用方面的适用法律，其中规定了一些非常小的细节，如一个指示器距离地面的最低高度。但是，有信誉的大型制造商永远不会出售一辆不符合这些规定的卡车，因此，除非你正在改装车辆，否则不必关注这些规定。

要求至少年满 21 岁才能驾驶自重超过 7.5 吨的车辆的一个例外情形是，车辆是一辆压路机，它是非蒸汽驱动的且自重不超过 11.69 吨。这是我们大多数人在实践中从来都不需要知道的事情。

对于不遵守规定的行为，处罚有可能十分严厉，并且有可能导致公司停止营业。如果你正在考虑开拓新的车辆运营业务，那么提前做好功课是很重要的。你需要遵守很多法规，制定恰当的程序以确保你遵守这些法规，并证明你的业务的合规性。

本章将介绍车辆运营的法律要求及关于合规性的一些内容。

# 驾照

不言而喻，每个在公共道路上驾驶车辆的人都必须持有有效的驾照。作为雇主，你有责任确保你的雇员持有这样的驾照，确保他们的驾照没有过期，确保他们没有被取消驾驶资格。这适用于所有驾驶公司车辆的人员，即使是因为办公室里的咖啡喝完了而开车去附近超市买咖啡的人力资源助理。

因此，你应当建立一个检查驾照的制度。你应该只接受驾照原件，而不是副本，并且确保出生日期等细节信息与公司的记录相符。这样的驾照检查应该在员工刚加入公司时进行，此后定期进行，最好每季度检查一次。你应该保留一份影印件或扫描件，以证明你做了驾照检查，并确认了驾照上是否有任何扣分记录（在没有纸质证件的情况下的做法已在第10章中介绍过了）。这也应当是驾驶员的雇佣合同中的一条要求，即通知雇主所有的驾照扣分情况或健康问题。

如果驾驶员正遭受一系列健康问题中的任何一种，就必须知会DVLA。对于一些严重的健康问题（如脑瘤），驾驶员必须通知DVLA；对于其他健康问题（如抑郁症），驾驶员仅在驾驶能力受到影响的情况下才需要通知DVLA。完整的健康问题列表可以在英国政府官方网站的"健康状况和驾驶"栏目中找到。

"标准"驾照（实际上是B类驾照）允许持证人驾驶轿车或车辆总重量在3.5吨以下的厢式货车，这包括任何形式的挂车的重量，而且其重量不得超过牵引车的重量（或超过750千克）。有的驾驶员会被这样的规定限制住：牵引车（如福特全顺）的重量在限值范围内，但是加上挂车就让拖挂组合的重量超出限值。牵引超过750千克的挂车需要B+E驾照。

资深驾驶人，即那些在1997年1月1日之前通过驾照考试的人员，使用其标准驾照也可以驾驶自重不超过7.5吨的车辆（在到期更换驾照时必须做额外的健康检查）。不过，在这一日期之后通过驾照考试的人员不在此列，他们必须持有C1驾照才能驾驶上述车辆。也许令人感到困惑的是，尽管3.5吨的重量限制包括挂车的重量，但7.5吨的重量限制却并不包括，因此C1驾照覆盖了重量高达8.25吨的拖挂车辆组合。同样，牵引超过750千克的挂车必须持C1+E驾照。

最后，驾驶大型货车需要C类驾照或C+E驾照（如果包含超过750千克的挂车）。请注意，一些旧版驾照仅覆盖刚性车辆和牵引杆组合车辆，即非拖挂车辆，这在驾照上显示为"Restriction 102"。

其他类型的车辆有单独的驾照类别，如摩托车和公共汽车。

驾驶大型车辆所需的驾照被称为职业驾照。职业驾驶考试大纲在《英国驾驶员和车辆标准管理局①货车驾驶官方指南》(*The Official DVSA Guide to Driving Goods Vehicles*) 一书中有详细介绍,该书可从实体书店或网上书店购买。

运载超过一定数量的危险品(例如,汽油为 1 000 升)的驾驶员还必须通过危险货物国际道路运输欧洲公约(European Agreement concerning the International Carriage of Dangerous Goods by Road,ADR)的专门资格认证。运输牲畜超过 65 千米的驾驶员需要获得专门的职业能力证书。虽然从技术上讲,这并不是法律要求,但是我建议驾驶员在操作起重机等设备之前接受培训和测试,未经培训的驾驶员造成的事故几乎都违反了健康和安全法规。

如前文所述,大型货车的驾驶员短缺,这种情况在中期内可能还会加剧。如果你正在经营一支混合车队,你可能希望建立一条职业发展路径,以便选择最好的厢式货车驾驶员参加 C1 驾照培训,选择最好的 C1 驾驶员参加 C 类驾照或 C+E 驾照培训,费用由你这个雇主支付。可惜的是,有些驾驶员会采取一种偏激的态度,他们会接受培训并在通过驾照考试后几乎立即离开公司。我建议将驾照培训费用通过合同约定为贷款,如果有驾驶员如此行事,他们就需要偿还相关费用。

## 驾驶员职业能力证书

为了提高行业标准,现在所有的重型货车职业驾驶员都必须持有职业能力证书。这是一个二级认证,也就是说,它与英国普通中等教育证书的获取难度相当。通常也有一些例外规定,包括那些打算驾驶重型货车完全用于个人用途(如与骑马爱好有关的运马箱)的驾驶员。在现实中,初级的驾驶员

---

① 英文全称为 Driver and Vehicle Standards Agency,简称 DVSA。

职业能力证书可以和职业驾照同时获得。驾驶员必须通过额外的理论和实践测试，这些测试不仅与车辆驾驶有关，还包括车辆安全装载、文档处理之类的项目。

驾驶员在整个职业生涯中应当接受持续的培训，每年至少要接受为期1天的培训，或者每5年接受为期1周的培训。培训只能在被核准的培训中心进行，培训中心可由大型公司在企业内部创建。这类培训可以采取技能提升的形式，例如，优化燃油的经济性或引入新技能（如关于危险品运输的ADR培训）。

# 运营许可证

如果你希望将车辆总重量在3.5吨以上的车辆用于企业经营，你就需要运营许可证。该规定是道路交通法规的重要组成部分，其对无证运营的处罚十分严厉。你需要满足各种条件才能获得该许可证，并且它还可以被吊销（如果驾驶员持续无视交通法规）。

如果你使用的是第三方物流公司的服务，你就不需要运营许可证。但是，如果第三方物流公司将你的经营场所作为基地，并且在那里例行停车过夜，他们就需要在自己的运营许可证中将你的经营场所列为运营中心之一。

也有一些不需要持有运营许可证的例外情形，包括：应急车辆；葬礼用车；只在你自己的经营场所之间的公共道路上行驶且每周上路行驶不超过10千米的车辆；非商务用途的车辆。公共汽车和长途汽车有单独的运营许可证制度。

不过，绝大多数运营商都需要持有运营许可证。2016年，英国共有73 458个运营许可证，在册的重型货车为404 804辆。这相当于每个运营许可证覆盖约5.5辆重型货车，因此可以推断，大多数运营许可证被小型运营商所持有。

运营许可证有四种类型。

- 受限。你可以用车辆运输自己的货物，但不能将其用于以出租和获取
  报酬为目的的货物运输，这是严格的解释，甚至把车辆借给客户作为慈
  善游行花车都有可能被视为违规。你也许希望在车辆返程时回载货物或
  在车辆闲置期间用它挣钱，但受限的运营许可证不允许你这样做。
- 标准（国内）。你可以在英国境内以出租和获取报酬为目的运输货物，
  也可以在国际范围内运输自己的货物。
- 标准（国际）。你可以在英国和国际范围内以出租和获取报酬为目的
  运输货物。
- 临时。这类具有过渡性质的运营许可证有可能在等待相关部门作出授
  予你长期运营许可证的决定期间授予你。如果你需要额外的时间来满
  足正式的运营许可证的要求，或者你即将被授予正式的运营许可证，
  相关部门就不会授予你临时运营许可证，而且这类运营许可证也不太
  可能被授予以前从未持有过正式运营许可证的经营者。因此，我的建
  议是适时申请长期的运营许可证，不要依赖临时运营许可证。

受限的运营许可证有一些优点。首先，一些较大的公司有一项政策，即
在任何情况下都不得将车辆用于其他任何人的货物运输，并且这些公司只能
通过持有受限的运营许可证来强化这个原则。其次，法律没有要求必须雇用
持有职业能力证书的运输经理，但是如果你要申请标准运营许可证，就必须
雇用这样的人员。不过，你仍然必须遵守一系列的法律规定，而且要求关键
岗位的雇员持有职业能力证书在任何情况下都是一个好主意。此外，你还要
证明自身财务状况良好，即你需要证明自己有足够的资金来维护车辆，使
之达到适当的标准。2018 年，受限的运营许可证对资金的要求为第一辆车
3 100 英镑，后续每辆车 1 700 英镑；而标准运营许可证对资金的要求是第

一辆车 7 950 英镑，后续每辆车 4 400 英镑。

无论你想获得任何类型的运营许可证，你都要有良好的声誉。实际上，这意味着你不得犯下超过一项的相关罪行，也不得犯下任何情节严重的相关罪行。对于相关罪行的解释相当宽泛，不仅包括违反驾驶时间规定或违反危险品管理条例之类的行为，还包括违反公司法或就业法等法律的行为。我的建议是遵守所有的法律，不要雇用不遵守法律的人。

### 运营中心

运营中心是平时存放车辆的地方。如果你有多个这样的地方用于存放车辆，你就要在运营许可证上列出多个运营中心，这可能包括你的客户或供应商的经营场所。如果你在那里例行存放车辆，而且允许驾驶员按照常规将车辆带回家过夜，他们家附近的停车场就需要被核准为运营中心，遵循与所有其他运营中心相同的公告程序及向交通专员递交申请的程序。

对于每个运营中心，你需要证明它们都有足够的不临街停车位来停放所有的车辆。你必须在当地报纸上刊登公告，如果附近的居民不同意，那么他们有可能提出申述。

### 职业能力：运输经理

首先需要明确的是，运输经理的职业能力证书与前文所述的驾驶员职业能力证书不同。

简单地说，如果你想成为一个运营许可证上指定的运输经理，你就需要通过一项考试来证明你知道自己应该做什么。

这项考试本身是一个三级认证，这意味着它与普通高等教育证书的获取难度相当。以前有单独的国家职业能力证书和国际职业能力证书，但是现在它们已经合并为单一的证书。

考试科目包括商科和交通运输。详细信息可参阅《公路货运经营者职业能力证书学习指南》(*A Study Guide for the Operator Certificate of Professional Competence in Road Freight*)。客运车辆的运营商必须参加单独的考试，尽管大部分考试内容都是相同的。

该考试可由牛津剑桥皇家艺术协会（Oxford and Cambridge Royal Society of Arts）举行，考试题型包括多项选择题和案例研究；考试也可由英国皇家物流与运输协会（Chartered Institute of Logistics and Transport，CILT）举行，考试题型包括简答题和论述题。考试培训课程由 CILT、英国公路运输协会（Road Haulage Association，RHA）、英国货物运输协会（Freight Transport Association，FTA）及各类商业组织提供。

## 申请运营许可证

理论上，申请应该在开始运营前至少 7 周提出，如果你打算邮寄申请材料，那么应该提前 9 周提出申请。在实践中，我总是会留出额外的时间，申请计划应当提前 6 个月启动。

你将被要求做出承诺，保证遵守所有的相关法律，并将采取一切必要的行动来确保自己会这样做。在申请前，你应当确保已经准备好所有的相关手续来保证合规性，并且须令交通专员确信你在获得运营许可证之前已经符合相关规定。申请人必须按要求提供各项记录以供审查。记录涵盖的内容如下：

- 驾驶员的工作时间；

- 行车记录仪；

- 超载；

- 速度限制；

- 车辆维护——运营许可证会规定车辆维护的最低频次；

- 驾驶员报告的车辆问题及采取的相关措施（记录至少留存 15 个月）；

- 通知交通专员所有的重大变更，如车辆维护日程安排变更；
- 向交通专员通报对公司或驾驶员的所有定罪结果。

你需要指明运营许可证所涵盖的车辆及拖挂车辆数目。比较明智的做法是留出余量，即运营许可证上申请的车辆数量比你预计会长期使用的车辆数量略多一些。在极端情况下，如果你的运营许可证上只包括一辆车，而该车因事故或故障而抛锚，你就无法继续运营了；但是，如果你的运营许可证上包括两辆车，你就可以从市场上短期租用另外一辆车，直到你的长期运营车辆被修好。

你可以通过邮寄 GV79 表来提出申请，但最好通过英国政府官方网站在线提交申请。运营许可证可以被授予个人、合伙企业或公司（取决于车辆的使用者）。你需要任命运输经理，如果通过邮寄方式申请，你需要填写 TM1表，并附上运输经理的职业能力证书原件及其已被聘用履行职责的证明。运输经理可以是运营许可证的持有人（如果有适当的资格），也可以是一位雇员或一名顾问。他们将被要求直接管理车辆运营，并且花费时间在现场办公（官方有建议的每周最短现场办公时长，该时长会随着车辆数量的增加而增加），仅仅挂名是不被允许的。

收到一份申请后，交通专员将安排一位代表访问提出申请的运营中心。这位代表会考察申请人是否符合条件、是否具有良好的声誉、财务状况是否良好、维护安排是否恰当、确保合规性的各项程序是否完备及运营中心的适用性。

某些特定的组织有权对运营许可证的发放提出法定异议，这些组织如下：

- 地方议会；
- 规划局；
- 警方；

- 某些行业组织，如 RHA；

- 某些工会。

这些异议在实践中并非无足轻重，交通专员会非常认真地对待它们。例如，如果申请人因在持有前一个运营许可证时的法律合规性记录不佳而招致反对，这几乎肯定会导致其申请被拒。

当地居民有可能以环境问题为由提出申述，这些申述比那些组织提出的异议的力度小一些，但仍将被认真地考虑。交通专员也许会召集一次公开的听证会，让居民陈述自己的情况，并考虑每一项申述内容的是非曲直。

在大多数情况下，申请人都会充分准备，确保他们满足所有的要求，并拥有一个适当的运营中心。在这样的情况下，他们的申请会获得批准。

如果申请人没有做到这些，那么交通专员可以完全拒绝该申请，或者批准比申请数量少得多的运营车辆数量，或者提出一些限制条件。例如，禁止在 22：00 和次日 6：00 之间进行车辆运营，或者规定所有的车辆必须使用主干道上的出入口进出，而不得从位于居民区的后门进出。从理论上来说，如果申请被驳回，那么申请人有权向运输法庭提出申诉，但我的建议是确保准备充分，避免申请被驳回。

# 驾驶员的工作时间

## 厢式货车

在英国，厢式货车驾驶员的工作时间规定虽然不同于重型货车驾驶员的工作时间规定，但它适用于所有的厢式货车，但这一点并不广为人知。

其实规定很简单，每天最多 10 个小时的驾驶时间和 11 个小时的在岗时间。不要求保存记录，而且在实践中违反规定的行为往往难以被发觉。

2014—2015年，只有20个人被定罪，与此同时，因违反重型货车工作时间规定而被定罪的人数是1 518人。不过，雇主有责任确保厢式货车驾驶员能在法律规定的工作时间内完成一天的工作，如果因不遵守时间规定导致疲劳驾驶从而引发事故，后果有可能非常严重。

另外，需要注意的是，在德国，2.8吨以上的厢式货车的驾驶员必须遵守与重型货车的驾驶员相同的工作时间规定，并在驾驶时使用行车记录仪或保留人工记录。

### 大型货车

规定中也有例外的情形，包括故障卡车、自重在7.5吨以下的邮政车辆、移动图书馆，以及（出于某些我个人所不了解的原因）在一些岛屿（如阿兰岛、怀特岛）上使用的车辆。

然而，任何超过3.5吨的主流商用车辆都必须遵守驾驶时间规定。主要的规则如下。

- 最长驾驶时间。每天9小时，每周可延长至10小时2次；每周56小时（4个9小时的班次加上2个10小时的班次）；每两周90小时。请注意，对这些时段进行解释是为了防止逃避规则。如果一位驾驶员在第一周休假而且没有开车，那么他可以在第二周驾驶56小时。然而，在第三周，他的最长驾驶时间只有34个小时，你不能辩解说连续两个繁忙的星期分别属于两个不同的14天。在这个背景下，1周的定义是从星期一的00：00到星期日的23：59。

- 驾驶4.5小时后至少休息45分钟。休息时间可以拆分为15分钟的休息时间和30分钟的休息时间，但后者最迟必须在驾驶时间达到4.5小时的那个时间点开始。请注意，如果当天的驾驶时间延长到10小时，就必须至少累计休息90分钟。休息时间不得缩短，哪怕只缩短几分钟。

- 每天休息 11 小时，或者工作 3 小时后休息 9 小时，即如果分段休息，那么总的休息时间必须更长。每天的休息时间可以减少到 9 小时，每周最多减少 3 次。

- 对于双人驾驶的车辆，每一位驾驶员必须在每 30 小时内至少休息 9 小时。休息只能在车辆静止时进行，不允许一位驾驶员在另一位驾驶员驾驶车辆时休息。此外，若在车内休息，则驾驶员必须能够平躺在床铺上。如果只有一个床铺，那么若要让他们同时休息，则其中一位驾驶员必须在别处找到一个床铺。

- 渡轮。为了在渡轮上休息，驾驶员必须有自己的床铺，因为"自由企业先驱"号发生的灾难，驾驶员在渡轮航行过程中不得在车内停留。正常的持续 11 小时的休息可以中断，以便他们驾驶车辆上下渡轮，但休息中断的时间不得超过车辆上下渡轮所需的必要时间。

- 每周休息。最多 6 个班次后，驾驶员必须按周休息 45 小时。休息时间可以减少到 24 小时，但是被减少的休息时间必须在接下来的第三周周末之前通过一个连续的休息时间段补足。

请注意，在休息时间里驾驶员必须能够自由支配时间。例如，如果他们正在装载车辆，那么这会被视为正在从事驾驶工作以外的其他工作；在等候指示时坐在餐厅里喝茶会被视为驾驶员的可用工作时间段；在周末参加培训课程同样也不能算作休息，即使培训是无偿的。

雇主有义务安排驾驶员的工作日程，以便他们在规定的工作时间内完成工作（如果他们不得不连续驾驶 5 个小时以赶上交货时间），但这不符合法律规定。雇主必须定期检查行车记录仪以确保驾驶员遵守驾驶时间规定，并在必要时采取措施以防止任何违规行为的重复发生，不得发放鼓励驾驶员违反规定的奖金。

同样的规定适用于整个欧盟，也适用于挪威、瑞士及签署了国际公路车辆运输从业人员欧洲工作协定的国家。适用该规定的区域最远延伸至土库曼斯坦等国家，这为整个欧洲提供了良好的运输标准。

# 行车记录仪

行车记录仪已经使用了几十年，它是一种记录车辆行驶相关信息的设备，用于监测驾驶员对驾驶时间和其他法规（如速度限制）的遵守情况。除非得到豁免，否则所有超过 3.5 吨的车辆都必须安装行车记录仪。年头较久的车辆（即在 2006 年 5 月 1 日之前登记的车辆）可能仍会安装原始的模拟式行车记录仪，其中必须放置包含驾驶员姓名等手写信息的纸盘。这些设备仍然是合法的，而且毫无疑问，距离它们最终从车辆的行驶记录设备中消失还有一些年头。

现在的车辆基本都搭载了数字式行车记录仪。它们使用智能卡记录信息，每一位驾驶员都有单独的一张智能卡，如果没有智能卡，就不能驾驶重型货车。智能卡可以存储驾驶、休息等细节信息，信息存储的滚动周期为 28 天。要想获得智能卡，驾驶员需要填写 D777B/DL 表并将其与费用一起送至 DVLA，企业一次最多可批量申请 25 张智能卡。智能卡的有效期为 5 年，其持有人应当在其有效期满前至少 15 天提出更换申请。

行车记录仪将自动读取智能卡中存储的信息并存储该驾驶员之前驾驶其他车辆的相关信息，这样就可以得到该驾驶员完整的工作记录。插入智能卡时，驾驶员应手动输入自该智能卡上一次插入行车记录仪以来的活动。这通常是通过使用向上、向下和确定按钮，并观察显示屏上的符号和数字来完成的。与许多任务一样，如果你知道如何操作，那么这是非常容易的。但这个过程可能并不是完全直观的，如果驾驶员以前没有使用过这类行车记录仪，那么他们可能需要接受关于设备操作的培训。

行车记录仪有一个打印设备，可以在条状纸带上打印车辆行驶记录。驾驶员必须携带至少一个备用纸卷，以防行车记录仪中的打印纸卷被用完，而且运输经理应当确保打印纸卷不会缺货。一个可能引起混淆的细节是，虽然在显示屏上显示的是本地时间，但打印出来的纸条上会显示世界标准时间，即格林尼治标准时间。

驾驶员应当在每个班次结束时打印车辆行驶记录，并且必须根据交警或DVLA的交通检查员的要求打印车辆行驶记录。

### 行车记录仪分析

老式的行车记录纸盘中的车辆行驶记录很难被准确读取，因此大多数公司不得不聘请外部机构对它们进行分析。然而，数字式行车记录仪的优点之一是你可以购买软件自行对信息进行分析。

你需要一张公司智能卡（同样从DVLA获得，且须填写D779B表）来下载驾驶员的车辆行驶记录。

分析软件可以生成车辆行驶记录的汇总报告。一个虚构的例子如图11.1所示，如果有驾驶员的真实姓名与该示例中的驾驶员的姓名雷同，那么纯属巧合。

从该例子中可以看出，已经下载了12位驾驶员的车辆行驶记录。智能卡标志可以指示该驾驶员当天的数据是可用的，卡车标志是指他们驾驶的是租赁的车辆，R是指当天是休息日，等等。在彩色屏幕上，红色标志指示了需要关注的区域。

在图11.2中，我们可以看到虚构的桑多米尔兹先生的车辆行驶记录及详细分析。他被认定违反了相关规定，因为他没有安排足够的休息时间。必须对此类违反规定的行为采取措施并将其记录下来，如果驾驶员严重违规或反复违规，就几乎肯定会被解雇。

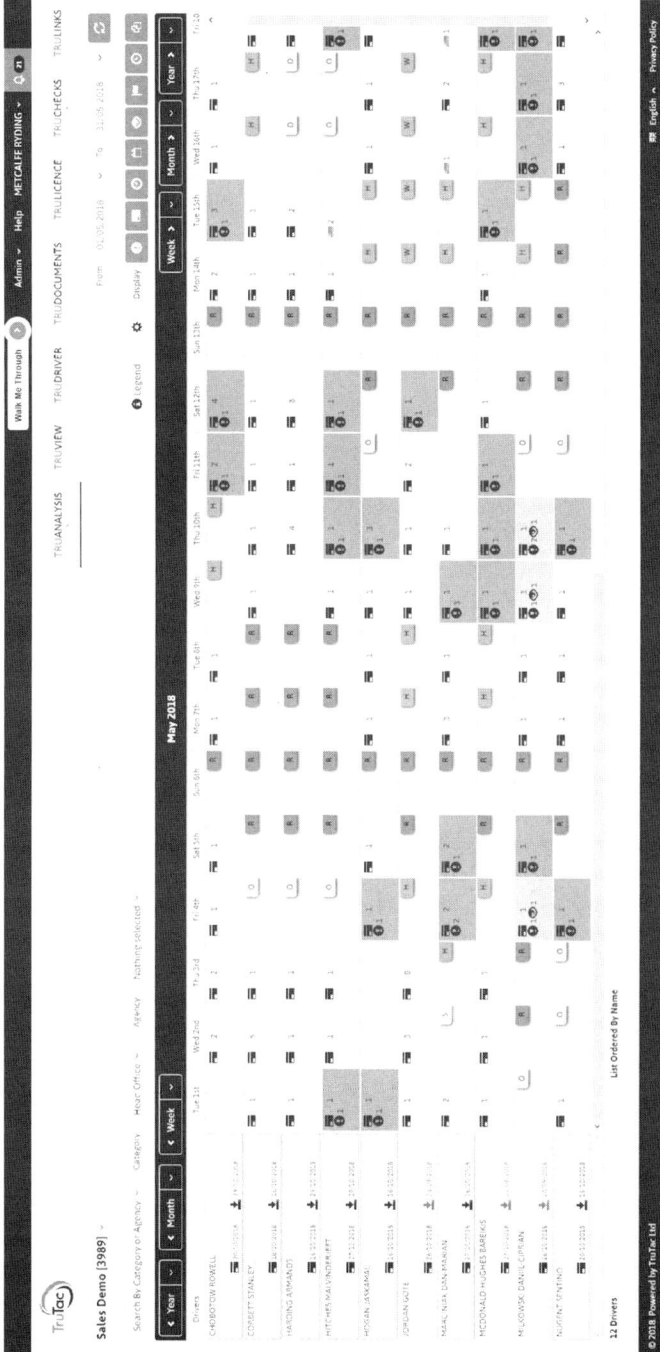

图 11.1　关于 12 位虚构的驾驶员车辆行驶记录的汇总报告

来源：TruTac 有限责任公司

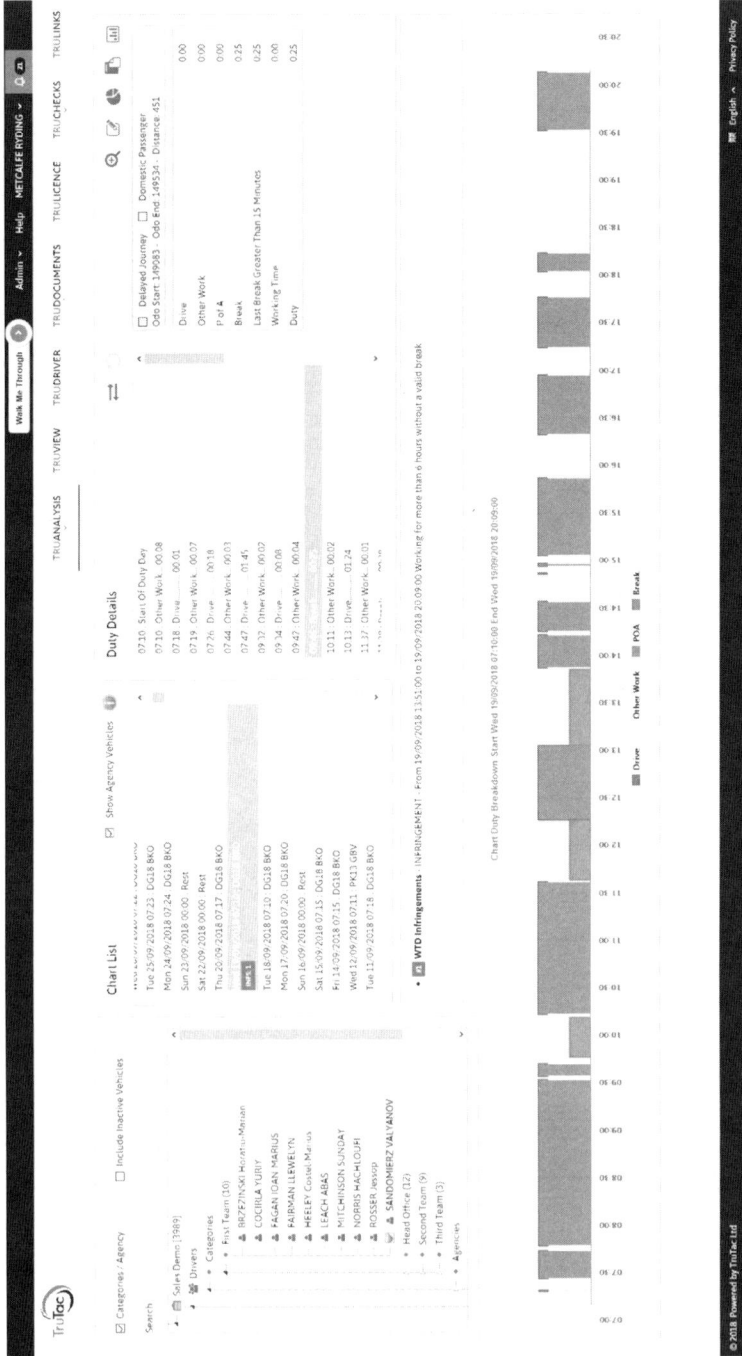

图 11.2　虚构的从行车记录仪上下载的车辆行驶记录及详细分析

来源：TruTac 有限责任公司

# 合规性监控

如前文所述，你将被要求做出承诺，保证遵守运营许可证上的所有规定。行车记录仪分析只是其中的一部分，你还需要证明，车辆已按照规定的时间间隔和行驶里程间隔进行保养，并且参与车辆运营的每一位工作人员都具有履行其职责所需的技能和资质。

使用合适的软件包有助于证明车辆运营的合规性。例如，Silk Thread 就是专门用来协助监控车辆运营的合规性的。该软件会要求用户回答与合规性相关的具体问题，然后进行差距分析，以突出显示需要采取进一步行动的方面。在图 11.3 所示的虚构示例中，我们可以看出韦克菲尔德仓库已经完成了该时间段内所有的必要事项，但黄色标志（在图 11.3 中显示为亮灰色）显示用户需要关注两个非关键事项。用户深入研究该软件中的条目，就可以

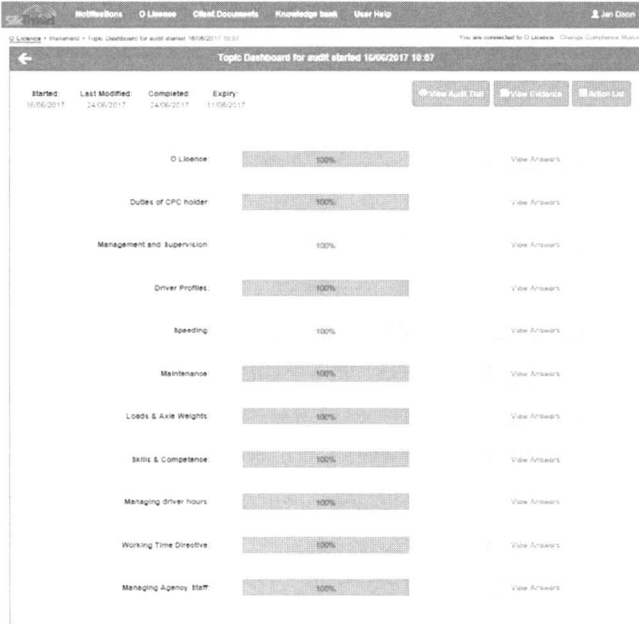

来源：Labyrinth 物流咨询有限责任公司（Labyrinth Logistics Consulting Ltd）

**图 11.3　Silk Thread 软件中的合规性状态面板**

发现具体的信息，例如，可能有一位驾驶员被认定违规使用手机，但尚未采取行动告知交通专员。该软件还可以生成每日提醒和行动列表，以确保必要的行动不会被遗忘。

# 其他国家的法规

道路交通法的很多要素（如驾驶员的工作时间）在整个欧盟和其他欧洲国家都是一致的。

然而，各个国家和地区也有自己的法规，一些例子如下。

- 法国：
  - 禁止在周日和公共假期驾驶重型货车；
  - 雨天下调最高车速。
- 比利时：
  - 高峰时段禁止超车；
  - 车辆巡航控制系统的使用限制。
- 斯堪的纳维亚地区：必须始终使用近光灯，即使是在明媚的阳光下。
- 德国：
  - 必须携带黄色闪光灯以防车辆发生故障；
  - 在该国送货或取货的驾驶员获得的报酬不得低于该国的最低工资水平。
- 西班牙：戴眼镜的驾驶员必须携带备用眼镜，以防眼镜丢失或损坏。在我看来，这在所有国家都是一项明智的预防措施。

一些国家还要求携带备用灯泡、三角警示牌和可见度较高的服装。同样，这些似乎是所有车辆都可以携带的有用物品。

在任何情况下，我都建议你熟悉驾驶员将要去开展工作的那些国家的法规。一些警察会将执法目标锁定在外国驾驶员身上，而且对他们的处罚有可能相当严厉，不熟悉当地法规无法作为免罪的理由。

本章介绍了车辆运营的一些法律要求，特别强调了驾照、运营许可证和驾驶员的工作时间规定。运输法是一门非常复杂的学科，如果你想更加深入地钻研，那么市面上有很多图书可供阅读。其中包括戴维·劳和克莱夫·皮金撰写的《运输经理和运营人员手册》(*Transport Manager's and Operator's Handbook*)，该书厚达 743 页，其中大部分内容涉及运输法；以及 FTA 每年出版的《道路运输法律年鉴》(*FTA Yearbook of Road Transport Law*)。国际运营商也许会发现 FTA 的《欧洲公路货运指南》(*European Road Freight Guide*) 也很有用。

---

### 结论

本书第 8~11 章讨论了你可能需要什么类型的陆运车辆、异形大件货物运输，车辆运营的成本及如何降低这些成本，以及车辆运营的法律要求。

下一章将介绍如何在日常工作中运营好这些车辆，以及如何对它们进行路线规划以达到最佳效果。

A PRACTICAL GUIDE TO LOGISTICS

An Introduction to Transport,
Warehousing, Trade and Distribution

# 第 12 章
# 车辆路径和网络

本书第 10 章介绍了公路运输车辆的运营成本，以及在某些情况下如何降低这些成本。然而，在具有成本效益的运输业务中，最重要的一个方面是通过以最佳方式规划车辆的运输路线来有效地使用车辆。

目前有一些软件可以协助完成这个过程中的某些环节，下文将对其进行介绍。不过，本章将首先介绍车辆运营的各种可用方法，其中涉及的大多数建议适用于企业的厂内物流或第三方物流的情况。

# 预约交货时间段

首先需要说明的一点是，一些公司会使车辆的有效运营变得很困难，但这没有必要。它们仓促地预约交货时间段，而且几乎不考虑运输业务的运营。由物流部门而不是销售部门来预约交货时间段也许会好一些。需要采取的更简单一些的措施如下。

- 定时交货需要尽可能提前预约。这将给你提供更多的选择，并让你有足够的机会在交货时间段前后安排其他的交货任务。

- 在向同一个地理区域的客户预约交货时间段时，你应该选择能使用同一辆车完成交货的时间段。

- 避开高峰时间段，否则将导致驾车通过严重拥堵路段，我不建议在高峰时间段向城市中心地区送货。

- 避免做出不必要的承诺。如果客户愿意在一天中的任何时间段收货，就不要坚持向他们提供一个具体的时间段。

- 记住过去遇到的困难并加以考虑。如果客户卸载货物需要花费很长的时间，在以后预约交货时就应该考虑这一点。

- 不要过早约满你能交货的全部时间段，要为紧急需求留下余量。

- 更重要的是，不要预约超出你的能力的交货任务。

# 满载运输和单点交货业务

如果你销售了足够多的货物，那么拖挂卡车满载运输将是最有效率的运输方式。如果你能说服你的客户订购适当的数量，那么这会使你的成本降到最低，使你能够向客户提供最优惠的价格。如果你使用的是第三方物流公司提供的服务，那么这将通过他们提供给你的物流费率反映出来，特别是对国际运输来说。

使用车辆进行单次送货的情况主要如下。

- 客户坚持送货车辆只能装载他们的货物，这样的限制并不总是合理的，但"客户永远是对的"。

- 货物价值高或容易损坏，如艺术品。

- 有安全要求，特别是国防工业领域的货物。

- 紧急交货。

- 驾驶员需要花很多时间进行安装，如太阳能电池板。

- 没有其他货物可供形成一条可行的运输路线。

最后这种情况有时是不可避免的，但在另外一些情况下则是最经济的选择，尽管它没有吸引力。

假设你的公司总部位于伦敦，你明天将在西米德兰兹郡交付两批半载的货物，在诺福克郡的偏远地区交付一批半载的货物。

- 你的第一个想法会是，使用自有车辆交付前两批货物，并将偏远地区的交货业务外包给一家当地的第三方物流公司。然而，实际上，这项业务对总部在伦敦的承运人来说是没有吸引力的，因为其车辆不需要在该地区交付其他货物，而且不得不空车返回。

- 他们的报价会反映这一点。事实上，报价有可能比他们在米德兰兹地区交货两次的价格还要高。

- 因此，对你而言，最佳解决方案可能是把自己的车辆发往诺福克郡，并将其他的工作外包出去。如果偏远地区的交货是定期的，长期的解决方案可能是在东安格利亚找一家愿意在车辆返程时回载货物的第三方物流公司，但这个方案有可能不是立即可用的。

# 零担运输

并不是所有的货物交付都能归为满载运输或小批量货运，有些可能介于两者之间，这也被称为零担运输。

许多国际第三方物流公司对零担运输有自己的定义，它有可能被定义为任何超过 1 500 千克或超过 3 吨的货物运输（实际上，这可以反映其在多家共享的物流网络中有多少剩余能力）。如果你有 6~10 个托盘要运到米兰，这些托盘可以作为零担物进行运输，也就是说，会有一辆车来收取你的货物并将其直接交付给你的客户（有时，我们会听到"送货上门"这种说法）。寻找其他货物来填满送货车辆的剩余空间是第三方物流公司的责任。

首先，值得注意的是，一些第三方物流公司会对规模较大的零担运输（如 15 个托盘）收取高于满载运输的价格。如果预订满载运输时有成本效益的，你就应当这样做。

其次，如果你有几批零担货物需要交付，你就可以寻找机会将它们组合到一辆车上。预订一次满载运输并为额外多出来的卸货服务支付附加费用有可能比预订两次零担运输便宜得多。从英国向米兰和都灵各运送 10 个托盘几乎肯定是这种情况，从英国向米兰、罗马和那不勒斯各运送 6 个托盘通常也是这种情况。

最后，对于国内运输，在较短的运输距离中使用较小的车辆进行单次送货会更划算。如果你需要将 10 个托盘从伦敦运到北安普敦，那么一辆 18 吨的专用卡车可能是最佳解决方案；如果是从伦敦到格拉斯哥，那么这些托盘最好作为拖挂卡车上的一批零担货物进行运输。在为特定业务确定最佳解决方案的过程中，你需要考虑各种方案的优缺点，并记录这些信息以供将来参考。

# 回程装载货物

如果你进行过长途运输，也许是从伦敦到格拉斯哥，那么无论是从经济的角度还是从环境保护的角度来看，空车返回都是令人不快的。如果车辆可以在往返两个方向上装载货物，那么这显然是有好处的。

如果你使用的是第三方物流公司提供的服务，那么从狭义上讲，找不到回程货物的风险和成本或找到回程货物的经济回报都由其承担或归其所有（其定价会明显地反映这一点）。但是，如果你使用自有车辆，你就必须处理这个问题。

回程货物的第一个潜在来源应该是你自己的业务。例如，假设你在唐卡斯特和布里斯托尔都有仓库，一辆从唐卡斯特向加的夫运送货物的拖挂卡车可以收集从布里斯托尔运往利兹的货物。站点之间的中转也是一个常见的回程载货机会。你可能还需要从客户处收集货物。例如，如果你向汽车行业提供服务，就需要收集空的货笼；如果你以销售或退货的方式向零售商供货，就需要收集未售出的商品。当然，也可能发生退货，例如，电视购物频道往往向其客户提供无理由退货服务，那些被退回的货物会被送回给供应商。然而，值得警惕的是，使用大型车辆来收集少量被退回的货物可能是无效率的，一辆拖挂卡车上放置一个阻碍满载运输的托盘也是不经济的。最好使用拖挂卡车进行满载运输并通过一个托盘循环共用网络返还托盘。

或者，如果你正在使用托盘租赁服务，那么你可以使用自己的车辆收集空托盘，从而节省送货费用。

你还可以考虑更改与供应商的采购条款。假设他们现在负责送货，而你要定期向同一地区的客户送货，如果由你来负责从供应商处收集货物，那么你应当可以协商降低采购价格，以有效地支付返程费用。你可以在拥有受限的运营许可证的情况下这样做，因为在你上门收货时货物已经属于你了；但如果你只是简单地向供应商收取运输费用，那么货物在运输时就不属于你，你还需要一个标准的运营许可证。这是一个需要牢记的要点。

如果能确定一次回程载货的费用比两次单程运输便宜得多，即使你使用的是第三方物流公司提供的服务，上述方案也值得考虑。

你可以在其他地方寻找回程载货的机会。你可以代表你的客户运输货物，并将货物交付给他们的客户。也有一些网站会发布货运公告，好让需要运输的货物与有空余运载容量的卡车进行匹配。但是，如果你打算采用这种方法，请记住你需要一个标准的运营许可证、适当的保险及处理诸如信贷控制等事宜的机构。还有一种风险是车辆在卸货点被耽搁，因此在你需要时将无法使用。如果你正在考虑这个方面的事情，请慎重，因为这不是一个轻易就能做出的决定。

公路运输行业的反对者经常说，如果所有的车辆都装载了回程货物，公路上的卡车数量就会大大减少。乍一听，他们是有道理的。据报告，2016 年重型货车的空车行驶比例为 30.2%。然而，事情并没有这么简单。

回程载货不可行或不经济的原因有很多，部分原因如下。

- 尤其是对短距离运输来说，车辆需要移动到另外一个位置以获取回程货物，然后回到自己的经营场所，这可能导致成本过高。
- 在特定的运输路线上，特别是在偏远地区之间，可能没有可用的回程货物。
- 物流并不总是平衡的，特别是对专用车辆来说，相关例子如下。

- 德文郡和康沃尔郡消费各种各样的产品，但很少生产产品，因此大多数侧卸式货车和所有油罐车都会空车返回。
- 英国 10% 的汽车销售发生在苏格兰，但是所有的汽车制造厂和大多数汽车进口港口都在英格兰，因此，让一辆从苏格兰驶出的汽车运输车获得回程货物几乎是不可能的。
- 英国对德国的进口量比出口量多出约 50%，西班牙的进口量则比出口量多出 100%。因此，货物流动存在很明显的不平衡性。

- 小型车辆的回程载货并没有真正的市场。如果你用厢式货车运送紧急订单，那么几乎肯定会空车而归。
- 由于回程载货中的延误而导致车辆失去可用性的风险有可能过大，特别是对易变质或必须准时交付的货物来说。由于存在这种风险，大型零售商通常会拒绝回程载货的机会。

考虑到以上这些情况，不巧的是，总会出现一些空载的情况。

### 利用回程载货车辆运输你的产品

很多公司在偏远地区都会有一家或几家客户，也许在林肯郡的偏远地区或威尔士中部。使用自己的车辆送货费用很高，这样的业务对第三方物流公司来说也没有吸引力，而且他们会相应地收取高额费用。

一个可能的解决方案是找到一家总部位于该地区的承运人，让其准备在回程载货的基础上从你那里收货并将货物交付给你的客户。当然，你应当对该承运人进行审核，以确定其适用性，这可能是最具成本效益的运输方案。

一些公司会利用不同区域的一系列承运人更多地进行回程载货。如果你使用第四方物流公司提供的服务，那么他们很可能经常这样做。

# 夜间运营和双班制

在很多情况下，由于业务性质，运营时间仅限于白天的工作时间。例如，假设你要向小型零售店或其他中小型企业送货，你会发现它们大都只在9：00到18：00开门营业。

如果你能在夜间运营，就可以获得一些优势。首先，交通状况可能不会那么繁忙，特别是在城市地区，这可以提高生产效率，减少延误。此外，车辆两班倒也有明显的经济优势。根据表10.1中的成本数据，44吨拖挂卡车的固定成本是每年50 000多英镑（不包括驾驶员的工资）。如果车辆可以双班运营，你就可以在每天结束时通过较高的固定成本达到两倍的生产效率，这带来的收益将远远超过支付给驾驶员的夜班津贴。

在与第三方物流公司谈判时，你要记住这个原则。有些第三方物流公司会试图为第二个工作班次收取更高的费用，他们以夜间工资高为借口，但实际上是对车辆的固定成本收取两倍的费用。我不建议你接受这样的收费方式。

你可以在大型零售配送中心等送货地点找到夜间送货的机会，这些配送中心通常24小时营业，而且有可能非常乐意为你提供凌晨2：00的送货时间段。即使仓库在夜间关闭，可能也有安保人员在场。如果他们使用的是立式挂车，那么他们有可能允许在夜间进行甩挂作业。此外，你还可以在自己公司内部安排站点之间的中转工作，如果合适，同样可以使用立式挂车。

最后，一些网络被建立了起来，以便在夜间将货物运送到封闭设施。几家主要的汽车制造商都采用了这种方法。用于修理因故障抛锚的车辆所急需的零件通常一直到每天下午的晚些时候都可以下单订购。然后，这些零件从米德兰兹地区的一个仓库里被拣选出来并发运。这类网络每晚通过来自区域中心的专用厢式货车车队将这些零件（包括螺丝、发动机等）运送到几百家经销商的封闭设施。这类网络通常可以保证在次日 8：00 之前将货物运送到普利茅斯和格拉斯哥等较远的地区。

基于这种办法的一种变通的方法是，一些公司在夜间将货物送到封闭设施，由自己的工程师负责收货，以供安装或维修使用。

有一点需要说明，一些城市地区对重型货车的夜间行驶有限制。例如，在伦敦，除非获得许可，否则在周一至周五的 21：00 至次日 7：00 或周六 13：00 至周一 7：00 这些时间段内重型货车仅限在某些特定的主要线路上行驶。

# 多点交货

上文主要介绍了满载运输和零担运输。然而，很多货物的交付涉及多个交货点，对每个交货点来说，只有少量的托盘、包裹、圆桶、卷轴或其他小包装单位。除非有很好的理由在每次交货时使用专用车辆，否则需要采取多点交货方式，即车辆将在其运输路线上进行多次交货。

有一种选择是安排第三方物流公司收货，然后通过多家共用的物流网络送货；另外一种极端的情况是，你可能拥有足够的业务来建立自己的物流网络。

然而，一种常见的策略是使大多数货物通过物流网络交付，但在你自己所处的地区使用少数专用车辆进行交货，可能只有一辆。如果你不想承担运营许可证连带的法律责任，那么第三方物流公司可以代表你运营这辆车。对于这类工作，小型的本地承运人甚至一位个体户驾驶员都很可能是比大型承运人要好得多的选择。一份保证车辆总重量为 7.5 吨或 18 吨的车辆每年至少工作 230 天的协议对开展这类业务的第三方物流公司来说很有吸引力，而且有可能促使其为你提供较低的费率。如果你没有足够的运输量，你可以协商在繁忙时期为此类车辆按日支付费用，并受商定好的最高行驶里程的限制，大于或小于商定数字的差额所产生的费用将按月清算。各种情况很难一概而论，你应该自己进行核算，但是如果你在一天中要运送六七个以上的托盘，那么按日租用一辆车辆总重量为 18 吨的货车可能是可行的。

# 网络配送

## 大型企业

在第 9 章，我问了一个问题：我需要多少个仓库？

答案是：不会太多，可能只需要一个。这并不是说你不应该拥有更多的运输作业地点，你可能还有用于越库作业的仓库。如果你的业务规模足够大，你就可以在一个地区内运营一支大型车队，进行多点送货。此时，把货物中转到一个区域配送中心，再将其交叉转运到当地的配送车辆上，可能是很划算的。物流网络中的运输作业地点或仓库既可以是企业内部的，也可以是外包给第三方物流公司的，还可以是两者的组合。

然而，绝大多数企业没有足够的运输量，因此无法使建立这种专用的物流网络成为一种具有成本效益的解决方案。

## 小型企业

如果你运营的是一家小型企业，解决方案可能是使用多家共用的物流网络。在英国，很多物流网络专门提供包裹或托盘送货服务，而一些物流网络会坚持其他类型的包装（如桶装液体）必须进行托盘化装载以便进行搬运。

对于国际公路运输，多用户共用的货物运输方式被称为混装运输，一辆货车可能携带托盘、包裹和大量的其他物品。各大货运代理商会公布往返于不同目的地的进出口混装运输车辆的出发日期及预计的在途运输时间。例如，戴维斯·特纳公司（Davies Turner）每天都有去往法国的车辆，但只在周五有去往希腊的车辆。英国到西班牙北部所用的运输时间一般为 2~3 天，到土耳其所用的运输时间一般为 6~8 天。

一些多家共用的物流网络在特许经营制度下运行;一家大型运营商可能主要使用企业内部资源,外加一些分包商。

Palletline 公司的物流网络是一个使用稍微不同的商业模式(英国唯一一个会员所有的物流网络)的物流网络,我现在将其作为一个多家共用的物流网络的例子并对其进行更加详细的描述。Palletline 公司在伯明翰拥有一个主要枢纽(见图 12.1),在格拉斯哥、曼彻斯特、莱斯特、考文垂、伦敦和斯温顿各拥有一个区域性枢纽,78 个会员共经营着 96 个仓库。他们每天都在自己的区域收取货物,在自己的仓库里合并货物;晚间把货物转运至枢纽,并通过枢纽为他们各自所在的区域收集托盘;将托盘转运到他们的本地仓库,并从该仓库将托盘分发到各自区域内的交货点。

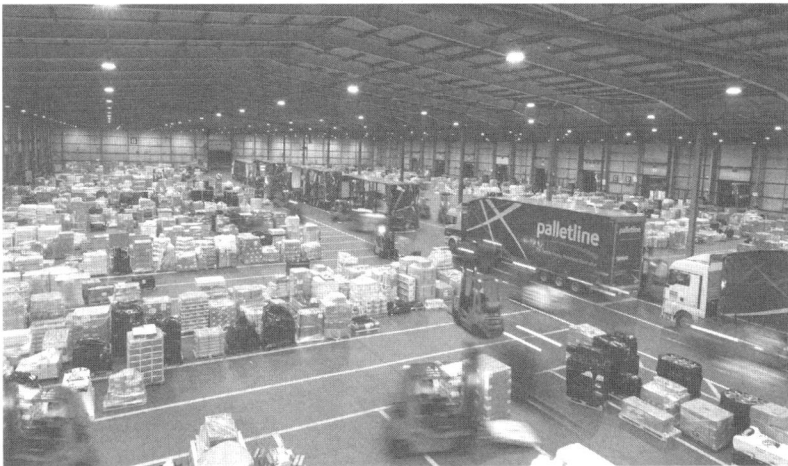

来源:Palletline 公司

注:所有的货物都被装载到托盘上,尽管它们的形状和尺寸各不相同。车辆在中心区域卸载,托盘则按照目的地分类放置于带有油漆边线的巷道。然后,它们通过位于图中建筑物侧面的站台被装载到出库车辆上。

**图 12.1 运营中的 Palletline 枢纽**

每晚平均有 18 000 个托盘在整个系统中移动。大多数托运货物需要用 1~3 个托盘，平均每单货物需要用 1.46 个托盘。他们自己的物流网络基于路边交货（通过升降尾板），交付的货物包括用于住宅类物业的装载在托盘上的电视机。其工作人员在到达交货地点时拆开托盘，收取一定的费用并带走货物包装，还会对超过 750 千克的托盘收取额外费用（因为要使用电动托盘车）。他们提供定时送货服务（误差仅有 15 分钟）。对于超市区域配送中心之类的交货地点，他们会约定每天一到两次集中送货的时间段。

主要的包裹网络以类似的方式运行，并有可能使用滚笼或其他集货形式，以便在枢纽处进行搬运。一批国际混装运输货物很可能由多个枢纽运输，很少有物流网络会将混装拖车上的货物直接运到每个国家，当然也不会运到每个国家的每个地区。

在选择物流网络时，重要的是确保它能提供你所需的和你的客户所期望的送货服务。并非所有的物流网络都提供升降尾板，它们也许会为此收取额外的费用，但如果收货企业的营业场所里有叉车，这就不再是一个问题了。家具之类的物品可能需要搬进房子，如果是床或衣柜，可能还需要搬到楼上。在这种情况下，需要安排两个人送货。如果一位老年人希望得到这样的帮助，但是承运人没有提供这种帮助，显然就会带来重大的客户服务问题。

# 多点交货的车辆路径规划

车辆的最优路径规划是运输行业里被严重低估的技能之一。一位一流的车辆路径规划师可以通过减少车辆行驶里程和减少浪费为企业节约大量的资金，特别是在多点交货的情况下。高效率的车辆路径规划也有助于通过减少燃油使用量和碳排放量来改善环境，并能够通过消除交货延误来提高客户服务水平。

假如你选择规划自有车辆的路径，你会发现，如果你有数学天赋和一定的地理知识（不仅涉及送货地点，还涉及在不同的时间应该使用哪些道路和避开哪些道路），这项活动就会显得更加容易。我的方法是，总是从满足固定需求（如定时交货）开始，然后围绕这些目标规划路径。从基地出发的环形路线对所有交付点分布均匀的车辆来说都是很有吸引力的，但在很多情况下，棒棒糖式的路线会更加有效：车辆有一条直达其配送区域起点的路线，最好是高速公路，然后在该区域内进行配送。或者，对于最紧急的送货业务，可能需要将货物送到最远的地点，因此货车要行使很长一段路才能到达第一个卸货点，然后在返程途中完成剩余的卸货。

一个优秀的多点交货计划很可能让车辆在给定的一天内遍历以上所有类型的路径。除非为了保证合法运营，否则规划车辆路径时不应该有固定的规则。如果一辆车的送货次数是另一辆车的两倍才是最有效率的，那就这样吧。

车辆路径规划并不是一件容易的事情，而且很费时间。然而，一位优秀的车辆路径规划师对一家企业来说是非常有价值的。

### 车辆路径规划软件

如果你没有一位出色的车辆路径规划师，或者没有时间来完成这项任务，那么我建议你使用车辆路线规划软件。一些综合性的 ERP 系统提供了车辆路径优化模块，但是中小型企业可以考虑使用独立运行的系统，如 Maxoptra。

这类系统可以让你手动上传订单，每个订单都可单独进行数据输入。数据输入可以通过上传 Excel 电子表格来完成，这些电子表格可以从订单系统中下载，用户可以通过电子邮件将其发送给运输经理，或者直接通过应用程序编程接口（Application Programming Interface，API）来完成。你的仓库、可用的车辆和驾驶员等详细信息可以预先录入系统，你可以根据需要对信息进行编辑。当所有的订单都被上传至系统后，它们就可以在地图上显示出来。车辆路径规划可以半自动地完成，你可以在计算机上拖放车辆的图标或点击一个按钮，系统将自动优化车辆卸货方案，并为车辆分配路径。该系统还会考虑驾驶员的工作时间规定。

优秀的系统支持将这些信息发送给驾驶员，驾驶员可以在智能手机或平板电脑上阅读这些信息。在理想的情况下，该系统还会有一个用于连接车辆卫星导航系统的接口。如果该系统能与全球定位系统（Global Positioning System，GPS）相结合，就有可能提供有关车辆交货进度的实时信息，从而比较计划交货时间与实际交货时间。这样一来，它就可以向客户发送最新的预计到达时间，你甚至可以在办公室墙上安装大屏幕电视，以便工作人员随时了解所有车辆的位置。

### 追踪交货证明

现代遥测技术的一个好处是在获得交付证明签名时可以记录位置。因此，物品的错误交付情况并非不为人知，物品被正确交付但随后在企业中丢失的情况也并非不为人知。在发生争议时能准确地说明交付证明签名是在何处完成的是确定事实真相的一个宝贵工具。

当心"拐角卸货"骗局。这种骗局是通过接近驾驶员来实施的，骗子通常会在驾驶员排队等待进入仓库卸货时声称仓库已满（或使用其他借口），因此该辆车需要在其他地方卸货，然后驾驶员照做了。第一条线索通常会在几个小时后出现，这时客户会打电话询问货物为什么还没有送到，一经调查，整个骗局就露馅了。此时，货物和所有涉案人员早已消失无踪。公司应当指示驾驶员将所有此类请求的相关信息提交给其主管，除非主管收到来自可靠来源的关于修改交货地点的书面确认书，否则驾驶员不得遵从此类要求。

## 结论

本章介绍了交货的各种选择——满载运输和零担运输，以及一家专用的和多家共用的物流网络，还介绍了有效的多点交货的车辆路径规划，以及用以协助这个过程的软件。

在本章，应当与其他章节涉及的内容一起考虑的问题包括：你可能需要的车辆类型、运营车辆的成本及运营车辆的法律义务。我还为异形大件货物运输这个主题专门设置了简短的一章，这是许多物流用户偶尔会遇到的情况。我希望这些内容能为读者提供货运背景下的关于公路运输的综合性介绍。

公路运输当然不是唯一可用的货物运输方式，后文将从铁路运输开始，继续介绍其他货物运输方式。

A PRACTICAL GUIDE TO LOGISTICS

An Introduction to Transport,
Warehousing, Trade and Distribution

# 第 13 章

# 铁路运输及其他内陆运输方式

到目前为止，我们已经深入地讨论了公路运输，这是迄今世界上最常见的运输方式。然而，它并不是唯一的运输方式。本章将讨论其他可用的内陆运输方式，包括铁路运输、内河航运，以及固定装置运输，即管道运输和长距离输送机运输。

本书虽然是在英国撰写的，但是大多数内容同样适用于其他国家，无论是从仓储、公路运输、海上运输等方面而言，还是从其他很多方面而言。当然，不同地区的运输方式有一些不同之处，但它们往往是一些细节差异，而非根本性差异。不过，就铁路运输而言，英国的情况在很多方面与其他地方有显著的差别。

造成这种情况的原因是，在英国，铁路运输的可行性不仅会受到与其他国家相比运输距离更短的不利影响，而且会受到一些铁路基础设施老化的不利影响。在英国，比其他很多欧洲国家更高的站台和更低的桥梁隧道限制了铁路货车车厢的横截面，让车环道（让速度较慢的列车靠边行驶，以便速度较快的列车通过）的长度、信号和其他因素限制了列车的长度。为了解决这个问题，铁路基础设施已经得到改善：列车的最长运行长度比以前增加了75%，这让运营成本得以下降。同样，从南安普顿港和费利克斯托港发出的高柜集装箱的铁路运输现在可以选择行驶路线（确切地说，应该是那些改进为 W10 规格轨距的铁路线）。然而，这仍然只允许最大宽度为 2.5 米、最大高度为 2.9 米的列车在铁路上行驶。而在德国，列车的最大宽度为 3.15 米、最大高度为 4.65 米；在美国，施纳贝尔 WECX 801 型货用列车高出轨道水平面 5.5 米。这反映了英国的铁路基础设施与其他国家相比存在的局限性。

同样，大多数英国运河的船闸宽度只有 2.13 米，长度仅有 22 米，因此驳船的运载能力被限制在 35 吨左右，这与欧洲大型水道的驳船形成了鲜明的对比。

在更远的地方，差距更加明显。2001 年，澳大利亚的一列 7.3 千米长的火车运载了 8.2 万吨的铁矿石；而在北美洲的五大湖里，长达 305 米的货船在其中航行。

因此，我将尽可能地进行总结概括，但是你应该记住，不同地区的经济状况会有所不同。

# 铁路运输

对于铁路运输，我想说的第一点是，在大多数情况下，它并不是公路运输的简单替代方案。对于大多数应用场景，例如，对于单个托盘或包裹的门到门送货，公路运输是显而易见的选择，而且在很多情况下也是唯一的选择。

话虽如此，2012 年英国的铁路货运量占陆路货运量的 11.2%，瑞士的铁路货运量则占陆路货运量的 45.9%。

铁路运输的优点如下。

- 对环境的影响相对较小。用铁路运输每吨货物产生的碳排放量仅为公路运输的 24%。

- 可以减轻道路拥堵压力。在英国，每发出一趟列车平均可减少 76 辆在公路上行驶的重型货车，相当于每年减少了 166 万千米的重型货车行驶里程，这反过来又减少了道路上的事故伤亡。

- 可靠性较高。考虑到公众经常关注客运列车的晚点状况，这很可能让一些人感到惊讶。英国铁路货运集团称，铁路运输每千米仅延误约 3 秒，而高速公路运输每千米延误约 6 秒，本地 A 级公路运输每千米延误约 31 秒，城市中心 A 级公路运输每千米延误约 50 秒。总体的结果是在交货准时性方面，铁路运输的可靠性大约是公路运输的两倍。

- 成本较低。铁路运输在经济性方面具有竞争力，而且在某些情况下比公路运输要便宜得多。

铁路运输的主要缺点是缺乏灵活性。在一些铁路线路上，每天可能只发一趟车，而公路车辆可以在一天中的任意时间发车。

铁路运输能力也是有限的。从英国铁路全盛期以来，很多铁路线路被关闭，这经常导致原本可用于货物运输的替代线路消失。例如，为了减轻英国东海岸主干线的拥堵压力，很多铁路货运列车的行驶路线是从彼得伯勒出发，途经斯伯丁和林肯，最后到达唐卡斯特。剑桥郡的三月城至林肯郡的斯伯丁之间的铁路线路的关闭，让这条行驶路线无法经由伊里和剑桥延伸至伦敦。虽然这些决定在做出时可能是有道理的，但它们如今产生了严重的负面影响。

在英国，客运列车往往被赋予通行优先权，特别是在繁忙的线路上。但是，在其他国家并不总是这样的。例如，在新西兰，客运服务仅限于奥克兰和惠灵顿地区的通勤列车，以及四条游览线路上的观光列车，每条游览线路每天在每个方向上的发车频率不超过一个车次。铁路网中的所有其他列车都是货运列车。在美国和加拿大，货物运输也是长距离铁路线路上的主要流量。

铁路运输的另外一个缺点是，尽管在某些情况下它是最便宜的运输方式，但对大部分货物运输来说并非如此。

有鉴于此，下面列出铁路运输可以被当作可选的运输方式的六种情形：

- 快速滚装；
- 大宗货物集运或散货集运；
- 多式联运；
- 单车厢零担运输；
- 客运列车运货；
- 铁路快速货运服务（创新的方式）。

### 快速滚装

这是英国人最熟悉的铁路运输方式，因为英吉利海峡隧道使用的就是这种运输方式。3.5 吨以下的厢式货车和轿车使用相同的摆渡列车，而重型货车则拥有专属服务。

车辆从火车站台开上摆渡列车（见图 13.1），并按照工作人员的指示停放。轿车和重型货车的摆渡列车的主要区别在于：前者是封闭式的，驾驶员和乘客在整个摆渡过程中停留在车内；后者是侧面敞开式的，驾驶员被单独安排在一个普通硬座车厢内。到达英吉利海峡隧道的另一端后，车辆驶离火车，继续其行程。每列火车长 745 米，可携带 32 辆卡车和 56 名驾驶员及其同伴，行驶速度高达 140 千米 / 小时，通过隧道仅需 35 分钟。很多人会说，这是穿越英吉利海峡隧道最便捷的方式。

来源：欧洲隧道公司（Eurotunnel）

**图 13.1　欧洲隧道公司的摆渡列车**

在瑞士的阿尔卑斯山脉也有一种长距离快速滚装服务。拉尔平公司（RAlpin AG）经营着德国弗莱堡和意大利诺瓦拉之间的快速滚装业务（见图 13.2），铁路运输距离为 414 千米（或者说 435 千米长的公路运输距离）。这趟行程需要花费 10 个小时，这使得驾驶员可以进行被承认的法定休息，并且可免于办理瑞士的通关手续。这项服务对货车运营商来说极具商业吸引力，因为瑞士政府根据碳排放水平、车辆总重量和行驶里程向过境的重型货车征收税费。有人认为，征收这项税费的目的之一就是鼓励货车使用拉尔平公司提供的服务（受瑞士政府委托），而且在这个方面他们也已经取得成功，2017 年有超过 10 万辆车使用了该服务。

来源：拉尔平公司

注：前景是尚未完成装载的空列车，后方的满载列车正准备出发穿越阿尔卑斯山脉。

**图 13.2　正在被装载到拉尔平公司的滚装列车上的货车**

### 大宗货物集运或散货集运

在大宗货物集运活动中，铁路的运输相较于公路运输具有明显的经济优势，而且在 15 千米以上的运输距离内，铁路运输的成本更低。

大宗货物（如建筑骨料）以整列运输的方式由货运列车承运，列车由一辆或多辆机车牵引，货运车厢是敞开式的。人们可以使用带铲子或抓斗的起重机来装卸货物，或者列车可以通过专门设计的滑槽将货物装载至漏斗型货运车厢。到达目的地时，货物可以借助重力从车厢流出。后者的一个例子是煤炭的"不停车卸货"服务。在这类服务中，列车通过高架煤仓向货运车厢装载煤炭（以前用于煤矿，现在用于港口）；在卸载时，列车以 800 米／小时的速度驶过一个卸货坑道，当一节货运车厢到达或离开卸货坑道时，车厢底部的车门将通过凸轮被打开或关闭。然后，煤炭由运输机运离坑道。列车卸货大约需要花费30分钟，如果一切顺利，列车不需要停车。

汽车是散货集运的一个例子，它们通过特制的装车坡道从列车后方开上列车。

通过这种运输方式运载的货物主要如下。

- 敞篷式铁路货运车厢：

  ○ 矿石，如铁矿石；

  ○ 生物质；

  ○ 废金属。

- 平板式铁路货运车厢：

  ○ 建筑材料；

  ○ 木材。

- 篷式铁路货运车厢：

  ○ 钾肥；

  ○ 生活垃圾。

- 铁路货运罐车（见图13.3）：

  ○ 原油和汽油；

  ○ 化工品。

- 特制铁路货运车厢：

  ○ 汽车；

  ○ 核废料。

来源：Freightliner 公司

**图 13.3　一列散货集运火车（图中是铁路货运罐车）正在经过一个偏远的小站**

尽管我们需要一如既往地谨慎地进行总结概括，但是要开行大宗货物运输列车，可能需要的最低货运量为 700~800 吨。在英国，这类列车的载荷大都在 1 500~2 000 吨，5 000 吨以内都是可行的。欧洲范围内载荷最大的货运列车是在瑞典和挪威之间运输铁矿石的列车，其载荷大约为 8 500 吨。

## 多式联运

这有可能是经济可行的一项铁路运输活动，在英国被大规模使用，约占铁路货运量的 1/3。近几十年来，欧洲的多式联运货运量中的铁路货运量稳步增长，从 1990 年到 2014 年增长了 145%。它可以被定义为一段行程，在这段行程中一个货运单位（如一个货运集装箱，见图 13.4）以至少两种不同的运输方式运载。一个常见的例子是，集装箱由亚洲通过航运抵达英国，然后通过铁路运输至一个内陆站点，最后通过公路运输至交货目的地。

来源：Freightliner 公司

**图 13.4　多式联运（一列运载 40 英尺集装箱的火车）**

英国铁路公司前董事局主席理查德·比钦（Richard Beeching）在 20 世纪 60 年代因为在英国铁路行业挥舞"比钦的斧子"而广受批评。"比奇的斧子"最终导致大约 1/3 的英国铁路线路和过半数的铁路客运站点关停。不过，他有一件事情做对了，那就是预测对了集装箱铁路运输的未来。Freightliner 公司在 1965 年开行第一趟货运列车，于 1968 年从英国铁路公司独立出来，目前作为英国最大的铁路货运公司之一仍在运营。

英国大多数的多式联运货物实际上都是集装箱，Freightliner 公司在英国 80% 的多式联运业务都是在为航运公司服务。他们将货物从费利克斯托港、南安普敦港、伦敦门户港和提赛德港运到从科特布里奇到卡迪夫的一系列内陆码头，而且大多数货物的交货地点都在距离最近的码头 30 千米的范围内。公路运输服务可以由 Freightliner 公司提供，也可以由客户自行安排。大多数码头都向客户提供集装箱存储这项可选服务，而且将空集装箱返还给港口或其他地方是多式联运服务的一部分。

在下个工作日将集装箱从港口送达目的地的服务在英国大部分地区都是

可用的，这对几乎所有的实际应用来说都已经足够快捷。出于商业需求，其成本与公路运输不相上下。

长距离多式联运中的铁路运输可以跨国运营（见图13.5），中国和欧洲之间的中欧班列就是一个很好的例子。中欧班列连接了中国的几十个城市和欧洲的几十个国家，包括东伦敦的巴金站（通过英吉利海峡隧道连接）。在长达1.1万千米的运输线路上，90%的集装箱通过西伯利亚铁路中转运输，其余的经由哈萨克斯坦中转。其在途运输时间为14~17天，比海运要快得多，同时也为大批量货物提供了比空运便宜得多的运输方式。

来源：Freightliner公司

注：左侧是铁路货运车厢，有的是空的，有的装载了集装箱；右侧是成堆的集装箱，有些被装载到公路运输车辆上，正在运出或运进码头。

**图13.5　运营中的多式联运码头**

### 可拆卸式车厢

多式联运的一个变体是使用可拆卸式车厢，而不是集装箱。可拆卸式车厢类似于传统的货车车厢，两者的不同之处在于，它被设计为可以从挂车的底盘上提起并被放到铁路货运车厢上，或者反过来，可以从铁路货运车厢上提起并被放置到挂车的底盘上。它通常是侧开式的，允许从侧面进行装卸，而且根据铁路装载规格，它可以比航运集装箱更大。关键在于，在英国，人们可以为它建造一个 2.4 米宽的出入口，这样就能并排运输两个 1.2 米长的标准托盘。它的自重也更轻。它的缺点是初始投资成本和维护成本较高，而且不能堆放，因而不能用于海运。

因此，它多用于只涉及公路运输和铁路运输的多式联运，如果多式联运还涉及海运，那么我建议使用集装箱。

在英国，一些零售商在英格兰中部地区和苏格兰之间的运输中使用可拆卸式车厢，并经常从苏格兰的供应商那里获得回程载货的机会。其中很多服务都是从达文垂国际铁路货运枢纽站开始运营的，这是一个专门建造的多式联运铁路站点（见图 13.6）。从这样的多式联运铁路站点开始运营的服务在经济上是可行的，如果一段货运行程在铁路运输环节前后还需要拖挂卡车（带可拆卸式车厢）进行公路运输（包括两次提举车厢的操作），那么它有可能在经济上是不可行的。

来源：安博公司

注：右侧是汽运挂车上装载的可拆卸式车厢，中间是正在通过坡道进行铁路装车的车厢，左侧是已经装载到货运列车上的车厢。在列车的右侧可以看到正在装车的可拆卸式车厢。

**图 13.6　达文垂国际铁路货运枢纽站**

不过，长距离运输的经济性各不相同。例如，Transmec 公司提供每日往返于英国和意大利之间的可拆卸式车厢运输服务，每个方向上的在途运输时间都是 48 小时，其运输价格与公路运输价格相当。

### 驮背运输

这是一种多式联运方式，即从拖挂卡车上卸下的半挂车被整体装载到铁路货运车厢上进行运输。从技术层面来讲，快速滚装也是一种驮背运输方式。但是，对于本部分所讲的驮背运输，驾驶员或牵引车并不参与挂车的运输过程。

相较于交换车厢的运输方式，驮背运输的主要优点在于它不需要使用专用设备，使用普通挂车就可以了。不过，载荷的限制和被挂车底盘和车轮所占用的装载空间导致这种运输方式有明显的成本劣势。因此，该运输方式很少在欧洲使用，而且由于装载规格的限制，在英国也几乎没有可行性。

### 单车厢零担运输

传统的铁路运输模式（单节车厢或部分车厢运输）的使用量长期来看正在逐渐下降。这种运输模式通过铁路编组站来运行，由不同客户的货车车厢组成的列车在这里被解体并重新编组，以继续行程。一项研究发现，与 5 年前的研究结果相比，这种模式的铁路运输量下降了 15%~20%，该项研究得出的原因包括糟糕的可靠性、运营商的盈利性差、编组站的关闭（在过去的 10 年里关闭了 30%~40%）及私营铁路支线的关闭。该研究得出的结论是，现在有一个恶性循环：铁路基础设施减少导致铁路运输量减少，这反过来又进一步造成铁路基础设施减少。在德国，这类运输服务仍然占铁路运输量的 39%，而且在奥地利等国家，这些零担运输列车部分是由多式联运的铁路货运车厢组成的。这种做法无疑延长了这种铁路运输模式的寿命，但在英国，这种铁路运输模式几乎已经消失。在美国和加拿大，单车厢零担运输业务仍在大规模运营。位于美国芝加哥的贝尔特铁路编组站平均每 24 小时处理

8 400 节车厢，相当于 65~80 千米长的列车。

我的总体建议是，如果你正在考虑在欧洲范围内改用铁路运输，那么这是一种过去的（而不是未来的）模式，而且不太可能成为能够满足你的需求的最佳长期解决方案。不过，在北美洲，它仍然是一种可行的运输模式。

### 客运列车运货

这是另外一种使用量长期下滑的铁路运输模式。在这种模式下，在每个车站由站台工作人员和客运列车的守车人员将包裹和其他物品从车厢里搬进或搬出，这种铁路运输模式现在已经不可行，因为旅客不会接受由此造成的列车延误，而且铁路工作人员的配备水平也不允许这样做。在某些情况下，现场可能既找不到站台工作人员，也找不到守车人员。

近年来，有一些广为宣传的例子，例如，使用特制的冷藏箱将活龙虾从彭赞斯运到伦敦市的帕丁顿区，再将其供应给高档餐厅。不过，这样的例子并不多见。除非你有与之类似的非常专业化的需求，否则你不太可能使用这种运输模式。

### 铁路快速货运服务

关于铁路运输的有趣的新发展是意大利在 2018 年 11 月推出的铁路快速货运服务。Mercitalia 公司是意大利国有铁路公司的子公司，现在每周 5 天在卡塞塔和博洛尼亚之间运营一项铁路快速货运服务。它可以在 3.5 小时内行驶 546 千米。快速货运列车有 12 节车厢，经过改造可以携带滚装集装箱，列车的有效载荷相当于 18 辆拖挂卡车的载荷。

此前，高速铁路一直是客运服务的专属（如法国的 TGV 列车和日本的子弹头列车）。观察这项铁路运输服务能否在商业上取得成功是一件有趣的事情，如果成功了，它将促进这类业务在其他国家的快速扩张。

# 获取铁路运输服务

在英国，之前已经提到过的 Freightliner 公司是一家主要的铁路运输服务提供商。作为其综合商务部门，Logico 很可能是你与他们接触的第一个部门。英国铁路货运公司（GB Railfreight）和德国铁路货运公司（DB Cargo）是另外两家铁路运输服务提供商，后者运营着很多国际化货物运输服务，包括往返中国的货运服务。你可以通过这些铁路运输服务提供商获得多式联运服务，在某些情况下也可以通过第三方获得。例如，前文所述的 Transmec 公司提供发往意大利的货运服务。你可以在不新增营业场所设施的情况下开展可拆卸式车厢或集装箱的运输业务，虽然我始终建议你提前做好规划，但是进行规划所花费的时间不应太长。

然而，对散货集运来说，在开展运输业务之前还有一些潜在的关键问题需要解决，相关内容如下。

## 为散货集运提供铁路运输终端站点

如果已经有了一条通往你的经营场所的铁路线路，或者可以在你的经营场所附近找到一条铁路线路，这将是一件非常幸运的事情。在一些偏远地区（如苏格兰北部），你可能可以将列车停在铁路干线上进行装车，但是以这样的方式解决问题的机会当然非常稀少。

然而，如果没有那么巧，你就需要建立一个铁路运输终端站点。这至少需要一条与现有铁路线路相连接的支线、足够的场地空间（供起重机等装卸设备运行）及等待装载或中转运输的货物的存储功能。

幸运的是，英国铁路网公司（Network Rail，由英国政府所有，负责铁路线路、桥梁和信号设备等铁路物理基础设施的修建和维护）可能可以协助提供合适的场所。该公司已经拥有超过 100 处房地产。该公司拥有这些房地产的永久产权，但是会将某处房地产租赁给为其建设铁路运输终端站点的各项基础设施的另外一方。在英国全国范围内，还有超过 50 个可供选择的地点（截至 2018 年）可以进行类似的规划安排。英国政府基本上不可能提供土建作业的投资资金，因此英国铁路网公司无法提供一步到位的解决方案。但是，根据你的经济实力，你有可能获得私人的投资资金，而且英国铁路网公司有可能提供一个租金减免期，以协助你周转资金。

如果你对这样的方案感兴趣，我建议你首先去英国铁路网公司的网站进行咨询。

无论是使用上述可选地点或你自行选定的地点，你都应当在早期阶段针对铁路运输终端站点的适用性咨询英国铁路网公司。你需要建设铁路运行干线上新的接轨点，可能还需要建设一条渡线，好让列车从两个行驶方向进入铁路轨道（技术上称为"上行"和"下行"）。你还需要对控制列车进出的信号设备进行改造。

铁路运输终端站点很少为电力机车头安装高架电线，它们有可能带来严重的安全问题，也有可能导致无法从货运车厢上方进行装卸作业。

英国铁路网公司需要确保在铁路运输终端站点和预期目的地之间拟开行的线路可以达到预计的运输量。他们需要确认装载尺寸是否够用，以及轴重不会超过该条铁路线路的安全载荷的限值。一些铁路线路已经严重拥堵，因此新的货运列车的投入使用可能是一个无法解决的问题。众所周知，为一大批速度、加速能力、经停方式各不相同的客运列车（如特快列车、通勤快车、通勤慢车）设计行驶路径是一项非常困难的工作，尤其是在每个行驶方向上只有一条铁路线路的时候。假设想要加入一趟货运列车，但它的行驶速度较慢（对散货集运来说，货运列车的最大行驶速度通常为 100 千米 / 小时，相比之下，快速客运列车的最大行驶速度为 200 千米 / 小时）、加速也慢，却一站不停，这可能是不可行的（特别是在高峰时段），因此很多货运列车必须在夜间运行。

如果有现成的铁路线路与拟设的铁路运输终端站地点相连，或者该地点至少靠近现有的铁路轨道，那么这会对创建铁路运输终端站点很有帮助。铺设一段很长的轨道来建立铁路通道不仅有可能被证明是昂贵的（特别是需要额外购买土地时），而且在城市地区也是不可行的。新的铁路运输终端站点还要有良好的陆运通道，除非它位于采石场之类的地方，当然还要有充足的场地用于装卸设备的运行和货物在等待处理时的存储。

## 地方上的反对意见

大众和部分媒体对铁路的态度有些自相矛盾。如果被问到，大多数人会说他们完全赞成将货物运输从公路转移到铁路上。然而，如果被问到是否应该额外修建特定的铁路线路或铁路运输终端站点，他们却可能持相反的意见。他们对英国高速铁路 2 号线和在原先的拉德利特机场的场址上修建的靠近 M25 高速公路的铁路运输终端站点的态度就是一个例证。

我不会对这些特别的例子发表意见，但是我可以用自己领导一个项目团队创建英格兰第一个私人专用的英吉利海峡隧道铁路运输终端站点的经验作为一个例子。我们查看了无数的备选地点，其中一些地点因为要价过高或无法克服的运营困难而被否决。其他地点则遭到了当地媒体和公众舆论的反对，他们提出了创造的就业机会不足之类的理由，而且对于一个备选地点，他们有这样的看法：我们不应该去开发改建那座废弃的煤矿，因为它应该被重新用来生产煤炭。幸运的是，我们最终在科尔比找到了一个合适的地点，它位于英国钢铁公司使用过的棕色土地上，因为当地政府看到了在该地区引进这样一个设施的长期优势，而该铁路运输终端站点的建设也被证明是巨大的成功。

一个有价值的建议是，如果可能，去找一个位于棕色土地上的地点，它最好与现成的铁路线路相连，并且你应尽早获得尽可能多的本地支持。创造就业机会的提议也会很有帮助。最重要的是，你要坚持不懈，不能因为早期的挫折而灰心丧气。

我估计，一旦这个铁路运输终端站点建成并投入使用，几乎所有的反对意见都会迅速消失。人们会认识到铁路运输的优势，你会因将货物运输从公路转移到铁路上而收获大量的赞扬。

### 政府补贴

在英国，你可以获得用于支持将货运模式从公路运输转换为铁路运输（或内河航运）的政府补贴。这个计划被称为转换货运模式的收入支持计划。

该计划的目的是抵消因使用一个对环境更加友好的货运模式而带来的额外成本，因此，如果将货运模式调整为铁路运输会导致成本增加（相对于公路运输），那么该补贴可以确保你不会因此蒙受经济上的损失。

该计划针对多式联运和散货集运而被细分为不同的补贴机制。对前者来说，政府补贴是以单位数额为基础进行计算的，即对两地之间运输的每个集装箱或可拆卸式车厢支付一笔固定的费用。最大的补贴额度根据英国 18 个地区中的具体区域而定。例如，一个集装箱从南安普敦港运往伦敦最多可以得到 19 英镑的补贴，运往伯明翰最多可以得到 42 英镑的补贴，但是运往格拉斯哥则没有补贴。对于大宗货物集运，政府补贴金额需要根据情况进行计算，但是两种运输模式之间的运价差额将是政府拨付补贴的可能的上限。在所有的情况下，你不仅需要证明自己的财务状况，也需要证明运输模式的改变对环境的好处。申请政府补贴的提案需要事先获得批准，但是为了保护纳税人的利益，政府补贴会延后支付。

在苏格兰和威尔士，在进行运输投资时可以向政府申请货运设施拨款。

本节内容以英国交通部于 2015 年发布的《转换货运模式的收入支持计划指南》（*The Guide to Mode Shift Revenue Support Scheme*）中的相关内容为基础。

# 内河航运

内河航运可能是最古老的货运模式，最早的例子可能要追溯到史前时代，一位狩猎者使用一艘简陋的独木舟将猎物带回家。在中世纪，河流再次成为主要的运输途径，公路运输在当时则显得不合时宜，而且运河在工业革命初期铁路还没出现之前迎来了它们的辉煌时期。

运河区别于公路和铁路的一个方面是，后两者只能用于运输货物或乘客。然而，运河还有其他用途，包括作为饮用水、农业灌溉和工业用水的水源；作为排水系统；作为娱乐消遣的场所（如游泳、钓鱼和帆船）。对其他用途的需求有可能与对运输用途的需求产生冲突，例如，永久性（如修建水坝）或临时性造成水源短缺，导致货船搁浅；或者造成水源泛滥，导致轮船无法穿过桥梁。如果你正在考虑使用内河航运这一运输方式，你就应当考虑这些因素。

## 英国的内河航运

如果你正在考虑使用那些在 18 世纪修建的狭窄运河进行长途货运，那么我有一个简单实用的建议：别指望它了。

英国的运河多年来一直处于衰退状态，但是最严重的打击发生在 1962—1963 年的严冬，当时，运河冻结了好几个月。很多客户出于需要更换了运输方式，而且再也没有更换回来。随着高速公路网的发展，内河航运变得无力竞争。例如，从伦敦往返特伦特河畔斯托克城的行程，如果合理安排时间、避开交通拥堵，使用拖挂卡车可以在一天内完成，而通过运河需要花费大约 185 个小时，即大约需要一个月的时间（假设每天航行 9 小时，每周航行 5 天）。支付给驳船一个月的运费使得这样的运输方案完全不可行。

在英国，有一些使用主要运河进行内河航运的例子。

- 由 7 艘拖船和 47 艘驳船组成的科里环卫公司（Cory Environmental）船

队每年在泰晤士河上将 70 万吨生活垃圾运往垃圾填埋场或垃圾处理场。

- 塞文河畔的厄普顿的采石场的沙石建筑骨料通过在驳船在塞文河及相邻的夏普尼斯运河上运输，每艘驳船可以至少运输 350 吨。
- 索尔福德港是位于曼彻斯特通海运河上的一个集装箱码头，在 2014 年处理了 3 万个集装箱。

转换货运模式的收入支持计划同样适用于内河航运，而且如果你能发现利用运河的运输机会，这明显对环境有好处。然而，这样的机会是很少见的，而且对本书的很多读者来说，选择内河航运这种货运模式根本不现实。

**欧洲大陆和其他地方的内河航运**

在英国以外，情况可能大不相同。在欧洲，内河航运在各种运输方式中的占比是 6%，而且在 2001—2012 年大致保持不变。

对于可通航水道的总长度的估计各不相同，部分原因是对"可通航"的定义不同。巴特·维格曼斯（Bart Wiegmans）和罗伯·科宁斯（Rob Konings）估计，全球有 60 万千米长的可通航水道，在欧洲有 5.2 万千米长的可通航水道，其中 8 000 千米长的可通航水道用于货物运输。欧洲内河体系的干流是多瑙河（长约 2 850 千米，流经德国、奥地利、匈牙利、塞尔维亚和罗马尼亚）和莱茵河（长约 1 300 千米，经过瑞士、德国和荷兰）。多瑙河由于水位多变而不太可靠，并且流域内的工业化程度低于莱茵河流域。莱茵河及其支流和与之毗连的运河形成的莱茵河轴线承载了大约 70% 的欧洲内河航运量。

其他重要的内河航运水道包括法国的塞纳河和罗讷河，以及荷兰、比利时、法国、德国部分地区广阔的运河体系。连接鹿特丹和安特卫普的主要港口的莱茵 - 谢尔特运河是世界上最繁忙的内河航运水道之一。

对于那些与铁路运输相似的货运——多式联运和散货集运（后者包括油罐运输，见图 13.7），内河航运往往最具竞争力。莱茵河上的货轮可长达

110 米，宽 11.4 米，吃水深度（即水线到轮船底部的距离）3.6 米。这使得轮船可以装载 3 500 吨或 208 个 20 英尺集装箱。

主要有两种类型的船可供使用。它们既可以是自航船，也可以由一系列无动力驳船（由一艘顶推船推动前进）组成（见图 13.8），后者可以形成规模经济。一支前往杜伊斯堡的顶推船队可以运输 1.8 万吨煤炭。然而，由于需要对驳船进行集结或解散以便装卸，运营难度也会变得更大。表 13.1 列出了杰森·莫尼奥斯（Jason Monios）和里卡德·伯格奎斯特（Rickard Bergqvist）统计的西欧船舶数量。

来源：墨丘利集团（Mercurius Group）

图 13.7　正在运河上航行的排水量达 2 750 吨的荷兰油驳 Zuidwal 号

来源：Pixabay 网站

图 13.8　多瑙河上的顶推船和驳船

表 13.1　西欧船舶数量

| 类型 | 细类 | 数量（艘） |
| --- | --- | --- |
| 自航船 | 干货船 | 6 753 |
| | 油轮 | 1 999 |
| | 总计 | 8 752 |
| 无动力驳船 | 干货驳 | 3 117 |
| | 油驳 | 155 |
| | 总计 | 3 272 |
| 顶推船 | — | 1 039 |

很多集装箱运输与扩展港口服务范围的概念有关。集装箱经鹿特丹和欧罗波特的大港口转运至某个内陆码头时，海关及其他手续仅需在抵达目的地时办理（见图13.9）。这些码头可深入内陆腹地（如纽伦堡和列日港），而且一些码头非常大。蒂尔堡的年吞吐能力为30万个20英尺集装箱当量，约为鹿特丹港的1/3。

来源：墨丘利集团

**图13.9 内陆集装箱运输船Lahringen号（可运载208个20英尺集装箱）**

很多大宗货物也在大型海港进行转运，如发电厂使用的煤炭。对油罐运输而言，几家炼油厂和化工厂都位于港口附近，它们通过内河水道运输炼化产品。整托盘装载的货物通常不通过内河水道运输，但是最近有企业尝试利用比利时的运河网络运输建筑材料，该运河网络展现了明显的潜力。

在欧洲，大多数货运驳船都是由小企业运营的，每家企业拥有1~3艘货运驳船（这与美国形成了鲜明的对比，美国只有5家大企业，它们主宰了市场）。市场上运能过剩导致运价低，因此利润也很低。此外，人员招聘方面的主要问题是人员短缺、劳动力老龄化。使用自动化或半自动化的货船可能是长期的解决方案。

内河航运在短距离运输上是经济实惠的，这已经被鹿特丹港的集装箱转运业务所证实。其中超过 1/2 的集装箱被运往荷兰的其他地区，而不是其他国家。然而，正如表 13.2 中的数字所示，内河航运本质上更适合用于长距离运输。

表 13.2　公路运输、铁路运输和内河航运的成本比较

| 项目 | | 相对于公路运输节约的成本 | | | |
| --- | --- | --- | --- | --- | --- |
| | | 公路运输 | 铁路运输 | 内河航运 | 公路运输距离（千米） |
| 集装箱 | 鹿特丹到海德堡 | — | 5% | 27% | 515 |
| | 在途时间（天） | 1.5 | 2.5 | 3.5 | — |
| 液体散货 | 鹿特丹到维也纳 | — | 20% | 33% | 1 157 |
| | 在途时间（天） | 2 | 4 | 8 | — |
| 汽车 | 奥地利到罗马尼亚 | — | 7% | 65% | 1 070* |
| | 在途时间（天） | 3 | 6 | 7 | — |

数据来源：节约的成本和在途时间等数据来自巴特·维格曼斯和罗伯·科宁斯，运输距离由作者自行计算

\* 假设从维也纳到布加勒斯特。

通过表 13.2 可以看出，对那些不需要严格限制收货时间的货物来说，运输成本的降低可以弥补在途时间的增加。内河航运在超大型货物运输方面也有明显优势，例如，风力发电机的叶片可以用驳船来运输，但是不能用货车或铁路货运车厢来运输。不过，内河航运不太适合用来进行紧急送货和准时制送货。

在欧洲以外的一些国家，内河航运发挥着重要的作用。相关的例子包括：中国，估计有 16.5 万艘货船从事内河航运；俄罗斯；巴西，亚马孙河及其支流是通过某些区域的唯一途径；美国，特别是五大湖地区、密西西比河和俄亥俄河流域。在这些国家和欧洲的一些地区，内河航运对某些类型的货物来说是一种很实用的运输方案。如果你的企业位于一个合适的河道上，那么你应当将内河航运作为一种选择加以认真考虑。

### 使用运河在城市送货

众所周知，威尼斯的各行各业都在使用运河，从接生到殡葬，但这是由该城市的历史特色所决定的。在阿姆斯特丹和乌得勒支也有电动船运输啤酒，甚至在诺福克湖区还有卖冰激凌的船。然而，上述例子都非常特殊，而且在其他地方复制这些模式的机会极为罕见。

# 固定运输装置

对内陆运输来说，一种经常被遗忘的运输方案是通过固定装置运输，其贡献通常比人们意识到的更大。例如，2012年英国有1.4亿吨物资是通过管道运输的，其运输量比铁路运输或内河航运都要大。

管道可以用来运输液体和气体，而且运输这类货物的一些管道非常长，例如，从俄罗斯到西欧的运输管道。在英国，大型炼油厂和内陆油库之间都有管道，还有专用的航空燃油管道通往希思罗机场和盖特威克机场。通过将煤粉与水混合后形成水煤浆，管道也可以用于运输煤炭。

输送机主要用于农业、采矿业和采石业，可用于运输矿石、骨料、煤炭（见图13.10）、农产品及其他产品。

每一项固定运输装置都需要很高的投资成本，以及装置停止使用的善后成本。然而，固定运输装置一旦建成，其运行和维护成本（分摊到每吨货物上）会非常低，而且使用它们比安排货车、火车或驳船的运输行程要容易得多。

管道和输送机当然不需要太长的运输距离，而且可能有助于在两点之间运输货物，或者将货物运进或运出某个运输终端站点。同样，这种运输方式仅在少数情况下是最佳选择，但是如果你正在同一条路线上连续运输大量物资，那么你应当意识到这种运输方式的可能性。

来源：Pixabay 网站

**图 13.10　用于运输煤炭的户外输送机**

## 结论

如前文所述，对多种类型的内陆货物运输（如单个包裹或托盘的运输）来说，只有一种合理的选择，即公路运输。然而，对货运来说，可以考虑替代运输方案——铁路运输；在某些地理区域选择内河航运有可能具备非常明显的经济和环境优势。使用其中一种运输方式（或两种都用）的多式联运日益流行，而且这个态势毫无疑问将保持下去。固定装置运输也做出了重要的贡献，但往往被人忽略。下一章将介绍跨海运输的主要选择——海运和空运。

A PRACTICAL GUIDE TO LOGISTICS

An Introduction to Transport,
Warehousing, Trade and Distribution

## 第 14 章

# 海运和空运

上一章介绍了内陆运输的各种选择。可选的运输方式包括从使用脚踏车或小型厢式货车在当地运送外卖食品，到通过铁路或驳船进行几千吨骨料的散货集运。当然，公路运输和铁路运输服务确实是国际化运营的，中国和欧洲之间的多式联运铁路运输服务线路可能是世界上最长的。

然而，对大多数长途运输（特别是洲际运输）来说，运输选择可能仅限于海运和空运。后文将对洲际运输进行介绍。

货运船舶的类型可能比第 8 章介绍的货运车辆的类型还要多。然而，本书的大多数读者不需要关心大型的油轮或散货船，因此本章将主要介绍那些最常见的船舶类型，包括滚装船、集装箱运输船和普通货物运输船。

## 滚装船运输

滚装是指货物通过车轮上下货船。大多数读者应该都乘坐过渡轮，它可能从英国的多佛开往法国的加莱，而渡轮就是一种滚装船。这些渡轮在世界各地从事短途跨海横渡业务，而且它们往往是进出岛屿的唯一途径。在其他情况下，它们充当旅程的捷径，因为陆路行程更长。这样的例子有：古罗克和达农之间横渡克莱德河口的渡轮，20 分钟的航程替代了 132 千米的陆路行程；从意大利布林迪西到希腊伊古迈尼察的渡轮，7.5 小时的航程可以替代不少于 2 600 千米的陆路行程。

在一些国家，渡轮被纳入了公路系统。挪威就是一个例子，使用 E30 主干线穿越这个国家需要经过七段轮渡航程，例如，外厄奥普达尔和拉维克之间横渡松恩峡湾的轮渡。在晴朗的天气里，这是一段非常宜人的旅程，而且对该区域来说也是很重要的。这些渡轮对印度尼西亚等岛国来说是至关重要的。

大多数渡轮可以运载重型货车，包括拖挂卡车，但也有一些例外情况，例如，爱尔兰南部的巴利哈克和东航道之间的轮渡服务只接受 3 吨以下的车辆。因此，明智的做法是提前核查轮渡的具体要求，但这样的问题很少出现。

在较短的轮渡行程中，拖挂卡车通常会被作为一个整体的车辆组合进行运输，司机将轮渡行程作为整个行程的一部分，这被称为司机跟车的航运。不过，也可以安排司机不跟车的挂车航运，由航运公司来负责挂车的装卸，在这种情况下有可能使用大型牵引车（见图 14.1）。

来源：CLdN 集团（CLdN Group）

**图 14.1 正在被一辆大型牵引车从滚装船 Yasmine 号上卸载的无人跟车的挂车**

很多滚装运输服务允许同时装载轿车和货运车辆，缺少了这两种收入来源的同时支持，这项服务通常无法在商业环境中存活。不过，一些渡轮仅可用于货物运输（见图 14.2），并且除了少数的司机，不接受任何客运业务。因此，你通常需要在长距离的货运渡轮和短距离的客货混合渡轮之间做出选择。例如，从伯明翰到科隆的货运行程可以安排为司机跟车的航运，通过英吉利海峡隧道或从英国多佛到法国加莱的轮渡来完成，或者使用 Cobelfret 航运公司从珀弗利特港到鹿特丹港的航线上的货运渡轮（司机跟车或不跟车）来完成。后者是一段 12~16 小时的航程，每天仅航行 4 个小时，而且费用会更高。然而，它大约节省了约 241 千米的公路里程，节约的公路运输成本超过了增加的轮渡成本。如果在北海的两岸能够分别安排牵引运输，使得在整个航程中挂车可以进行司机不跟车的运输，而且牵引车头也不必与挂车一起运输，那么节约的成本会更多。这是在成本与速度之间进行权衡的一个典型的例子。

来源：CLdN 集团

注：该渡轮建造于 2017 年，总吨位超过 7.4 万吨，装载长度近 8 000 米。这意味着，如果把船上装载的所有车辆依次首尾相连，那么这条连线的长度将接近 8 000 米。

**图 14.2　货运渡轮 Celine 号**

危险品更有可能被货运渡轮所接受，但是根据预期海况等因素，不同的航线有不同的规则。应当谨记，一位船长的首要职责是确保船员的安全，因此他们拥有绝对的权力来拒绝运载任何航程中的任何货物。我记得曾经发生过这样的情况，一批汽车电池的满载运输在正常情况下会被货运渡轮接受，但是在某次预报会有恶劣的飓风天气的特殊情况下被拒绝了。

牲畜的运输不太可能被较长的轮渡线路所接受。拖挂式房车、农业设备或汽车当然都可以作为滚装货物来运输。因此，一些航运服务混合装载滚装货物、集装箱和普通货物，如俄罗斯和美国之间的大西洋滚装运输服务。大批量的汽车运输（如从日本出口到欧洲的汽车）都是由专业的汽车承运人来提供服务的，但是将少量的新车运送到赫布里底群岛则会由一个多家共用的滚装运输船来提供服务。

# 集装箱运输

如果你的公司正在进口或出口产品，就很可能使用集装箱。尽管集装箱运输的历史可以追溯到 18 世纪，但是其近现代的使用始于第二次世界大战中的美国军队。

1956 年，美国的卡车运输大亨马尔科姆·麦克莱恩（Malcom McLean）设计了标准的金属集装箱。他发现装载一艘集装箱货船的成本是每吨 0.16 美元，相比之下，装载散货的成本是每吨 5.83 美元。船舶在港口花费的无效时间大大缩短，货物失窃的现象也显著地减少了。

集装箱的使用量大幅增加，最繁忙的贸易线路是亚洲至北美的集装箱运输线路，其在 2013 年运输了超过 2 300 万个标准集装箱。这条线路的主要用户包括沃尔玛等企业，2016 年仅运往美国的就有大约 82.5 万个标准集装箱；同年，美国都乐食品公司（Dole Food Company）进口了 22.7 万个标准集装箱的香蕉。

## 集装箱

市面上主要有两种类型的集装箱——20 英尺集装箱和 40 英尺集装箱。前者是统计数量的基础，为标准集装箱，即 20 英尺集装箱当量。因此，一艘能够运载 1 000 个 40 英尺集装箱的船舶将被描述为拥有 2 000 个标准集装箱的运载能力。

应当注意到，英制（而不是公制）是集装箱计量的世界标准。近年来，集装箱有容积变大的发展趋势，这类集装箱的高度为 9 英尺 6 英寸（约合 2.896 米），而不再是 8 英尺 6 英寸（约合 2.591 米），长度也不再是 45 英尺。45 英尺集装箱在英国道路上运输会有潜在的问题，但是你可以使用 Geest 公司专门设计的欧标铸件来确保运输车辆和挂车保持在允许的最大运输尺寸范围内。

10 英尺集装箱目前在西方国家很少见到，30 英尺集装箱也很少见。

集装箱的最大载荷根据其结构略有不同，典型的数据是：20 英尺集装箱的最大载荷为 28.2 吨，40 英尺集装箱的最大载荷为 26.6 吨。对于重型货物，如罐装水果，20 英尺集装箱是最佳选择；对于较轻的物品，如塑料，40 英尺集装箱或高柜集装箱是更好的选择。

市场中也有专用集装箱。冷冻式或冷藏式集装箱用于易变质货物的装载，它们从运输船舶上获取电力。罐式集装箱用于装载液体货物，如化工品。一些没有危险的液体货物，如运往欧洲进行装瓶的散装红酒，可以使用坚固的袋子（被称为集装箱液袋）进行运输。这样的液袋占据了一个普通集装箱内部的大部分空间，这在某种程度上会让人联想到一个超大的红酒盒。某些专用集装箱可用于装载挂装服饰之类的产品。

### 集装箱装载

托运人有责任将货物装进集装箱内以免其受到损坏。应当谨记，海上航行遇到的状况要比在高速公路上遇到的严苛得多。因此，建议在所有的海运集装箱内都至少使用由双坑瓦楞纸板制成的纸箱（详见第 7 章）。在这些纸箱里，易碎物品至少应当使用 5 厘米规格的气泡膜进行缠绕包裹。

在开始这个过程之前，你应当做好装载计划（也称集装箱装箱）。以下是一些指南。

- 装箱前检查集装箱是否损坏及其洁净程度是否达标。
- 货物包装应当整齐堆放，最重的集装箱应放在最底部。
- 确保不把所有的重型货物集中装载到集装箱的一端。如果有可能，货物应当均匀地分布在集装箱的底板上。
  - 如果无法做到（例如，有一台单独的机械设备），那么应当将其居中放置，并使用打包带、罩网、充气袋或木质材料（也称包装垫料）进行固定。

○ 如果货物堆垛之间存在间隙，那么堆垛应当沿着集装箱的长边或短边居中放置。

- 任何尖角都应当遮盖起来，以确保它们不会损坏其他货物。
- 任何有毒的货物都应当密封起来。
- 不要将有气味的货物和易受污染的货物装载到同一个集装箱里，洋葱和高档时装无法混合装箱。

装箱完成后，应当封闭集装箱。我强烈建议使用金属螺栓（见图 14.3）密封。尽管塑料或金属丝更便宜，但是安全性更高的金属螺栓只需花费几英镑，而且物超所值。封条号码应当记录在相关文件上，很多人还会拍摄一张带有时间和日期戳记的照片。收到集装箱时，你应在开箱前仔细核对集装箱上的封条号码与相关文件上的记录是否一致。

在接收集装箱前，确保你有一套好用的长柄螺栓切割工具。用老虎钳剪开 8 毫米厚的低碳钢是不可能的，而使用小型弓锯则费时又费力，特别是当你得开车去当地的五金商店现买一把锯子时。

来源：Universeal 公司

**图 14.3　金属螺栓**

### 集装箱的核定总重量

2017 年那不勒斯号货船沉没的一个重要原因是瞒报集装箱的总重量。26 名船员被迫在 11 级强风和约 12 米高的巨浪中弃船并登上救生艇，最终极其幸运地活了下来。沉船的打捞成本约为 1.2 亿英镑。海上安全不是儿戏，应当非常小心地确保所有的规定都得到严格遵守。

《国际海上人命安全公约》（International Convention for the Safety of Life at Sea）自 2016 年起强制要求申报每个集装箱的核定总重量，以便船长在安排集装箱的装载时不会让它反过来影响船舶的稳定性。这可以通过对装货后的集装箱进行称重来确定，也可以在装箱前称每件货物的重量，再加上集装箱门上写的净重来确定。粗略估计集装箱的总重量是不被允许的。有一种例外的情况，即"货物有独立的、密封完好的包装，在包装表面清晰、永久地印有包装和货物的精确质量（包括包装内部所有的其他材料，如包装材料和制冷剂），在装入集装箱时不需要再次称重"。不过，可能仍然需要谨慎地对这类货物进行抽样称重核验。

提供集装箱的核定总重量是托运人的责任，尽管可以授权一个代理人（如第三方物流公司）代表他们来做这件事。船舶不得装载没有核定总重量的集装箱。

## 航运线路规划

集装箱运输由大型的航运公司主导，马士基集团、地中海航运公司和法国达飞海运集团控制着全球 41% 的运力。深海（或跨洲）航运船舶往往会规划航线，以便在航程的任意一端都可以从一系列港口收取集装箱，并将其卸载到另外的一系列港口。在固定航线上运营的航运服务，无论线路长短，都被称为班轮运输服务。例如，马士基集团的部分航线如下：

- 宁波、上海、厦门、香港、丹戎帕拉帕斯、科伦坡、费利克斯托、鹿特丹、不来梅哈芬；

- 圣彼得堡、不来梅哈芬、鹿特丹、安特卫普、卡塔赫纳、曼萨尼略、瓜亚基尔、巴尔博亚；

- 丹戎帕拉帕斯、新加坡港、布里斯班、陶朗加、利特尔顿、查尔莫斯港、丹戎帕拉帕斯。

一些深海航线由超大型集装箱运输船来运营（见图 14.4），其中一些船舶的装载容量超过 2 万个标准集装箱。

来源：Freightliner 公司

**图 14.4 南安普敦港的大型集装箱运输船（前景是广阔的集装箱园区和铁路货运码头）**

还有一些由小型船舶运营的航运支线，它们在深海航线上的大型港口和小港口之间运输集装箱（见图 14.5），例如，马士基集团在不来梅哈芬港和挪威的港口之间有航运支线。另外一些航运支线由专门的支线航运公司运营，如 Unifeeder 航运公司，其航运网络包括英国的南希尔兹港和芬兰的劳马港等不太可能由深海船舶提供运输服务的港口。

来源：Unifeeder 航运公司和戴维德·布耶夫斯基（Dawid Bujewski）

**图 14.5 正在波兰的格丁尼亚港卸货的支线运输船 Elbstrom 号**

顾名思义，短途航线就是由集装箱运输船运营的短距离航线，其中一些航线还有支线运输服务。它们提供了一种替代公路和铁路运输的运输方案。例如，如果你从意大利南部进口罐装西红柿到英国，从萨勒诺等港口出发的集装箱运输服务可能是最廉价的，尽管在途运输时间更长。通常来说，你需要平衡运输成本和运输速度。

### 集装箱整箱运输和拼箱运输

大多数集装箱运输都是由从 A 地运往 B 地的整箱货物所组成的，这就是集装箱整箱运输。然而，你可能没有足够的货运量来装满整个集装箱，也许只有 1 吨货物，这被称为集装箱拼箱运输。

在这种情况下，最好使用货运代理商提供的服务，他们可以把你的货物与来自其他托运人的货物组合起来形成一个集装箱整箱。运费将根据货物的重量或体积来计算，通常的换算关系是 1 立方米相当于 1 吨，取体积和重量中数值更大的。到达目的港后，货运代理商会对集装箱进行拆箱，以便向每个托运人交付货物。

在世界上的一些港口，货物搬运并不像你所希望的那样小心轻放。如果你使用了集装箱拼箱运输服务，明智的做法是非常妥善地包装你的货物。

港口的搬运费用比其他地方更贵，而集装箱拼箱运输至少涉及两次转运。预订一个 20 英尺集装箱来运输货物有可能比使用集装箱拼箱运输便宜一些，因此即使集装箱没有被装满，这也可能是最经济的选择，此外还有降低失窃或货损风险的优势。总的来说，这种方式可能适用于超过 15 吨或 15 立方米的货物运输。

对小规模的货物运输来说，集装箱拼箱运输费用最低，通常按 1 立方米或 1 吨收取费用。如果你想运输 25 千克的货物，那么空运可能比海运更便宜。

### 集装箱的进出港运输

集装箱的进出港运输主要有三种方式，即公路运输、铁路运输和驳船运输。三者的比例根据当地的地理环境和运输基础设施而各不相同。表 14.1 列出了一些例子。

表 14.1　集装箱的出港运输方式

| 港口 | 公路运输 | 铁路运输 | 驳船运输 |
|---|---|---|---|
| 费利克斯托 | 73% | 27% | 0% |
| 上海 | 92% | 0 | 8% |
| 汉堡 | 55% | 43% | 2% |
| 安特卫普 | 58% | 7% | 35% |
| 巴塞罗那 | 90% | 10% | 0 |

注：不包括出港后继续进行海运的集装箱。

最简单的选择是通过航运公司进行集装箱运输。每家航运公司都有一个运价表，其上标明了集装箱运往不同地区的运输费用，而运输方式由航运公司来决定。

你也可以使用货主负责港口取送集装箱的运输方式，并且使用专业的公路承运人、多式联运的铁路承运人或驳船运营商提供的运输服务（见图 14.6）。如果你这样做，你将被航运公司收取一笔装卸费用，因为要将集装箱装载到挂车、铁路货运车厢或驳船上。

出于商业需要，货主在港口取送集装箱的运输费率（加上装卸费）会被设定得比运价表中的运输费率低一些。两种运价都应当包含退箱费，即在卸货后将空集装箱返还给港口或其他地方所产生的费用。我从来没有遇到过这样的问题，但是这个问题可能值得一问。

从理论上讲，企业可以去港口收集自己的集装箱，但是很少有企业会选择这样做。

来源：金星公司（Goldstar）

注：一辆货车运输一个集装箱离开费利克斯托港，通过公路运输进行内陆送货。

**图 14.6　货主负责港口取送集装箱的例子**

## 购买海运服务

你可以通过三类企业购买海运服务：

- 航运公司；

- 无船公共（或集装箱）承运人；

- 货运代理商。

上述第一类企业不言自明：一家航运公司运营着一艘货船，并将船上的舱位卖给愿意支付其要价的任何人。无船公共承运人本身并不拥有船舶，但是会批量购买船舶上的货运舱位，然后将其出售给托运人。货运代理商同样提供海运服务，但也提供一系列其他服务，如处理文件资料和安排货物清关。值得一提的是，一些公司既是无船公共承运人也是货运代理商。

如果你缺乏海运的经验，我建议你使用货运代理商提供的服务。在特定的港口与航运公司打交道时，他们更了解实际情况，而且如果他们已经与你建立了个人关系，那么日常工作会进行得更加顺利。货运代理商的购买力要比单个托运人更大，而且集装箱运输服务的小型用户从他们那里获得的运价要比从航运公司直接获得的运价更低。

英国国际货运协会（British International Freight Association，BIFA）拥有大约 1 500 家会员企业，你可以通过具网站找到你所在区域的货运代理商。世界范围内最大的三家货运代理商是德迅（Kuhne and Nagel）、敦豪和中国外运股份有限公司（Sinotrans）。有些货运代理商专门服务于特定的市场，例如，FFG Hillebrand 公司专门从事红酒、啤酒和烈酒的运输业务。有些货运代理商的规模很小，在极端的情况下只有一名员工。

即使是大型用户（如大型零售商）也会在一些进口业务中使用货运代理服务，因为这样做能以更优惠的运价享受海运服务。

运价有可能非常不稳定。一个极端的例子发生在 2016 年，当时韩进海运（Hanjin Line）遭遇财务危机，而其亚洲发运航线上的集装箱运价在第二天上涨了 42%。提前一段时间锁定运价可能是一个好主意。数年来，集装箱运价一直很低迷。因此，这引发了航运业中的多起兼并与收购，一些航运公司为了节约燃油，降低了船舶的航行速度。

### 海运附加费

这个行业的一个特点是，基础费率有可能受到很多种附加费的影响，一个集装箱的运输费用平均可高达数百美元。在与任何承运人达成协议之前，明智的做法是确定哪些附加费是适用的，以及这些附加费是否会增加及何时增加。部分附加费如下：

- 燃油附加费，燃油价格上涨时补偿给航运公司的费用；
- 紧急燃油附加费，紧急通知版的燃油附加费；
- 低硫附加费，反映航行船舶使用低硫排放燃油所增加的成本；
- 货币贬值附加费，因汇率波动产生的费用；
- 旺季附加费；
- 安全附加费；

- 战争风险附加费；

- 冬季附加费；

- 港口拥挤附加费。

如果在港口内装卸集装箱，那么你有可能还得支付码头作业费。

这些附加费是该行业的一个特点，并不针对任何组织或个体。如果你能够达成包含这些附加费在内的总包费率协议，那么这显然是最佳选择。如果不能达成，那么一定要了解这些附加费，并在比较不同航运服务的费率时充分考虑它们。

确保你了解因自己可能造成的任何延误而产生的费用。从集装箱从船上卸载到该集装箱在目的地被卸货期间，你会有一定的自由时间。超出这个时间，你将被收取下列费用。

- 滞港费，集装箱在港口额外滞留所产生的时间费用。

- 码头租金，集装箱在港口的存储费用，在滞港费之外收取的费用。

- 滞期费，集装箱在港口以外额外滞留所产生的时间费用。

如果不小心，这些费用有可能迅速增加，因此及时卸载集装箱的做法符合你的利益（否则，这将是一种昂贵的货物存储方式）。记住，要考虑到由于海关检查、需要付费集装箱才会被移交给你及你的营业场所暂停营业等原因造成的延误。在圣诞节前抵达港口并且在 1 月才卸载的集装箱，或者在财务总监休假的第一天到达并且因其他人无权进行银行转账而被耽搁两周的集装箱，都会产生滞港费和码头租金。诀窍在于提前规划，了解集装箱到达港口的预计时间，及时预订内陆运输服务，准备好快速支付费用，并且让你的仓库里分配好集装箱的卸货时段。

### 集装箱提单

这是航运业的关键文件之一，类似文件的历史可以追溯到古罗马时代。

在最简单的形式下，托运人将货物转交给航运公司装船，航运公司反过来向托运人提供一张包含所有相关细节的纸质文件，这种纸质文件就叫提单。然后，托运人将它邮寄给收货人，在货物到港后，收货人将提单交给航运公司，并凭借此单来接收货物。在实际运营中，在港口指派一个货运代理商或其他代理商来代理这些事务会很有益处。

如果涉及无船公共承运人，航运公司会给他们签发一张主提单，而他们反过来又会以自己的名义向托运人签发一张无船公共承运人提单。还有一种简式提单，它提供了将货物运送到某个特定地址的完整指示信息，并且无须交接任何纸质单据。这种电子化的流程越来越受欢迎。

最后，你有可能在提单上看到"STC"字样，这代表"据称内装"（Said To Contain）。如果集装箱在交付时密封完整，航运公司就无法知道集装箱装载了什么货物，因此也不承担因集装箱内货物与提单描述不符所产生的任何责任。

## 普通货物运输

定义普通货物有些困难，事实上，其定义有很多种。前文已经介绍了滚装运输和集装箱运输，并且提到了油轮和散装货运船，但还有其他类型的专用船舶。简单来说，普通货物就是不适用于上述运输方式的所有货物。普通货物包括钢材、木材、机械设备甚至包括游艇。专项货物用来描述那些因尺寸太大而无法被装进集装箱的大型物品，如一根很长的无线电天线桅杆，这类货物通常作为甲板货物（Deck Cargo）来运输。

普通货物的班轮运输服务虽然比集装箱运输服务要少得多，但目前它们仍在运营（见图 14.7），如斯科特航运公司（Scotline）运营的那些班轮运输服务。他们聚焦于林木产品（木材及其衍生产品），但是也接受其他货物。他们的船队由 14 艘船组成，一艘船的运载能力通常为 1 300~4 800 吨。他们运营的定期航线包括从瓦尔贝里（瑞典）到英国和爱尔兰的众多港口、从拉脱维亚到罗切斯特和因弗内斯、从维斯马（德国波罗的海沿岸）到罗切斯特，以及从布雷克（不来梅哈芬附近）到赫尔。

所有这些航线都是在多个托运人共用的基础上运营的。考虑到木材运输贸易的单程性，他们还在市场上继续寻找货源，好让他们可以将船调配到更加有利的港口。

来源：斯科特航运公司

注：这艘船的甲板上的货物主要是木材，但前景中也有一段铁塔。

**图 14.7 普通货物的班轮运输服务**

韩国现代商船（Hyundai Merchant Marine）隶属于韩国现代集团，针对超大型货物航运市场提供班轮运输服务，航线涉及亚洲、波斯湾地区、地中海地区、德班和南美洲。

这些班轮运输服务既可以通过直接联系航运公司获得，也可以通过航运经纪人或货运代理商获得。

如果没有合适的班轮运输服务，或者如果你有足够大的货运量，就应当考虑付费加港或包租货船。

# 付费加港

如果你想将货物运到某个特定的港口，但是该港口没有定期的班轮运输服务，那么你可以安排一艘货船在该港口停靠。

这就是付费加港，实际上就是你向航运公司额外支付足够的费用，让其增加货船的经停港。付费加港已经不太常见了，但是仍然具有可行性。

我建议你在选择该方案前向有经验的航运经纪人或货运代理商咨询。

# 包租货船

目前大多数海运用户都会用集装箱运输其货物，或者使用甲板货物运输服务或滚装运输服务。尽管如此，如果你正在进口或出口大量货物，那么一个值得考虑的方案是包租一艘专用货船。

包租货船的例子包括：1 000 吨的林木产品、农产品或沙子；50 个集装箱的用于汽车生产的零部件；用 35 辆拖挂卡车装载的设备，用于由一支摇滚乐队举办的一个大型演唱会。

目前主要有两种租船方式：第一种是定程租船（见图 14.8），即租用船舶将货物从 A 地运到 B 地；第二种是定期租船，即在规定的一段时间内（可能是 7 天或 7 年）掌控船舶，并且可以在这段时间内将船舶调度到在事先商定的地理范围内任何你想要它去的地方。

你可以直接从船主那里租船，但是我不建议这样做，除非你在这个领域已经很有经验。因为其中有很多陷阱，所以我强烈建议你找一个信誉良好的船舶经纪人，他可以向你提供帮助和指导。

来源：斯科特航运公司

注：甲板下面装载的是袋装水泥，甲板上面装载的是水泥筒仓。

**图 14.8　一艘定程租赁的货船**

事实上，找到合适的船舶经纪人可能是整个过程中最困难的一步。有一本船舶经纪人大全叫《船舶经纪人名录》（*The Shipbrokers' Register*），其中列出了世界上的 11 000 多家企业。截至 2018 年，这本大全的网页版的售价是 80 英镑，纸质版的售价是 115 英镑，网页版加纸质版的售价是 125 英镑。在选择船舶经纪人时，要寻找那些在你想要租用的船型方面具有丰富经验或具有英国特许船舶经纪协会（Institute of Chartered Shipbrokers，ICS）认证资质的骨干员工。从波罗的海航运交易所的会员中也能选出合适的船舶经纪人，当然，你也可以在网上搜索，不过你应当提防那些自称无所不能的小型运营商。向使用过某个特定的船舶经纪人的服务的那些公司寻求建议总归是一种谨慎的做法。

你所租用的货船要足够大，大到能够容纳所有的货物；但又要足够小，小到能够满足货运所使用的港口对船舶长度、宽度、吃水深度和高度的限制。可供租用的最小型船舶的载荷大约为 1 500 吨，也就是说，它们能够承载钢材等密度大的货物。在市场上，你还可以租用载荷为五六万吨的普通货船，甚至载荷在 10 万吨以上的散货船。如果你考虑租用这种大型货船，我建议你聘请一位富有经验的船舶租赁部门经理。

对于某些货物，货船需要经过特定的认证。一个例子是粮食，在恶劣天气下它们有可能在船舱里移动，在极端的情况下会导致货船倾覆。因此，法律规定用于运送粮食的货船的船舱必须划出隔舱，而且一定比例的粮食必须装袋运输，以确保货船安全达到目的地。你应当清楚地说明你想要运输的货物，以免在这个方面出现问题。

此外，在航运对环境的影响方面也有越来越多的规定。自2020年1月起，硫化物排放量最高限额已在世界范围内实行，而且一些港口已经实施了更加严格的排放限制，其中包括波罗的海和北海沿岸的港口。此外，还有关于压舱水的规定。因此，你应当确保船舶及其使用的燃油符合将要开展装卸作业的那些港口的相关规定。

租船的具体条款需要协商。租船合同有一些标准格式，例如，金康租船合同（统一的杂货租船合同）通常用于定程租船；巴尔的摩租船合同通常用于定期租船。这些合同的范本可以在波罗的海和国际海运协会（Baltic and International Maritime Council）的网站上找到。经各方一致同意后可对租船合同进行修改，但要确保合同内容清晰，相互矛盾的合同条款会成为法律诉讼的雷区。租船的所有费用都要提前支付，这是惯例。

在航运业，"说话算数"的古老原则仍然适用。报价或接受报价都具有法律效力。如果你在询价时问"你愿意以每天1万美元的价格将这艘船租给我吗"，而且这个报价被对方接受了，那么你就不能稍后再回来说"我得到了更好的报价，你愿意以每天9 500美元的价格将这艘船租给我吗"。

有很多与船舶运营相关的成本和费用。那些与船舶直接相关的费用，如船员工资、伙食费、船上储备品和船舶维护费用，几乎总是由船东来支付的。其他的成本如下：

- 港口税；

- 港务费，用于支付维护水道通航的相关费用，如水道疏浚；

- 灯标费，用于支付航标等的相关费用；

- 拖船费，目前很少使用，因为目前大多数船舶都装有船首推进器，可以自主操控；

- 船舶加注燃油费；

- 装卸费，即装卸货物的费用。

对定程租船来说，一般需要按照航程约定一个运输费率，它既可以是船舶的固定运输费率，也可以是有最小吨位限制的按吨计量的运输费率。除非另有约定，否则船东将支付上述所有费用，装卸费是最常见的被排除在外的成本项目。

对定期租船来说，一般由租船人来支付这些费用。你需要在每个港口指定一家船舶代理公司，它会代表你来安排支付上述的前五项费用。这类公司几乎都会开具一张形式发票，你需要在货船抵达港口前通过银行转账完成支付。你可以向相关港口的港务局索要一份船舶代理公司清单。

请小心使用"免费"（Free）这个词。在航运中，这意味着对船东免费。因此，在定程租船合同中"免收港口费用"的意思是你得支付这些费用。

至于船用燃油，租船合同一般会包含一项相关条款，它会规定在租期开始和结束时船上的最低燃油量，而且会对燃油量方面的任何差异酌情按照市场价格收取费用。如果是定期租船，那么你有可能需要安排船舶加注燃料并提供品质适当的燃料。燃料可能是汽油或重油，但液化天然气现在也进入了市场。图 14.9 展示的是 Engie Zeebrugge 号（世界上第一艘专门设计的液化天然气燃料补给船）正在向 Auto Eco 号（世界上第一艘能够使用液化天然气作为燃料进行航行的汽车和卡车运输船）输送燃料。你同样需要提前付款，而且燃料通常使用驳船运送，但有时也会使用油罐车。

来源：泽布吕赫港（Port of Zeebrugge）

**图 14.9 燃料补给船 Engie Zeebrugge 号正在向汽车和卡车运输船 Auto Eco 号输送液化天然气**

船舶装卸是一个需要你和你的客户事先达成一致的事项。销售条款可以稍后进行讨论，但是如果你同意在目的港对船舶进行卸货，而且由船东来安排这项工作，那么这将成为他们制定租船价格时需要考虑的因素。然而，更常见的情况是由你来安排这项工作。同样，港务局会根据要求提供合适的公司的详细信息，但是你应当提前弄清楚装卸费用。

如果你经营的是一家中小型企业，那么租船运输不会是一个可行的方案。不过，如果你正在大量出口或进口货物，这种方式就很值得考虑了。

# 空运

海运是迄今为止最受欢迎的洲际运输方式之一，而且对一些大宗商品来说，它是唯一的选择，几乎没有人会去认真思考数千吨铁矿石的空运方案。空运适用于小型货运和那些速度至上的货运。尽管只有约 3% 的全球贸易量是通过空运完成的，但是其贸易额占全球贸易额的 35%。

适合空运的货物如下：

- 小批货物，空运通常比海运更便宜；

- 易变质的货物；

- 从斯堪的纳维亚运往日本的鱼；

- 从厄瓜多尔运往欧洲的玫瑰；

- 血浆、胰岛素、疫苗等药品；

- 易碎货物；

- 生产急需的货物；

- 维修急需的零件；

- 动物，它们在长时间的货船航行中会变得焦躁不安；

- 超高价值的货物，如果使用海运，额外的库存成本就会是一个重要的问题；

- 人道主义援助，特别是在自然灾害之后；

- 由客户需求决定的需空运的货物。

下面详细介绍其中的一些内容。

- 在我的童年时期，食物的可得性是由季节决定的。草莓被认为是盛夏时节里的一种短暂的享受，但是如今的客户需求确保了它们全年都可以买到。这一做法受到了环保主义者的批评，他们试图降低"食物里程"，但是与这种观点针锋相对的是，如果来自秘鲁的芦笋或来自肯尼亚的四季豆的交易被终止，这就会使一些世界上最贫困地区的境况雪上加霜。读者们对这件事情的看法无疑会有分歧，但无论如何，事实是水果和蔬菜占空运货物量的 8.8%。

- JIT 的理念使工厂里的储备库存降到了最低水平。当我在汽车行业工作的时候，我生活中的一个痛苦之源就是重新进行市场细分，也就是根据临时接到的通知（必须得说，它们都是理由充分的）对生产线上生产的车辆组合进行调整。这导致所需的零部件组合发生变化，这种变化通常反过来要求以空运的形式运输汽车零部件。如今，在欧洲，平均每天晚上有 10 架运输汽车零部件的包机，如从波兰飞往英国的包机。

- 前文提到，确实有优秀的公路运输网络用于服务汽车行业里的车辆紧急道路救援。然而，由于故障产生的停工成本对其他的物品来说可能是惊人的，例如，航班可能无法起飞，一级方程式赛车无法参赛，或者一个海上钻井平台无法生产石油或者天然气。在这些情况下，空运费用可能花得很值。

- 对于超高价值的货物，支持为期数周的基于海运的供应链运转所需的库存成本要大大高于支持为期数周的基于空运的供应链运转所需的库存成本。这会影响企业的损益平衡表，在极端的情况下，建立那些库存的资金成本会超过空运带来的额外运输成本。

- 还有消费者需求的问题。例如，中国消费者对欧洲各大时装店里时装的最新款式的需求与日俱增，这些时装必须空运进来以满足消费者需求。当它们从海上运抵时，它们已经不再是最新的款式了。同样的原则适用于最新的电子游戏。在某些情况下，客户已经准备好支付空运费用，仅仅是因为他们不愿意等待。此外，一些商品的销售期非常短暂。例如，在英国，万圣节是一个短暂的年度销售旺期；与重要的足球赛事相关的商品会在某支特定的球队被淘汰出局后突然失去应有的价值。

## 空运的工作流程

空运可以细分为包机运输（后文将会介绍）和班机运输。

后者当然也有专用运输货机，但在希思罗国际机场等机场里，这些专用运输货机只占飞机起降架次的不到 1%。大多数货物都是通过客机的腹舱运输的。现代化的宽体客机在乘客座位下方有非常大的货舱，远远超出了行李托运的需要。货物运输为阿联酋航空公司提供了 19%~20% 的总收入（包括专用运输货机）。然而，很多低成本航空公司的政策是不进入航空货运市场。

全世界约有 8 700 座机场。其中一些机场的货运业务比例高于客运业务比例，如美国堪萨斯城国际机场和法国巴黎瓦特里机场。很多机场拥有明显的货运需求高峰期，如法国查特鲁机场，它是每个上市季的大部分博若莱新酿红酒的出口门户。

在很多情况下，空运货物首先会被货车运到与目的地有直飞航线的不同机场里，例如，从英国希思罗国际机场到法国巴黎戴高乐机场或荷兰阿姆斯特丹史基浦机场。

货物在抵达发运的机场时，必须接受 100% 的安全检查（除非它们来自被授权可自行开展安全检查的托运人）。它们有可能被装进单元式载货装置中。单元式载货装置在原理上与航运集装箱类似，其形状适用于飞机运输。大型货物可以直接装载。各种装载设备都会被用到，包括输送机和剪力式升降机（见图 14.10）。

来源：查普曼•福瑞博公司（Chapman Freeborn）
注：升降机正在将交货时间紧迫的汽车零部件装载到波音 747-400F 货机上，该货机将把它们从伦敦斯坦斯特德机场运往意大利巴里国际机场。

**图 14.10　剪力式升降机**

货物可以通过一个或多个航运枢纽进行运输，例如，美国航空公司从伦敦运往墨西哥的货物会在达拉斯 - 沃思堡国际机场进行转运。到达目的地机场后，必须在货物放行交付前完成清关。准备充分的文件资料有助于避免在这个阶段产生延误。

众所周知，航空公司会向乘客超售机票，因为有一部分乘客不会来机场办理值机手续。这有时会导致持有有效机票的乘客因座位不足而被"踢掉"，不被允许乘坐飞机。货物也会面临以同样的方式被"踢掉"的风险。这是一个你应当了解的事实。

# 获取班机运输服务

要想获得这类服务，你需要使用一个货运代理商作为中间人，你也可以使用航空运输服务集成商。实际上，对没有经验的用户来说，这会使得事情变得更加容易。

大多数航空公司在货运业务中都没有大型的客户服务部门，也没有能够接受多种方式付款的会计部门，航空公司依赖于全球的货运代理商使用的货运财务结算系统。因此，通过货运代理商从定班运输的航空公司那里获得货运服务是普遍的做法。

你可以通过 BIFA 或类似的海外机构的网站上找到货运代理商。他们可以安排从你的营业场所收货和运送到最终的目的地的货车运输，制作空运提单等文件，并安排货物清关。

航空运输服务集成商之所以得名，是因为他们自身就可以提供一系列综合服务，包括提供一支专用货机机队。全球三大航空运输服务集成商是敦豪、联合包裹（UPS）和联邦快递（FedEx）。每一家航空运输服务集成商都有在线预订货运业务，支持信用卡或借记卡付款（如果是一次性预订）。如果你定期发运货物，在线开设一个账户会使预订货运业务变得更加便捷，即使对中小型企业来说也是如此。这些航空运输服务集成商还会安排货车运输和货物清关，并提供在线追踪系统。

我的建议是，如果你定期发运货物，那么请在你当地的仓库里拿到重要人物的电话号码。如果出现问题，总部的客服中心可能无法提供你想要的个性化服务。而且，我发现，在偶尔需要去找一个人了解一下情况时，与熟悉的人交谈总会让人感到宽慰。

你的责任是提供完整而准确的信息。一些人为了获得更低的运价，总是倾向于瞒报货物的重量和尺寸。然而，这非常危险，有可能导致飞机超载或失衡，并且会被一些海关机构作为理由，对你提供虚假信息处以高额罚款，并留置货物直到罚款被缴纳（在某些情况下，这些机构若未能通知到你，依然会对未能按时缴纳的罚款收取利息）。

完整而准确的货物描述和清楚明确的送货地址同样至关重要。所有的支撑材料，如原产地证书（见第 17 章），也必须准备妥善，以免产生延误。

## 危险货物

由于未能准确申报危险货物，曾经引发了严重的事故，并造成了人员伤亡。

相关事故包括：未申报的瓶装硝酸点燃了其他物质，导致一架飞机坠入印度洋；易燃液体从乘客的行李中泄露，导致飞机坠毁，机上人员无一生还。险些引发严重后果的事故包括：割草机和链锯油箱里的燃油泄漏，一台未申报的氧气发生器在等候装载时突然起火。

你的主要职责是公开、诚实地申报所有的危险货物，并遵守货物包装的有关规定及其他要求。请记住，香水、输血用的血液（可能含有病原体）和装有锂电池的玩具都是危险品。如果有任何疑问，你应当咨询你的货运代理商或航空运输服务集成商。

国际航空运输协会（International Air Transport Association，IATA）发布了一本综合手册《危险品航空运输规则》（*Dangerous Goods Regulations*），它的第 60 版自 2019 年 1 月 1 日起生效。你可以从网上购买该手册，但需要花费几百美元。你是否应当购买一本该手册取决于你的具体情况。该协会还提供相关的课程。

### 动物

空运动物现在是航空公司的常规业务。可以空运的动物主要包括随行的家养宠物及稀有宠物（如爬行动物和活鱼等）。运输动物园里的动物（如河马）可能需要提前几个月进行规划，以确保运输它们的板条箱既可以防止动物逃跑，又不会使它们感到焦躁不安。一只河马在 1 万米的高空挣脱束缚，这听起来可能很有趣，但是对飞机上的那些人来说似乎并不是这样的。

赛马通常被安置在包机上，并由马倌陪同，他需要经过安全检查才被准许乘坐货机。

一些国家有检疫限制，以控制口蹄疫等疾病的传播。例如，赛马在抵达澳大利亚后将滞留两周。这一点应当在计划中予以考虑，仅在赛马比赛开始前一周抵达会是一个令人尴尬的失误。

IATA 也发布了动物航空运输的相关规则，相关图书同样可以从网上购买。

# 包机

大多数读者都非常熟悉这个术语，并且他们会在某个时候以乘客的身份乘坐包机，这是组团旅游中的一部分活动。度假公司已经租下了整架飞机，好把客户带到他们的度假目的地。相同的原则也适用于货机，你可以包租整架飞机，将你的货物（而且只有你的货物）从 A 地运往 B 地。

近年来，包机市场发生了变化。可用于包租的飞机变得更少了，许多老式波音 707 货机和贝尔法斯特运输机都已经停飞，而且有一些飞机不符合欧洲的噪声规定，但是更多的飞机包租业务正在被确定下来。因此，推荐的做法是尽可能提前做好规划，以便找到合适的飞机。

使用包机的主要原因是货运有保证。若使用班机运输服务，货物有可能被"踢掉"，而且有可能错过转机。包机是专门用于满足你的需求的，而且能够在你选择的机场之间直飞，因此上述风险都是可以避免的。此外，一些超大型货物只能被放置在包机上。图 14.11 展示了上述的所有优点：在格拉斯哥和罗安达之间没有直飞的班机，货物的延误无疑会造成重大问题，货物的尺寸排除了使用班机运输服务的可能性。包机的主要用户包括汽车和国防工业行业的企业，以及紧急人道主义救援组织。

来源：查普曼·福瑞博公司

注：该货机正在装载特大号的石油和天然气设备，准备从格拉斯哥飞往罗安达。

**图 14.11　一架波音 747-400 货机**

作为市场中的主要货机，波音 747-400 货机的有效载荷为 110~120 吨，而且航程非常长。然而，临时租用它们较为不易。包机市场上可供租用的其他飞机如下：

- 安 -12 运输机，有效载荷约为 20 吨；

- 安 -74 运输机，有效载荷为 10 吨；

- ATR 72 运输机，有效载荷为 8 吨；

- BAe 146 运输机，有效载荷为 8 吨；

- 安 -26 运输机，有效载荷为 5.5 吨（见图 14.12）；

- ATR 42 运输机，有效载荷为 5 吨；

- 萨博 340 运输机，有效载荷为 2~3 吨；

- Metroliner II 或 III，有效载荷为 2~3 吨。

来源：查普曼·福瑞博公司

**图 14.12　一架安 -26 运输机（可供租用的小型飞机之一，有效载荷为 5.5 吨）**

你可以租用直升机，用于向固定翼飞机无法到达的区域进行非常紧急的运输。我曾经在非常罕见的情况下这样做过，目的是向汽车制造厂直接送货。

俄罗斯制造的米 -8 直升机的有效载荷为 4 吨，它是可以租用的最大的直升机，但是在现实中极少用作包机。事实上，大多数直升机包机都用于载客，如送企业家参加会议，而不是用于载货。

# 获取包机服务

你可以直接从航空公司包租飞机，但是我建议使用像查普曼·福瑞博公司这样的包机经纪人。他们有一个建好了的数据库，知道哪家航空公司到时候可能有合适的飞机（见图 14.13），而且最好使用哪个机场。在伦敦希思罗国际机场为一架临时包机争取一个降落时段所需的费用会高到令人望而却步，而且这种做法在现实中也是不可行的，小型机场可能没有必要的装卸设施。包机经纪人对飞行员的工作时间等规定非常熟悉，这些规定远比关于重型货车司机的那些规定要复杂。这些知识是极其宝贵的，特别是对没有经验的包机用户来说。

来源：查普曼·福瑞博公司

**图 14.13　一架大力神运输机（有些可用于货运包机）**

新用户需要提前付款，通常可以通过银行转账支付，也可以通过信用卡或借记卡支付。

# 航空特快专递

对那些需要进行特别紧急而又可靠的交付的小型货物来说，使用航空特快专递是一种可行的方案，它有时被称为行李托运服务。这类货运的例子包括运输维修所需的零部件或一场重要的展销会所需的样品。

这项服务需要快递员作为乘客乘坐定期航班，并将货物装在其行李箱中。在目的地机场，需要指派一个代理商来安排货物清关。快递员可以在机场与代理商碰头，也可以乘坐出租车前往目的地。

这项服务的费用非常高，但是当时间比成本更重要时，它会极其有用。

# 无人机

近年来很多宣传报道建议使用无人机进行城市送货。对孤立区域的货运来说，这可能是可行的。然而，在未来很多年里，无人机都不太可能取代厢式货车进行日常的包裹运送。避免无人机之间或无人机与障碍物之间发生碰撞，以及避免无人机撞伤下方的行人等技术性难题不会很快得到解决。

# 海空联运服务

在有些情况下，海运的速度太慢，但是你又不需要空运的速度。有一种折中方案叫海空联运服务。例如，如果你需要从日本运输货物到英国，那么你可以通过海运将货物运到迪拜或西雅图，然后在余下的行程中使用空运。这项服务有时被称为"空运价格的1/2，海运时间的1/2"，但是更切合实际的名称可能是"空运价格的2/3，海运时间的2/3"。第13章提到的中欧货运班列是另外一种可选的运输方案。

例如，海空联运服务可以作为新款手机发布计划的一部分。第一批货物可能是空运的，第二批货物是海空联运的，第三批货物是海运的。所有的货物都迅速地接连发运，但有可能彼此间隔两周到达目的地。

大多数供应链都建立在要么依赖空运要么依赖海运的基础上，但偶尔也需要一个折中方案，而且知道有这样一种运输方式是可用的会让人感到安心。

---

## 结论

这是内容覆盖面很广的一章，主要内容包括：海洋运输，从中小型企业日常使用的滚装运输服务和集装箱运输服务，再到为超大型货运包租货船运输；航空运输，一种更快捷的长距离运输方式，但是更加昂贵，特别是包机运输或航空特快专递。本章连同前面的章节共同涵盖了所有主要的运输方式，包括公路运输、铁路运输、内河航运、海运和空运。

下一章将继续探讨影响物流的其他事项。

---

# A PRACTICAL GUIDE TO LOGISTICS

An Introduction to Transport,
Warehousing, Trade and Distribution

## 第 15 章
## 交易条款和保险

互联网上最常见的谎言是"我已经阅读并同意这些条款"。

上面的说法来自安全专家米科·海彭宁（Mikko Hyppönen），我确信他是对的。在同意一笔交易（如预订一次货运服务）时，人们很轻易地就会在"同意条款和条件"的方框里打钩，但既没有阅读它们，也没有确定它们被完全理解且不包含恶意条款。我们之中很少有人没犯过这样的错误，但是，花时间去研究甚至质疑（有需要的话）那些标准条款和条件可以让我们在出现严重问题时省去很多麻烦。

本章将从四个方面来探讨这个话题。

- 国际贸易术语解释通则（International Rules for the Interpretation of Trade Terms，INCOTERMS），有时也称为货运术语。
- 国际贸易的支付术语，特别是信用证。
- 更常用的标准术语，如 CMR[①] 和 RHA。
- 保险，如何在规避灾难性财务损失的不当风险的同时降低保险成本。

# INCOTERMS：各项货运成本应分别由谁来承担

INCOTERMS 是一个注册商标，也是国际贸易术语解释通则的英文缩写。

这是由国际商会（International Chamber of Commerce，ICC）发布的一套规则，旨在提供有关货运成本和责任的销售术语选择，并使这些可选的销售术语的各项相关规则标准化。重要的是，双方应就适用何种术语达成一致并彼此确认，因为自相矛盾的术语会造成很多问题。如果双方都想突破这些

---

① 英文全称为 Convention Relative au Contrat de Transport International de Marchandises par Route，即《国际公路货物运输合同公约》。

标准术语的藩篱，这一点就显得尤其重要。

一共有 11 种可选的贸易术语，下面主要介绍那些最常见的术语。

- 工厂交货（Ex-works，EXW）。这是指买方负责安排一辆货车到卖方的经营场所收货并承担相应的费用。卖方负责包装货物和贴标签，并开具商业发票，但除此之外不负责其他事项。在实践中，有这样一种情况，卖方负责把货物装载到买方安排的货车上并承担相应的费用和风险，这是对标准的 EXW 条款的一种变动，我建议双方事先予以商定。应当注意的是，买方不仅负责安排货物的清关和其他出口手续，还应当缴纳增值税等国内销售税费。

- 货交承运人（Free Carrier，FCA）。这是指卖方负责将货物运送至承运人的营业场所，具体的地点应当事先协商一致，并且应通过术语完整表述，如 "FCA XYZ 空运服务 希思罗机场"（其中，XYZ 为卖方指定的交货地点）。卖方还要负责包装货物、贴标签及办理出口手续。该术语有时被表述为 "FCA（卖方的营业场所）"，这听起来可能不合逻辑，但是它解决了 EXW 的严格释义里卖方没有义务将货物装载到车辆上的问题。

- 船边交货（Free Alongside Ship，FAS）。这只适用于海运或内河航运。卖方承担将货物运至港口的费用，而买方承担把货物装载到货船上的费用及其后的所有费用。

- 船上交货（Free On Board，FOB）。与 FAS 类似，但卖方需要支付货物装船的费用。

- 成本加运费（Cost and Freight，CFR）。这同样只适用于海运或内河航运。除了 FOB 费用，卖方还要支付货物的海运费用，但货物在海运过程中的风险由买方承担。此外，有关货船在到达目的港后的卸货费用没有标准的规则，对于这一点，双方应当事先协商一致。货物的进

口清关、关税等各类税费及将货物运输至买方经营场所的相关费用均
由买方承担。

- 成本、保险费加运费（Cost, Insurance and Freight，CIF）。与CFR类
  似，但卖方必须为货物投保。但是，货物在海运过程中的风险仍由买
  方承担，而且不规定具体的保险级别。因此，若不加留意，货物就有
  可能未按足额投保，其结果是买方有可能因此蒙受重大损失。
- 完税后交货（Delivered Duty Paid，DDP）。卖方支付将货物运至买方
  经营场所的所有费用。唯一由买方承担的费用是车辆卸货费用。乍一
  看，这对买方来说是最轻松的选择，但实际上卖方可能没有足够的财
  力、物力来安排这些事项，而且买方可能也希望在货物抵达目的地之
  后立即获得货物运输的直接控制权。

如前文所述，在一些术语中有一些可选项，而且它们对一些重要问题也
没有提及，例如，由谁承担确保货物在集装箱内被正确装载的责任，以及货
物的所有权何时被移交给买方。另外一个常见的问题是术语表述不精确，如
"FCA纽约"（卖方送货至纽约），但纽约的范围很大。此外，一套新修订的
规则自2020年1月1日起生效，国际商会针对2020版的国际贸易术语解释
通则发布了相关指南。

考虑到上述所有情况，我建议双方应就费用的精确划分达成一份详细的
书面协议，重申基本条款，澄清未说明的事项，明确适用的保险级别。这样
一来，就可以确保双方都不会遇到令人不愉快的事情。

# 付款和信用证

严格来说，这些都是企业的销售部门和会计部门需要处理的事情。然
而，物流经理了解国际贸易的相关要求是很有必要的，因此下面将对其进行
概述。

主要的付款方式有如下几种。

### 预付货款

你可以通过银行转账、刷借记卡或信用卡来支付。对于小额交易（例如，销售产品给海外的消费者），这是首选的付款方式，而且显然在资金流和支付确定性等方面对卖方最有利。然而，当你把产品销售给商业大买家时，他们可能不愿意接受这种付款方式，而这会使你处于竞争劣势。

### 赊销

这是大多数国内商业交易采用的付款方式，即在供应货物时开具发票，付款必须在规定的期限（如30天）内完成。无论因为买方破产、真实的或声称的交货问题，还是因为单纯的商业欺诈，这种付款方式都存在买方不付款的风险。这是对买方最具吸引力的付款方式，卖方可以通过评估客户的财务稳定性、信誉和历史付款记录来确定其信用度，从而评估其不付款的风险。

### 信用证

它的基本结构极其简单。它是在满足某些条件（先决条件）的情况下，应开证申请人的要求为收益人做某些事情（从广义上说是提供银行服务）的一种承诺，仅此而已。

以上是对信用证简明扼要的描述。通常，它包含了买方开户银行账户在货物被交付时向卖方开户银行账户付款的承诺，此时货物的交付已经通过卖方提供预先约定的文件得到了令人满意的证明。信用证最常用于买方的信用度较低或卖方难以确定其是否有信用的情况。如果买方已濒临破产或拖欠货款，银行就有义务代为支付。

它对卖方的主要好处是，银行相较于买方更不可能拖欠货款，因此简单来说，收不到货款的风险大大降低了。它对买方的好处是，银行的承诺使其在明面上的信用度大大提高，而且这通常也是买方获得信用的唯一途径。

你应当精心地准备信用证，因为一点儿小错误都有可能被钻空子而导致买方拒付货款。如果你缺乏使用信用证的经验，那么我建议你在起草它时寻求专业人员的帮助。

它可能是代价高昂的，在某些情况下，银行收取的费用可达数千美元，而且这笔费用应当在你核算货物的销售价格时予以考虑。

对卖方来说，常见的隐患如下。

- 将买方的某个行为作为付款条件。例如，如果信用证规定在买方出具货物签收证明后才进行付款，那么某个无良的买方有可能接收货物，但是故意不出具货物签收证明以拒付货款。

- 在信用证被提交给买方开户银行之前不要求查看信用证副本，或没有及时对信用证提出任何必要的修改要求。

- 忽视了生产和运送货物所需的时间。

- 忽略了需要就信用证中的各项内容征得各方的同意。当信用证被开出后，如果生产经理宣称"我无法做到"，这就是一个大问题。所有的事项都应当再三核对。

- 为了提供你同意提供的所有单据，你要花费更多的时间、精力和费用。

- 在准备信用证的过程中没有让你的货运代理商参与进来，而他们可能是整个链条中的重要一环。

- 协议涉及第三方，例如，向买方承诺他们在收到货物的销售回款时才需付款。

尽管在准备文件单据时总是要很谨慎，但是在准备信用证时尤其需要谨慎，"差不多"是不够的。

ICC 发布了《跟单信用证统一惯例》(*ICC Uniform Customs and Practice*

*for Documentary Credits*），它通常被简称为 UCP600，详细说明了信用证的标准规则。《国际贸易法下的信用证和银行担保》（*Letters of Credit and Bank Guarantees Under International Trade Law*）从法律角度对此进行了全面的论述，读者可做进一步的阅读和了解。

### 寄售库存

另外一种选择是指定海外的经销商或代理商。经销商或代理商将货物存放在其仓库里，但只有在收到货物的销售回款后才会向你付款。这比其他支付方式有更大的收不到任何款项的风险，因此我建议你仅在对经销商或代理商的可靠性非常有把握的情况下才签订这样的协议。

# 国际公路货物运输合同公约

CMR 签订于 1956 年，在 1965 年被纳入英国的法律体系。它适用于超过 54 个国家之间的货物运输（除了少数的例外情况），这些国家包括欧洲的大部分国家及摩洛哥、叙利亚和约旦。它自动生效，即使是在承运人不了解该公约的情况下或在承运人通过要求托运人签署相关文件来试图摆脱该公约的约束的情况下。但是，它并不适用于你使用自有车辆运输自己的货物的情况。

你可以从网上购买成沓的表单，也可以购买软件来打印 CMR 运单。每批需要运输的货物都应当填写完整的表单，而且一式四份的 CMR 运单都应当由托运人和承运人（实际上通常是货运车辆的驾驶员）签字。其中，一份由托运人保留；一份随货物一起流转，最终交到收货人的手中；一份由承运人持有，并存放在货运车辆上，直到货物被交付；最后一份送到承运人的办公室留存。

承运人负责检查货物，确保货物包装和标记与 CMR 运单相符，并确保没有明显的货物损坏迹象。CMR 运单上有一个方框，承运人可在其中填写"保留权利"，例如，当发现货物包装箱损坏或潮湿时，承运人不承担责任。承运人不可以填写"未检查货损情况"之类的评语。

承运人在保管货物期间对其灭失或损毁负有责任，除非这是由索赔人的错误行为或疏忽造成的，例如，由于包装不充分而造成了货损。举证的责任由承运人承担。

索赔金额上限是每千克货物 8.33 单位特别提款权（Special Drawing Right，SDR）。SDR 以一篮子货币为基础，相较于单一货币，其价值每天都在变化。它的价值可以在网上查到，也会刊登在英国《金融时报》上。为了说明其价值，我在这里举个例子：2018 年 12 月 17 日，一单位 SDR 等价于 1.09 英镑或 1.38 美元或 1.22 欧元。

## 其他条款和细则

如果你是物流服务的大客户，那么你可以坚持要求承运人遵守你规定的条款和细则。在起草这些术语和条款时，你当然需要寻求有资质的法律援助。

然而，对大多数用户来说，现实的情况是你不得不接受承运人规定的条款和细则。它们可能是该承运人的独家规定，但是在大多数情况下，他们会使用某个贸易团体发布的标准细则，通常会包含一些覆盖法律盲点的条款。例如，在英国，通常会规定货运公司为"非公共承运人"。公共承运人有很多繁重的职责，包括不能拒绝不受欢迎的客户。据我所知，没有一家货运公司会这样做，而且我也想不出有什么理由会让任何货运公司想要去这么做。这样的条款对货运服务用户来说实际意义不大。

在英国，大多数国内公路运输公司都在使用 RHA 于 2009 年发布的货运条款。这样做并非毫无道理，但明智的做法是了解其内涵。例如，货物灭失或损毁的赔付金额上限是每吨 1 300 英镑。这可能足够赔付煤炭等一些散货，但粗锯木材之类的原料的价值会超过这个金额。任何产成品的价值几乎肯定会超过这个赔付金额上限。另外，承运人无法控制的事件（如包装不良、天灾或人祸等不可抗力）所引起的货物灭失或损毁都不在赔付范围内。除非你准备好了接受这些风险，否则大多数客户会因此要求追加保险金额，要么是通过与承运人约定一个更高的赔付金额，并为此支付额外的费用（请注意，不可抗力的风险仍被排除在外），要么是通过保险经纪人或保险公司直接安排投保事宜。你还要熟悉保险索赔的时限。

对货物仓储来说，RHA 于 2009 年发布的仓储条款和英国仓储协会（United Kingdom Warehousing Association，UKWA）于 2014 年发布的物流服务合约细则都规定了违约赔偿金额的上限是每吨货物 100 英镑。但即使对于废旧金属之类的货物，这个赔偿金额也不太可能达到货物的实际价值，因此在现实中，你需要通过仓库管理员或保险公司来追加保险金额。

许多货运代理商都依据本国行业协会的标准条款来开展业务，如英国的 BIFA、荷兰的货运代理与物流服务行业协会（Netherlands Association for Forwarding and Logistics，FENEX）。无论何种情况，我的建议都是了解这些条款并为你的特定业务安排必要的额外保险。

## 保险

我个人对保险的看法与其他一些人不同。在我看来，保险的主要目的是防范那些无论何种原因导致的会对企业产生重大影响的重大损失。其目的不是使你能经常进行一些小额索赔。

现实情况是，保险是一门生意，而所有的生意都必须盈利才能存在。如果一家保险公司根据过去的经验意识到，每年它都要向你的企业累计赔付

10 000 英镑，它就会将这笔费用计入你未来几年的保费上涨额度里面，再加上边际利润，在此基础上再收取一笔覆盖主要风险的保险费用。长远来看，一个更好的方法是自己来承担这些小损失，并且通过良好的管理来努力使这些损失降到最低。在你的保单中接受一个更高的保险免赔额可以减少保险费用，并且最终会减少总费用。

私人保险和商业保险的一个主要区别在于主动提供信息的责任。对前者来说，你必须诚实地回答所有的问题，但通常不必再进一步作答。然而，对后者来说，你必须披露所有你知道的或应当知道（如果你进行过合理的查询）的相关事实。例如，如果你没有声明你的货物是危险品或易失窃，或者没有声明该地区有发生洪水的可能性，而你的仓库中的货物又恰巧被洪水损坏了，那么你的投保有可能被认定为无效，或者保险公司会降低赔付金额。

你可以投保的风险多得几乎数不过来。很少有企业（尤其是小型企业或新创企业）能负担起覆盖所有风险的保险费用。除了法定要求，你需要评估一个事件发生的风险、该事件带来的成本及防范该事件的保险费用。你个人对风险的态度是另外一个影响因素，然后你可以基于你愿意防范和不愿意防范的风险之间的权衡结果做出决定。保险经纪人能够帮助你决定何种类型的保单适用于具体的业务。对规模很大的企业来说，一家大型保险公司可能是最佳选择；但是对中小型企业来说，小一些的保险公司可能更加合适。英国保险经纪人协会（British Insurance Brokers Association，BIBA）和英国特许保险协会（Chartered Insurance Institute，CII）可能有助于你找到合适的保险经纪人。

### 可购买的保险类型

所有企业应该都会被建议购买某些保险，如办公场所及办公财产综合保险、公共责任险和雇主责任险，最后一项当然是法律要求的。

市面上还有一些与物流业务特别相关的其他类型的保险，部分保险如下。

- 仓库财产保险分为以下两类：

  - 针对叉车等设备的保险；
  - 针对燃料储罐等外部装置的保险。

- 网络安全保险，例如，赔付你的 WMS 受到网络攻击和数据丢失所产生的损失。

- 营业中断保险，例如，赔付因仓库被毁及仓库无法营业而造成的损失。

- 机动车辆保险——第三方责任险，第三方纵火和盗窃险，或者综合保险。差额保险将赔付车辆的实际价值（车辆在注销时应获得的金额）与租赁协议或租购协议中的应付总金额之间的差额，后者总是大一些。

- 货物在途保险，包括在运输途中存储的货物。仅依赖承运人购买的保险是不明智的。

  - 货物应当按其全部价值进行投保。
  - 你自己的年度保险有可能比承运人按货运批次购买的保险更具成本效益。
  - 商业犯罪防护保险，例如，可以向保险公司索赔因你所雇用的员工协助或参与一起盗窃或欺诈活动而引起的损失。

- 信用保险，用于赔付国际贸易或国内贸易中的坏账。

- 诉讼费用险：

  - 财产诉讼费用险，以防范产权纠纷；
  - 车辆诉讼费用险，以防被起诉或被追究未投保的损失；

○ 管理责任费用险，以防企业经理或者董事本人被起诉。

下面讨论几个具体的问题。

- 如果你的车辆携带着叉车，并且它会被用于车辆在公共区域（如一排商铺后面的便道）的卸载，那么根据英国的道路交通法，你需要为它购买保险。如果叉车未投保且伤害了某人，后果就会非常严重。

- 车辆上的辅助设备，例如，起重机或翻斗卡车的车身都必须向保险公司申报，所有类型的挂车也必须申报。

- 同样，你必须申报在高风险地区的业务活动，如港口、铁路线终点站和核设施。大多数保险在机场的空侧区域是无效的。

- 如果你为海运货物购买在途险，就要确保共同海损的风险也在赔付范围内。这是海商法中鲜为人知的一个方面，遇险船舶的救援费用（例如，拖船或有意抛弃货物）由该船的船东和船上货物的所有人共同承担。如果船上的集装箱里有你的货物，你就必须承担部分救援费用。

第 10 章介绍了预防事故和降低成本的方法。如果你能证明你建立了适当的程序来达成这样的目标，这将有助于降低保险费用。你可能要等上一两年才能证明这样的行动是成功的，但是从长远来看，这会使你受益。

可能对保险公司有吸引力的措施包括：在车辆上安装四向摄像头进行监控，特别是在城市里；加强对车辆和停车场的安全防护；不密集停放车辆，否则，发生纵火袭击，就会增加大量车辆损毁的风险；问题缺陷报告和整改记录符合规范；建立驾驶员审核和培训制度；愿意接受更高的保险免赔额，在某些情况下，这可能是强制性的，例如，为缺乏经验的司机投保。

## 结论

世界上不存在没有任何风险的企业。通常，一家企业获得成功的关键在于管理这些风险：评估风险发生的可能性和带来成本，接受它们的存在，并管理、降低和避免这些风险，或者根据个人的最佳判断去为它们投保。在这个过程中的一个关键因素是与客户和供应商商定最合适的业务条款。

本章探讨了四个方面的核心内容——运输条款、客户的支付条款、物流服务提供商使用的条款和细则及保险。各种做法不分对错，本章提供的信息可以帮助你找到开展特定业务的最佳做法。

**A PRACTICAL GUIDE TO LOGISTICS**

An Introduction to Transport,
Warehousing, Trade and Distribution

# 第 16 章
# 报关手续和货物进口

海关报关手续是一个极其复杂的话题，各个国家的报关程序各不相同。在实际业务中，大多数公司都通过代理人报关，甚至大型跨国企业也是如此。除非你对海关事务已经有了全面的认识和了解，否则我建议你通过代理人报关。

企图蒙骗海关官员并不是一个好主意。他们不仅会检查你过去长达 7 年的报关记录，对你处以高额的追溯性处罚，而且很有可能反复对你的货物和文件进行彻底检查，这会造成长时间的延误并有可能产生其他成本。诚实是迄今为止的最佳策略。

话虽如此，对报关程序有基本的了解是很有用处的，而且有些方法可以让你合法地推迟关税的缴纳，甚至避免缴纳关税。在本书中，关于如何通过这样的方法来降低进口成本和改善现金流的建议可能是最重要的，本章的后半部分将介绍其中的一些方法。不过，在此之前，首先要介绍一些报关的基本原则。

# 海关系统

进出口货物海关处理系统（Customs Handling of Import and Export Freight，CHIEF）是一个向英国海关申报和获取信息的长期存在的系统。其原始依据是 C88 表，即统一报关单，它是欧盟所有成员国和欧洲其他国家使用的标准报关单。表单上有 54 个方框，不是任何一笔交易都需要填完所有这些方框。从理论上来说，有一些报关活动可能仍然会使用表单，如申报出口清关，但从实际情况来说，并非所有的港口都有出口加工区，因此在那里也没有海关官员可以让你亲手递交表单。因此，我不建议使用纸质表单进行报关。

你的代理人可以在线访问英国税务和海关总署（Her Majesty's Revenue and Customs，HMRC）的网站，创建可以代替 C88 表的电子报关单，并在方框中填入相应的信息。

不过，CHIEF 正在被逐步淘汰，取而代之的是海关数据系统（Customs Data System，CDS）。2018 年，CDS 已经在海关仓储业务中投入使用，2019 年被用于进出口报关业务。在 CDS 的推广应用期间，这两套系统会并行使用。两套系统在报关信息的呈现方式上有所不同，CDS 将以 8 个数据集而不是 54 个表格框为基础。它还需要一些额外的信息，例如，必须明确指明买方和卖方。

海关程序代码（Customs Procedure Code，CPC）是一个 7 位数，用来指示正在进行报关的贸易类型。例如，出口到欧盟以外国家的自由流通商品通常适用 CPC 10 00 001 的处理程序（酒精和烟草等商品除外）。CPC 列表很长，不要把 CPC 与海关编码（Harmonised System Code）混淆。你的代理人可以为你想要遵循的任何具体的报关程序提供适当的代码。

# 海关公告

HMRC 发布了一系列海关公告，其中超过 60 项与货物进出口有关。其中的一些报关注意事项将在本章和下一章提及。

它们很容易就能通过网络查看，采用对用户非常友好的问答形式，并尽量避免使用术语。很多注意事项是非常有针对性的，例如，第 162 号消费税公告是关于苹果酒生产的。这对那些从事这项业务的企业来说非常重要，但对其他企业来说则不然。我建议你熟悉那些与你或你的企业参与的业务活动有关的海关公告。

# 经济运营体注册识别码

所有涉及进口和出口的企业首先要做的事情就是获得一个经济运营体注

册识别码（Economic Operator Registration Identifier，EORI）。它取代了过去使用的贸易商唯一识别码（Trader's Unique Reference Number，TURN）。

你应当通过英国政府官方网站在线申请，然后你通常会在 3 个工作日内通过电子邮件收到你的 EORI。你的代理人在代表你进行货物清关时需要先知道你的 EORI。

如果你有一个增值税纳税人识别号（如 987654321），那么它会被用来作为你的 EORI 的基础组成部分，而且如果你的企业总部位于英国，那么你的 EORI 会是 GB 987654321000。如果你没有增值税纳税人识别号，那么你会被分配一组类似于增值税纳税人识别号的号码。

# 海关编码：一件商品的税率是多少

简而言之，税率取决于该商品是什么。在回答这个问题之前，你需要找出商品的海关编码。国际上有一套约定的编码体系，它被称为协调制度（Harmonized System）。需要注意的是，尽管所有国家都使用相同的海关编码，但是它们征收的关税税率却不尽相同。

大多数国家都提供一个在线数据库，允许你搜索商品的海关编码。在英国，完整的海关编码有 10 位数字，其中，前 4 位被称为商品的税目码。例如，假设你正在进口一款打算安装在你的新仓库里的防盗报警器，你在英国政府官方网站上搜索"防盗报警器"，该网站将显示以下内容：

85 电机设备及其零件

　85 31 电子声光信号装置

　　85 31 10 00 防盗和防火报警器

　　85 31 10 30 00 用于建筑物

　　85 31 10 95 10 用于民用航空器

85 31 10 95 00 其他（如汽车）

由于该防盗报警器将被安装在仓库中，因此它适用于海关编码 85 31 10 30 00。从该网站可以看到，将该产品进口到英国的关税税率为 2.2%。

在新西兰的相关网站上搜索，网站会显示 8 位数字的海关编码 85 31 10 00，但对这类防盗报警器全部按 5% 的标准税率征收关税。

在某些情况下，在网站上搜索商品的海关编码并不容易。例如，你开发了一款含有多种成分的新型预制食品，但不知道该如何对其进行归类；或者你陷入了这样的迷茫之中：这件商品到底是玩具还是教育用品？事实上，很多不熟悉海关编码的人会发现，在任何时候都很难理解这种编码体系的理念。如果你愿意，你可以通过电子邮件或电话联系相关人员，第 600 号海关公告将提供最新的详细信息。如果你要求对商品的海关编码进行认定，那么你应当申请一份具有法律效力的商品归类意见书（Binding Tariff Information，BTI），其有效期为 3 年。明智的做法是提前确定商品的海关编码和相应的关税税率，这样你既能避免因信息错误而造成报关延误，也能在核算商品的销售价格时将关税税费考虑进去。

需要指出的一点是，增值税是按货物缴纳完关税之后的价值进行征收的。以一双成人鞋子为例（儿童鞋免征增值税），其基础价格为 50 英镑，进口关税税率为 8%，总成本计算如下。

| | | |
|---|---|---|
| 基础价格 | | 50 英镑 |
| 关税 | 8% | 4 英镑 |
| 小计 | | 54 英镑 |
| 增值税 | 20% | 10.8 英镑 |
| 总计 | | 64.8 英镑 |

如果你要出口商品到一些国家，那么你还需要在商业发票（见第 17 章）

上注明商品的海关编码。

烟酒类商品和石油等商品除了会被征收关税和增值税，还会被征收消费税。这些税费必须在货物清关之前缴纳完毕。

在另外一种极端情况下，有些商品（如图书）免征关税和增值税。

### 购买海关税则

你可以去英国政府出版社（英国皇家出版局的继任机构）的书店购买一本英国海关税则。它一共有三卷，具体内容如下：

- 关税减免计划、联系地址等信息及对消费税、关税配额等事项的解释说明；
- 关于 16 600 种海关编码的说明及关税税率；
- 报关程序指南。

英国海关税则一共有四种格式——在线阅读版、光盘版、电子版（以ASCII 格式存储的数据）和打印版。打印版包括四本活页书，但是一些人发现书很厚重，很难同时携带这四本书。截至 2018 年，打印版的售价为 389英镑，其中包含一年的海关税则月度更新订阅费。

# 进口清关流程

这个流程开始于你向代理人发出到货预通知。正常情况下，这需要在货物到达前至少两个工作日发出，而且你应当向代理人提供海运提单、空运提单或公路运单及商业发票（若发票正本随货物一起运输，则提供副本）。然后，代理人会在 CHIEF 或 CDS 中发起一个预通知，并将其提交给海关官员。

假设货物通过卡车运输，那么驾驶员应当在抵达港口时向代理人的办公室报告。代理人将以电子方式通知海关官员。在规定的一段时间（通常为 1个小时）之后，代理人会收到海关官员的回复，回复或确认货物已经清关，

或者通知代理人海关官员要对货物进行查验。在后一种情况下，驾驶员需要
驾驶货车前往检查区域，接受海关官员的查验。这可能是外形查验，也可能
是非常彻底和耗时的开箱查验，由海关官员全权决定。

完成这个流程后，货车就可以驶离港口了，代理人会向你发送确认清关
的文件。你可以与你的代理人协商到底是每次都确认还是批量集中确认（也
许是每周或每月确认一次）。

已经办理完所有清关手续并足额缴纳税费的货物可以自由流通。它们可
以被运往相应的关税区（如欧盟关税同盟区）内的任何地方而无须办理其他
手续。

### 出口清关

出口清关的流程与进口相似。你应当通过代理人发出预装运通知单，该
通知单应当包括以下内容：

- 出口商的详细信息，包括增值税纳税人识别号；
- 代理商的详细信息，包括增值税纳税人识别号；
- 收货人的信息；
- 对货物的描述，包括货物的数量、重量和规格；
- 货物原产地；
- 海关编码；
- CPC；
- 货物价值；
- 全球货物统一编码。

你的代理人通常会提供 CPC 等详细信息，很少有托运人了解所有可供
选择的报关程序。

全球货物统一编码用于识别具体的货物运输。推荐的编码格式如下：

- 年份（有两位数字），例如，18 表示 2018 年；

- 出口国，例如，GB 表示英国；

- 你的 EORI；

- 确定特定货运批次的货物的唯一号码。

完整的全球货物统一编码的形式可能是 18GB987654321000-J12345。

当货物运抵港口时，代表人必须向海关官员报告到货信息。海关官员有时会选择对货物进行查验，但是这种情况相对于货物进口要少见一些。货物在适当的时候会被清关放行，然后可以被装载到货船或飞机上。最后一步是你的代理人通知你货船启航离港或飞机起飞。

# 关税缴纳方式

所有经常进口货物的企业在可能的情况下都应该开设一个延期缴纳账户，这有助于改善现金流和简化管理。

进口货物时，你会被要求缴纳关税、消费税（需要的话）和增值税。最好的办法是开设一个延期缴纳账户。如果你使用 CHIEF 进行进口清关，你只需在电子版 C88 表上的第 48 个方框中输入你的延期缴纳税费批准号；你也可以通过 CDS 提交类似的延期缴纳税费申请表，HMRC 将从该纳税账户征收关税和增值税。

在每个月的月末，应缴纳的税费被汇总并于下个月的 15 号从你的银行账户中直接扣除（消费税的计征周期是每月月中至下月月中，临近下月月末缴纳）。这给你提供了平均 30 天的关税和增值税的延迟缴纳期限，即至少相当于你进口货值的 20%，这对任何企业来说都是一个巨大的好处。你应当仔细检查延期缴纳税费申请表，因为曾经有企业有意或无意地使用不正确的延期缴纳税费批准号。

要想设立一个延期缴纳账户，你需要从银行或保险公司获得担保：如果你进入破产程序，它们将代为缴纳你拖欠的税费。担保金额必须是延期缴纳账户的延期缴纳税费额度的两倍，例如，一个延期缴纳税费额度为 5 万英镑的延期缴纳账户需要 10 万英镑的担保金额。这是因为，从理论上来说，一家企业可以在某个月的 13 日之前充分利用本月和上月的延期缴纳税费额度，然后在当月的 14 日（应缴纳税费被扣除之前）进入破产程序。银行会为提供担保收取费用，而且银行不会为财务出现问题的企业提供担保。

### 代理人账户

大多数代理人都有自己的延期缴纳账户，而且也许会根据你的信用度代表你缴纳税费。他们通常会坚持要你立即偿还代缴款项，并向你收取账户使用费（通常为代缴税费的 2%~3%）。

这样的安排对快速清关很有帮助，但是现金流方面的优势会丧失，而且费用通常超过了通过银行为你自己的延期缴纳账户代缴税费所产生的费用。

### 柔性会计制度账户

一个柔性会计制度（Flexible Accounting System，FAS）账户可能是那些因信用度不高而无法获得银行担保的新公司的最佳选择。简单来说，你把现金存入账户并必须保证它有结余。然后，HMRC 从该账户扣除关税和增值税的应缴金额。开设 FAS 账户不收取任何费用，但是该做法在现金流方面没有优势，因为缴纳税费所需的资金必须提前存入账户。

## 欧共体过境、共同过境和 TIR 公约

欧共体过境（Community Transit，CT）是欧盟的一种海关程序，它允许未缴纳关税的货物从欧盟的一个地点运往另外一个地点（包括从一个成员国运往另外一个成员国）。具体的例子包括从波兰的保税仓库运往比利时的保

税仓库的啤酒，或者从美国空运至法国但在缴纳关税前通过卡车运到意大利的货物。该程序也适用于运往欧盟特别关税区（如加那利群岛）的货物。

进口的货物在向欧洲自由贸易联盟成员国（如瑞士）运输时也采用类似的海关程序，这被称为共同过境（Common Transit）。英国脱欧最早明确声明的事项之一就是，英国将保留自己的共同过境公约（Common Transit Convention，CTC）成员国地位。

《国际货物运输海关公约》①于 1975 年在日内瓦缔约。目前，中国、印度、美国和阿根廷等国家和地区都已接受该公约。阿曼已于 2019 年 5 月 29 日加入该公约，从而使缔约成员总数达到 76 个。在最初的制度下，如果一段货运行程在前往目的地途中有可能经过一个或多个国家，那么每票货物都需要签发一个 TIR 纸质单证。货运车辆被密封（以防在途中被打开）并携带 TIR 纸质单证，只要在进入和离开每个国家的国境时向海关出示 TIR 纸质单证，就可在每次过境时免于办理海关手续。

这些海关程序的 TIR 纸质单证控制方法已被计算机化过境转运系统（New Computerized Transit System，NCTS）所取代。使用该系统的用户需要先进行注册。它可以在线访问，也可以为经常使用的用户建立 EDI 连接。用户需要向海关提供担保，以防发生不遵守相关规定的情况，例如，一辆从事 TIR 跨境运输业务的挂车途经某个国家，但进入该国后未离开该国以逃避缴纳关税。

# 海关仓库：直到货物被销售出去才缴纳税费

以上关于进口清关的内容有一个假设：货物在进口后就立即办理清关手

---

① 全称为 Covention Douanière Relative au Transport International de Marchandises Sous le Couvert des Carnets TIR 或 Customs Convention on the Transport of Goods Under Cover of TIR Carnets，简称 TIR。

续并自由流通，关税和增值税也会被立即缴纳。然而，还有另外一种选择，企业可以在货物入境口岸进行简易报关，并将货物放入经授权的海关保税仓（有两种类型，即自用型保税仓和公共型保税仓）。然后，货物将会一直存放在该仓库中，直到需要装运出库（例如，在货物售出后）。此时，企业必须向海关做进一步的进口申报，增值税和关税将被计入延期缴纳账户，货物就可以装运了。如果货物已经存放了好几个月，那么这会对现金流产生很大的帮助，尽管使用海关保税仓需要支付额外的管理费用，但这可能是花得很值的一笔钱。

如果货物销往境外，那么它们可以从保税仓直接转口，并免征关税和增值税。在英国，新客户在被首次获准将货物放入海关的公共保税仓之前，需要获得 HMRC 的预授权。

暂缓征税的酒精饮料必须使用一类特殊的仓库，即消费税保税仓。一系列特殊的限制（包括加强安防措施、最低吞吐量要求等）适用于此类仓库。

# 进料加工免税和境外加工后进口免税

进料加工免税（Inward Processing Relief，IPR）和境外加工后进口免税（Outward Processing Relief，OPR）是两种免征关税的方式。简单来说，IPR 的原理是，在规定的时间范围内（通常为 6 个月）进口、加工、再出口的货物免征关税。一个简单的例子是销往境外的商品出现了质量问题，根据提供给客户的保修条款，该商品会被送回位于英国的制造商，在那里维修后再返还给客户。如果货物在进出口时被申报为 IPR 货物，就可以免征关税和增值税。

一个潜在的误区是对低价值货物应用此项海关程序。我知道有一家公司利用 IPR 节省了 5 英镑的关税，但仅管理成本一项就远远超出了节约的税费。

一个更复杂的例子是车载空调装置的进口，它们被安装在生产线上的汽车上，然后整车出口。这同样适用 IPR，但是应当获得 HMRC 的预先批准，并且该机构有可能对这些进口的车载空调装置再次出口的比例做出规定。

OPR 的原理与此相反，其适用于出口、加工、再进口的货物。一个例子是一套在英国生产的服装运往非欧盟国家缝制纽扣和拉链，然后返回英国。此时，海关只对衣服纽扣和拉链产生的附加值征收关税。OPR 也适用于货物在保修期内的临时出口维修。

无论是 IPR 还是 OPR，可能都需要向海关提供担保，以防出现违规的情况，例如，未能在规定的时间内再次出口或进口产品。

如果你想要制订这样的免税计划，建议咨询有经验的代理商以获得专业的建议，你也可以查阅第 3001 号海关公告中的附则 D，以了解更多的信息。

# 关税豁免

## 普遍优惠制

这是一项旨在通过部分免除或全部豁免从发展中国家进口货物的关税，鼓励与发展中国家开展国际贸易的关税优惠制度。给惠国如下：

- 澳大利亚；
- 白俄罗斯；
- 加拿大；
- 欧盟国家；
- 冰岛；
- 日本；
- 哈萨克斯坦；
- 新西兰；
- 挪威；
- 俄罗斯；
- 瑞士；
- 土耳其；
- 美国。

一些国家因富裕程度提高而不再是该制度的受惠国。受惠国的名单因给惠国而异。

### 关税和增值税的其他豁免形式

在很多情况下，进口货物可以获得关税和增值税减免，其中大部分情况都是非常有针对性的，不会涉及本书的大多数读者。以下是一份清单，括号中附有相应的海关公告编号，以便那些认为自己有可能从中受益的读者进一步获取详细信息。

- 用于慈善事业的物资（第 317 号海关公告）：

  - 提供给贫困人员的生活必需品，如食品、药物、衣服、毛毯、矫正器材、拐杖；

  - 欧盟以外地区免费捐赠的、准备在慈善活动中出售的物品；

  - 运营慈善机构所需的办公及其他设备（不包括救护车以外的机动车辆）；

  - 欧盟境内的救灾物资。

- 科学仪器（第 340 号海关公告），仅适用于公共机构，如大学和英国国家医疗服务体系中的医院。

- 捐赠的医疗设备（第 341 号海关公告），仅适用于对医院等机构的慈善捐赠。

- 博物馆和美术馆展品（第 361 号海关公告）。

- 历史超过 100 年的某些古董（第 362 号海关公告）。

- 继承的物品（第 368 号海关公告）。继承的遗产中供个人或家庭使用的所有物品，部分物品如下：

  - 珠宝、收集的邮票、自行车或私人机动车、旅行拖车、拖挂式房车、游艇和私人飞机；

  - 家具；

- 家庭宠物和马；

- 逝者使用过的便携式职业物品（如医生的诊疗包、音乐家的乐器、摄影师的相机和其他摄影器材）。

- 残疾人用品（第 371 号海关公告）。

- 商业样品（第 372 号海关公告）。

- 视听材料（第 373 号海关公告），必须具有教育、科学或者文化价值。

- 奖章和奖品（第 364 号海关公告）。如果你获得了一枚奥运会金牌，那么当你把它带回家时，不需要缴纳关税。

用于在免税商店里销售的物品、用于军事用途的物品及用于船舶和飞机的物品适用特殊的（有时甚至是复杂的）规定。如果你有这类业务，最好咨询专业人士。

## 结论

任何国家或团体（如欧盟）的海关条例都是多种多样的，而且非常复杂，还包含各种例外规则。值得重申的重要的一点是，在任何国家，企图欺诈和蒙骗海关官员都是极不明智的行为，这有可能招致非常严重的后果，并且产生的罚款远远超出潜在的非法收益。

不过，你也可以利用这些规则为自己获取优势。你可以通过使用延期缴纳账户和海关保税仓来延迟缴纳关税和增值税。还有一些合法免除不必要的海关税费的方法，包括进料加工免税和境外加工后进口免税，以及其他一些特定的情形。我建议你尽可能地充分利用这些海关税费减免的机会。

第 17 章
出口单证

物流是一门内容非常宽泛的学科，在实际工作中，物流经理经常会被要求去处理一些严格意义上不在其职权范围之内的事情。人们通常会认为"把货物送到那个地方是由你来决定的"，如果你是物流经理，这意味着你需要参与公司业务中其他领域的工作。

出口单证就是一个例子。严格来讲，发票的准备工作应当由会计部门或销售部门来完成，但是根据我的经验，如果想要避免货物在目的国海关处的延误，物流经理至少需要为这些发票提供正确的发票格式和内容等输入信息。

应当谨记，不同的国家对出口单证的要求有很大的差别。如果你向世界各地的许多国家发运货物，我会建议你订阅一本提供各国海关规则信息的手册。该手册可以是在线浏览的电子版本，也可以是活页印刷的纸质版本（提供定期更新，以便在海关规则发生变化时对个别页面进行替换）。这些手册并不便宜，但是很多人发现这笔钱花得很值。英国出口商可以选择的手册包括《克罗纳出口商参考书》（*Croner's Reference Book for Exporters*）和《泰特出口指南》（*Tate's Export Guide*）。

某些文件需要公司的授权签字人的亲笔签名，既可以是公司董事、公司合伙人或公司所有人，也可以是经书面授权可以签字的一些人员，如物流经理。

# 商会

在英国和其他国家，很多出口所需的文件（如原产地证明）由商会负责签发。商会可以为缺乏经验的出口商提供建议和帮助，并会对签发这些出口文件收取费用，但是对商会会员收取的费用会少一些，因此，除非你只是偶尔需要这些出口文件，否则节省下来的这些费用可能很快就能抵得上加入商会的会员费了。因此，我建议你认真地考虑加入本地商会。

大多数商会允许你在线申请出口文件，如使用电子证书系统。你需要在计算机上填写表格，而不用填写纸质表格，但是填报要求是一样的。这种申请方式耗时较少，你可以复制和粘贴重复的信息，而且不需要亲自去商会或给他们邮寄表格。我强烈建议使用在线申请的方式。

# 商业发票

几乎所有的目的国都要求货物附带商业发票，但也有一些例外情况，如在欧盟关税同盟成员国之间的货物运输。发票的副本中至少有一份必须带有原始签名，所需的发票副本数量在每个国家各不相同。例如，澳大利亚要求提供 2 份发票副本，其中的 1 份可以有复制签名；而孟加拉国要求提供 6 份发票副本，每一份都要有原始签名。在你的签名下面印上你的姓名和职衔是一个好主意。

商业发票会被你的代理人用作货物出口清关所需提交的有关文件，并被进口国海关部门用于确认货物的性质和价值以确保关税得到足额缴纳。不要试图在商业发票上瞒报货值，这是一种关税欺诈行为，会招致严厉的处罚。

我总是建议宁愿提供过多的信息，也不要提供过少的信息。例如，并不是所有的目的国都要求你在商业发票上注明货物的原产地，然而，这样做可能有助于避免海关延误。商业发票可能包括以下内容。

- 商业发票号码和日期。
- 卖方的名称、地址和 EORI（见第 16 章）。
  - 托运人的名称和地址（如果与卖方的地址不同）。
- 买方的名称和地址。

- 目的地名称和地址（如果与买方的地址不同）。

- 进口商许可证编号或类似的信息（如果适用于该国）。

- 采购订单号。

● 所有物品的数量和类型。

- 如果使用型号，其后应附品名，例如，应表述为"XYZ 123 型电风扇"，而不是"XYZ 123 型"。

● 对于大宗商品，应明确产品单位，如 1 000 升。

● 每种物品的单位价格及总价。

- 应明确币种，例如，应为美元，而不是英镑。

- 运费等辅助成本（有的话）应单独列项计价。

● 每种物品的海关编码（见第 16 章）。

● 每种物品的原产国。

● 货运条款（见第 15 章），包括货运地点，例如，应为"FOB 墨尔本"，而不是"FOB"。

● 支付条款，例如，在交货后 30 天内付款。

● 货物包装的具体信息，包括重量和规格。

● 货物运输的具体信息（如果已知），如出发港和到达港、货运提单或空运提单、集装箱号、货船名称等。

● 各个国家特定的附加要求，例如，孟加拉国要求提供每种物品的制造商的全称、地址、电话、传真和电子邮箱。

很多会计系统都无法开具包含上述全部信息的发票。因此，你可能需要在电子表格上设计一套商业发票模板，用它来生成符合法律规定的出口商业发票，而且其编号应参照系统生成的商业发票编号。这些商业发票也可以由电子证书系统生成。

对一些国家（如阿联酋）来说，要运往英国的出口货物的商业发票在寄出前必须经过该国驻英国大使馆的合法认证。你可以通过商会来安排此项事宜。这个过程需要支付费用而且很耗时，你应当在出口计划中考虑这两个因素。

### 装箱单

有些国家坚持要求提供装箱单，我认为这是一个好主意。装箱单不用太复杂，它应当包括商业发票上的一些基本信息，如买方、卖方和商业发票号码及每个包装的货物内容、唛头、重量和规格。

这有助于海关进行查验，还会使你的客户更加方便地核对运抵的货物，防止他们以货物丢失为由提出无理索赔。

# 原产地证书

出口单证中另外一种常见的文件是原产地证书（Certificate of Origin）。一些国家（如沙特阿拉伯）要求所有的货物都要提供该文件；而另外一些国家（如马来西亚）只要求特定的商品提供该文件。这些原产地证书对申请较低的关税税率来说可能是必需的，例如，原产地为新西兰的货物在澳大利亚、文莱、柬埔寨、印度尼西亚、老挝、马来西亚、缅甸、菲律宾、新加坡、泰国和越南都可以享受关税减免。最后，提供原产地证书可能也是贸易合同或信用证要求的一个条件。

截至 2019 年年初，在英国，有两种类型的原产地证书正在使用，即阿拉伯 - 英国原产地证书和欧盟原产地证书。后者无疑会在适当的时候被一种类似的证书（不以欧盟的名义）所替代。在英国以外的地方，墨西哥、加拿大和美国使用北美自由贸易协定原产地证书；其他国家（如澳大利亚和新西兰）有自己的原产地证书，它们由各自的商会签发。

在首次申请原产地证书之前，你需要完成一份声明，除了声明其他事项，还必须声明一旦你提供了虚假的信息就会对商会做出赔偿。该声明必须由公司董事、公司秘书、公司所有人或公司合伙人签署，并且必须包含任何被授权可以代表公司签署文件的人员的签名。

如果货物的原产地在英国以外的地方，你就要提供相关的证明文件。它应当是原始制造商的发票或原产地证书的副本，而不应是商业链上的中间人提供的文件。原产地证书必须有商业发票作为支持，而且两者上的所有信息必须相符。

有时候很难确定货物的原产地。一个有用的测试方法是观察一下在某个行为发生前后，货物是否适用相同的海关编码（详见第 15 章）。例如，如果是从世界各地进口零部件并在德比郡将其组装成一辆汽车，这辆汽车就是英国制造的；然而，如果是从日本进口一辆汽车，为其安装车载收音机和合金轮毂后再出口，那么它仍然是一辆汽车，并没有发生变化，因此它的原产地仍然是日本。区分产成品和原生态产品也很重要。后者要么是英国出产的原材料，如在柴郡开采的食盐，要么是从原材料中提取的产品，如在斯诺多尼亚繁育并饲养的绵羊的肉。在原产地证书背面有一个勾选框，用来指明产品适用于哪些选项，你勾选的选项应当能够包含产品所有制造过程的详细信息。如果你是对进口的货物进行再出口，那么必须在申请书背面提供制造商的全称和地址。

原产地证明的纸质申请表格可以从商会购买，它包括以下三个部分：

- 原产地证书（米黄色，带有安全防伪图案）；
- 原产地证书副本（黄色）；
- 申请书（粉色，将由商会留存）。

申请表格必须是打印的，而不是手写的，而且需要全部填写；申请书由授权签字人签署，并注明签署日期和地点。你应当在申请书的最后一项下面画一条线，以确保不能添加其他内容。

填写表格时的常见错误如下。

- 出口商的地址中未包含国别信息（如英国）。

- 商品描述过于简略。仅写上品牌名称或"备件"是不够的。

- 对原产地有误解。

- 未申报货物包装上的唛头和编号。理论上，你可以申报为"无唛头"，但是我永远不会建议运输无唛头货箱，因为它们极易丢失。如果包装上只显示客户地址，那么你可以输入"地址完整"。

- 未申报货物包装的详细信息，如货箱、桶、卷、麻袋、托盘、木条箱等的数量。

- 国家名称不正确。你应当使用：

  - "联合王国"（United Kingdom）而不是"英国"（UK）；
  - "欧盟—法国"（对欧盟成员国来说）。

- 使用英制而不是公制的重量和尺寸单位。

- 未同时申报货物毛重和净重。

- 使用了涂改液或擦除了表格内容。如果出现填写错误，你应当划掉错误的内容，在旁边写上正确的内容，签字并由商会加盖公章。

此处列出的常见错误基于商会国际（Chamber International）提供的信息。

如果商会对你提供的信息感到满意，就会在申请表格上盖章并签发原产地证书。然后，原产地证书原件应当随货物一起运输。

明智的做法是长期保留每份原产地证书副本，因为有可能再次用到这些证书。例如，货物有可能被退回或再次出口，但这很可能是几年之后的事情了。海关也有可能在货物出口很久以后进行问询。

## 阿拉伯－英国原产地证书

一些国家和地区不接受欧盟原产地证书，而是坚持使用阿拉伯－英国原产地证书。这些国家和地区如下：

- 阿尔及利亚；
- 巴林；
- 科摩罗联盟；
- 吉布提；
- 埃及；
- 伊拉克；
- 约旦；
- 科威特；
- 黎巴嫩；
- 利比亚；
- 毛里塔尼亚；
- 摩洛哥；
- 阿曼；
- 巴勒斯坦；
- 卡塔尔；
- 沙特阿拉伯；
- 索马里民主共和国；
- 苏丹；
- 叙利亚；
- 突尼斯；
- 阿联酋；
- 也门。

在这种情况下，申请表格包括三个部分：

- 原产地证书（白色）；
- 原产地证书副本（绿色）；
- 申请书（蓝色）。

申请表格必须以英文或阿拉伯文打印并填写。所有副本上必须列明制造商的全称和地址，并附上所有的支撑材料。绿色文件和蓝色文件必须签字。

经本地商会批准后，申请表格将被转交给阿拉伯－英国商会（Arab-British Chamber of Commerce，ABCC）批准。在某些情况下，它还会被转交给相关的大使馆或领事馆进行合法认证，然后通过商会返还给你。你可以要求

ABCC 将申请表格返还给你，由你自行转交给大使馆或领事馆，但我不建议这样做。

# 其他类型的原产地证明

### 欧盟原产地证明

该证明也由商会签发，用来证明货物原产地是欧盟成员国，因此货物在出口到与欧盟签订了双边贸易协定的国家和地区时可以减免关税。这样的国家和地区有 100 多个。

该证明与原产地证书的一个关键区别在于，如果缺少了原产地证书，各国完全不允许货物继续进口；而缺少了欧盟原产地证明，货物可以继续进口，但将适用更高的关税税率。欧盟原产地证明可以签发给原生态产品，简单来说，就是欧盟成员国的农业、渔业和采矿业产品，或者经过"充分转化"的产品。后者较为复杂，可能涉及对产品中欧盟原产零部件比例、欧盟以外国家原产零部件比例及产品价值构成中欧盟劳动力比例等的考量。而且，相应的比例根据产品性质的不同而有所不同。

我的建议是查询 HMRC 的第 828 号公告《关税优惠——各国的原产地规则》。你所属的商会也能提供相关的建议。获取该证明需要支付 39.9 英镑（含增值税）。如果你的产品适用的关税税率是 2%，而该批货物的价值是 1 000 英镑，这份证明的费用会是所节约的关税的近两倍（不考虑内部管理成本）。你应当留意申请签发该证明在经济上是否合算。

### 土耳其

土耳其与欧盟有独特的关系，这两个区域里的自由流通货物从一个区域运到另外一个区域免征关税。在欧盟自由流通的货物是那些原产地是该区域的货物，或者已经缴纳了所有关税、增值税和其他税费的货物。如果已经缴纳了这些税费，货物的原产地就无关紧要了。

这是通过 A.TR 表来管控的，它必须由出口商提出申请并由商会签字确认。该表一式两份，绿色原件随货物一起运输，白色副本由商会留存。申请时必须提供商业发票复印件及货物自由流通的证明文件，如进口单证复印件等。

## ATA 单证册

它们可以用来使临时出口的货物免于缴纳关税。ATA 单证册适用于三类货物：

- 商业样品；
- 用于博览会、展览会及类似活动的物品；
- 专业设备。

ATA 单证册不得用于拟在英国境外出售或出租的货物、用于维修的临时出口货物、建筑施工设备或其他类型的某些货物。在申请 ATA 单证册时，你需要填写一份声明，声明货物将在一年内返回英国，或者在目的国规定的更短的时间内（例如，印度为 6 个月）返回英国。如果你未能遵守规定且货物未返回英国，那么你将被要求存缴与应缴关税等额的资金，可以是现金、银行转账、银行汇票或银行保函等形式。

货物必须由 ATA 单证册的持有人随身携带，不得单独运送（如邮寄）。如果 ATA 单证册持有人未随身携带货物，负责运送货物的代理人就必须在 ATA 单证册上注明或携带授权书。商会可以签发 ATA 单证册，并在需要时提供建议。ATA 单证册通常由绿色、黄色和白色单证三个部分组成。例如，如果你是一家电视台的摄像师，从英国飞往美国开展工作，然后带着你的摄像机和相关设备返回英国，那么你应当遵循以下步骤。

- 在英国机场向海关出示 ATA 单证册。海关人员会：

- 检查确认绿色封面单证；
- 检查、签注并取下黄色出口单证；
- 填写黄色出口单证的存根并加盖公章；
- 退还 ATA 单证册。

- 在抵达美国机场时向海关出示 ATA 单证册。海关人员会：

  - 检查、签注并取下白色进口单证；
  - 填写白色进口单证的存根并加盖公章；
  - 退还 ATA 单证册。

- 在从美国离境时向海关出示 ATA 单证册。海关人员会：

  - 检查、签注并取下白色再出口单证；
  - 填写白色再出口单证的存根并加盖公章；
  - 退还 ATA 单证册。

- 填写黄色再进口单证存根上的 F 方框。
- 在抵达英国机场时向海关出示 ATA 单证册。海关人员会：

  - 检查、签注并取下黄色再进口单证；
  - 填写黄色再进口单证的存根并加盖公章；
  - 退还 ATA 单证册。

- 当你使用完毕后，在 ATA 单证册超过有效期之前将其还给商会。

你如果未能正确地使用 ATA 单证册，就有责任为货物缴纳关税，而这有可能非常昂贵。

ATA 单证册也可以当作过境文件，例如，如果有人从美国途径英国去往俄罗斯，在 ATA 单证册中就需要包含蓝色过境单证。

有一种类似的制度被称为海关通行证（Carnet de Passages en Douane，

CPD），在一些国家用于机动车辆的临时进出口。

本节内容来源于英国海关第 104 号公告，你可以通过网络查阅该公告，以获得更多的信息。

# 装运前检验

很多国家（主要是非洲和亚洲国家）要求对出口到该国的货物进行装运前检验（Pre-shipment Inspection，PSI），这可能适用于所有的货物，也可能仅适用于某些类别的货物。PSI 的目的是确保货物在数量、质量、价值和海关编码归类等方面与出口申报信息相符，并且货物符合相关的安全规定。

英国境内已获认证的机构包括必维国际检验集团（Bureau Veritas）、泰纳检验公司（COTECNA）、天祥集团（Intertek）和 SGS 集团等，它们可以开展 PSI，而且如果发现一切正常，就会向目的国海关部门发送报告。

## EAC 认证和 GOST R 认证

PSI 的一种特别烦琐的变体适用于运往俄白哈海关联盟的货物。俄白哈海关联盟包括以下国家：

- 俄罗斯；
- 白俄罗斯；
- 哈萨克斯坦；
- 亚美尼亚；
- 吉尔吉斯斯坦；
- 塔吉克斯坦（即将加入）。

出口到这些国家的一系列产品，包括个人防护装备、服装、玩具、香水和家具，都应取得欧亚海关联盟认证（Eurasian Conformity，EAC）。它可以授予单次货运、单份贸易合同或授予 1~3 年的有效期。

俄罗斯国家标准认证（GOST R Certification）仅适用于俄罗斯，表明产品符合俄罗斯的法律及安全规定。同一种产品不需要同时获得上述两种类型的认证。俄罗斯国家标准认证对某些产品来说是强制性的，而对其他产品则是自愿性质的。后者有可能被作为参与投标的条件，这有助于加快货物清关程序。在适当的情形下，你有可能获得俄罗斯国家标准认证豁免函。

你在申请认证时必须提供全面的信息，包括产品描述、海关编码、电子产品的技术手册、服装成分和产品图片等。对于某些产品还有额外的要求，例如，对饮料、婴儿食品和个人护理用品进行专门的卫生检查，对测量仪器设备进行校准检查。

获得认证所需的时间一般是两周（如服装）到两个月，也有可能更长（如用于易燃易爆环境的设备）。

如果你打算向俄罗斯或其他的欧亚海关联盟国家出口产品，我建议你尽早向有经验的企业（如 Techsert 公司）寻求帮助。

# 违禁物品

应当记住，某些国家禁止或严格限制某些物品的进口，如酒精产品、猪肉制品及与赌博有关的物品（包括扑克牌）。肉类产品可能需要获得认证，化妆品和含有动物成分的药品可能也需要获得认证。其他的例子可能更加令人惊讶，例如，叙利亚对信封、肥皂和水晶吊灯有进口限制。

如果你的公司员工将访问这些国家，明智的做法是提醒他们注意这些进口限制，并确保他们未在行李中携带任何违禁物品。

# 特殊货物出口规定

在向某些国家出口物品时可能要遵守一些特殊规定。如果你想获得有关物品的综合目录，那么你可以查阅《克罗纳出口商参考书》和《泰特出口指南》等出口商指南或向你所属的商会咨询。你应当特别注意以下事项。

- 军事用途或准军事用途的货物。这类货物必须有出口许可证，而且有些申请不会获准。英国出口管制联合机构（The Export Control Joint Unit）负责签发此类货物的出口许可证。

- 药品。英国药品和健康产品管理局（The Medicines and Healthcare Products Regulatory Agency，MHRA）根据需要签发出口许可证。

- 废品。

- 活体动物。

- 植物和植物产品。

- 二手衣服。这类货物通常要有熏蒸证书。

- 濒危物种及其衍生物种，包括象牙制品和桃花心木制品。根据《濒危野生动植物种国际贸易公约》（Convention on International Trade in Endangered Species of Wild Fauna and Flora），你必须申请出口许可证，而且对于高度濒危物种，相关机构只在极其特殊的情况下才会签发出口许可证。

## 结论

本章提供了一些关于最常用的出口单证的实用建议。如果你不了解各种类型的出口单证，那么它们会显得复杂而又令人望而生畏。不要害怕去寻求帮助，因为在货物出口这类事情上积极地去询问那些重要的问题并避免出现任何可能的失误会让结果变得更好。

**A PRACTICAL GUIDE TO LOGISTICS**

An Introduction to Transport,
Warehousing, Trade and Distribution

# 第 18 章
# 其他供应链问题

在第 1 章，我问了一个问题："什么是物流？"我可能还会问："什么是供应链管理？"这些术语可以作为同义词使用，但有时候"物流"一词的含义只包括仓储和运输。

在现实中，一家企业的物流经理的职权范围通常是由企业的结构决定的。在小型企业里的物流经理的职权范围可能要比在跨国公司里的宽泛得多，但即使是在跨国公司，各个部门之间也应当进行协作配合，以便制定出能够最大限度地服务整个企业的策略。

本章将探讨一些问题，这些问题涉及的事项可能在物流经理的职权范围内，也有可能超出这个范围。从库存规划开始，本章将介绍如何设置目标库存，如何组织订货来实现这个目标，以及一些用于降低库存的高级策略。本章还会讨论供应链的最后一个要素——逆向物流，并讨论一个受供应链各个方面影响的因素，即不同客户的服务成本。

# 库存规划

一家公司新招聘了一位负责全国业务的物流经理，他首次到访一个仓库。

仓库经理问："我怎样才能在仓库里装进更多的库存？"

物流经理答："你为什么还想要更多的库存？对于最畅销的产品，你已经有了 21 个月的库存；而对于其他大多数产品，你已经有了 18 个月的库存。"

仓库经理说："供应商希望我们采购更多的产品，而且总裁不希望有缺货的风险，缺货会造成很多麻烦。如果供应商的某家工厂失火了怎么办？"

为了保密，一些对话细节有所改动，但以上基本是当我开始担任一个新职务时，别人曾经对我说过的话。

库存的基本特点是它会耗费成本，不仅有直接的存储成本，也意味着对现金流和流动资金的严重消耗。很少有企业有充裕的现金，而且一家企业相对于其基础财务实力的借贷比例越高，它进一步借贷的成本就会变得越高。显然，比起将大量资金无谓地绑定在库存上，任何企业（无论规模大小）都应该更好地利用这些资金。在参与过削减数百万英镑库存的工作之后，这一条明智的建议在理论上和实践中都被证明是正确的。我们还必须考虑到会导致库存被核销的库存过期风险。

话虽如此，缺货的确会造成问题。如果你不能履行订单，你将失去生意，而如果这种情况持续发生，你将失去客户。在制造业，关停一条生产线的成本有可能非常高。"完工"一辆不带雨刮器的汽车并在稍后安装它虽然是效率低下的，但是如果没有发动机或实际上只是没有发动机安装支架，就无法完成一辆汽车的生产。

有人认为，应当将目标库存水平视为一个确切的目标，而目标本身不应该被当作一个极大值或极小值。

# 设置目标库存水平

最优目标库存水平的设置没有放之四海而皆准的答案，它随着企业的性质而变化，而且同一家企业的不同产品的最优目标库存水平也各不相同。

库存水平主要有两种衡量指标。一些企业使用天数来衡量，无论是从实物方面还是从财务方面。例如，如果你每天销售 1 000 件产品（或每天的销售额为 1 万英镑），而且拥有 5 万件产品（或价值 50 万英镑的产品），那么你的库存水平就是 50 天。

其他一些企业使用相反的衡量方式，将库存水平表示为每年的库存周转次数，在这种情况下的计算方式为 365 天除以 50 天，即库存平均每年周转 7.3 次。如果你是从亚洲进口廉价产品到欧洲，那么持有几天的库存可能也是合适的，但对一家大型的汽车制造厂来说，几天的库存都会被认为太多了。

另外一种有效的衡量指标是产品订单通过库存满足的比例，这是我建议在所有的库存管理环境下都应该使用的一个关键绩效指标（Key Performance Indicator，KPI）。

第 5 章介绍了在仓库存储背景下使用的一种帕累托分析法，类似的分析方法可以用于设置目标库存水平，但是两者有一个重要的区别。在很多企业中，20% 的产品带来了 80% 的销售额，这些产品通常被称为 A 类产品。在目标库存水平的背景下，A 类产品还应当包括这样的产品：它们的销量很小，但是它们的缺货将引起非常严重的后果。这样的产品可能是一件开展工作所必需的安全装备，或者是一个关键备件。例如，联合收割机制造商的偏心拨禾轮替换件的销量很小，但是如果无法在收获季迅速地提供该零部件，那么对农户来说，在农作物损失方面的后果可能是灾难性的。A 类产品的目标库存水平应当包括安全库存（有时被称为运营储备额），这可以使通过库存满足的订单比例可以接近 100%。

B 类产品包括接下来 30% 的产品，它们有可能占 15% 的销售额。对这类产品来说，通过库存满足的订单比例为 99% 之类的 KPI 是可以让人接受的。

C 类产品由剩余 50% 的产品构成。对这类产品来说，KPI 为 90% 可能较为合适。但要记住，一些产品只在有货时才能被销售出去，客户可能需要联系大量潜在的货源才能找到一家有货的经销商。这种情况会发生在汽车零部件市场。对于那些旧款车型，零售商一般不会持有零部件，而批发商那里可能最多也就有一两件。

我还会加上一个 D 类产品，这类产品由所有不在正常库存模式范围内的产品构成。它们可能包括促销产品，也许是以"售完即止"的形式来销售的；或者为了满足季节性需求高峰而在一段时间内建立的库存，圣诞饼干就是一个极端的例子。它们还有可能是一些很少被用到的产品，甚至可能是为具体的项目定制的产品，只需要按需采购。我个人能回忆起来的例子是一根25 米长的无线电天线桅杆。

在确定合适的安全库存水平时，你需要考虑订货提前期，它是库存水平降低时补充库存的关键因素。订货提前期不仅包括货物的在途时间，在有些情况下还包括供应商生产货物的时间和你对货物进行生产或再加工的时间。订货提前期可能是不固定的。例如，你正在安装安全系统，一个具体的项目所需的零部件可能包括：从美国采购的控制单元，交货时间为 6 周；一个电池组（在电力被切断时使用），当地的一大批经销商可以供货并能做到次日交货。显然，前者的安全库存水平应当高于后者。

最后，你应当考虑所有可能派得上用场的应急方案。例如，货物应当空运而不是海运，以及在发生灾难性事件时（如工厂火灾）找到潜在的替代供应商。

考虑到上述因素，你需要反向思考哪些库存是企业能够负担得起的或应当选择去负担的。对一家羽翼未丰（或财务困难）的企业来说，可用资金是有限的，而且已经达到了谨慎借贷的极限。有时候，需要由董事会来决定可用的流动资金最好花在库存上还是花在新的机器设备或新员工上。我不建议订购你支付不起货款的货物，因为这有可能导致你的信贷额度被收回并使你的财务状况进一步恶化。在这样的情况下，如果确实存在这样一个现实而又有限的预算额度，在可用资金范围内平衡各种产品的库存就是一项有价值（但经常被低估）的技能。

## 需求计划和订单排程

在确定了用天数（或其他衡量指标）表示的目标库存水平之后，下一步就是确定与该目标对应的库存数量。例如，如果你的目标是 60 个工作日的库存，并且你在每个工作日平均销售 100 件产品，那么平均需要 6 000 件产品的库存。不过，为了实现这一目标，你需要确定可能的产品需求是什么。

计算机软件对这个过程有所帮助，无论它是独立的软件，还是作为一个更加全面的 ERP 系统或物料需求计划系统（或制造资源规划系统）的一个功能模块。但是，小型企业可能需要利用电子表格来分析下载的数据。

这个过程的主要内容如下。

- 数据分析。这通常是由销售部门推动的，因此与销售部门保持良好的沟通是至关重要的。你需要对客户购买何种产品及何时购买做出切合实际的估计。在这个过程中，你需要考虑以下几个方面。

  - 历史销量。在大多数企业中，过去的销量就是未来销量最好的风向标。一般来说，它应当是分析的基准，并且应当始终作为一种理性检验标尺来确保预测是切合实际的。在一个成熟稳定的市场环境中，销量可能每年都不会有太大的变化。在一家新企业中，做预测会困难得多，预测必须基于市场调研和推测。

  - 客户提供的数据。如果你正在向制造商销售零部件，那么他们应当能够提供关于其需求的估计，尽管他们不太可能做出确定的采购承诺。零售商和分销商可能也会这样做。如果有这样的数据，那么它们将非常有用。

  - 长期趋势。你的产品的市场规模是在扩大还是在缩小？生物技术和虚拟现实技术正在快速发展，划艇和私人飞行之类的休闲活动自其高峰期后有所下降，这会反映在未来的销售额中。

  - 市场份额。很多企业将市场份额增长作为销售人员的目标。在很多行业中，销售总监都会设定这样的目标。显然，并非每个销售人员都能完成目标，因此你要质疑这样的目标，以确保它们是切合实际的，并非只是由于过度乐观才这样设定的。

○ 季节性。在产品销售旺季来临之前累积库存可能是有必要的。在初夏，需要累积空调和晾衣夹的库存，在 8 月是学生文具，在 12 月中旬是蔓越莓酱和切肉刀（现在有些家庭在一年里只是在吃圣诞节火鸡时才使用一次切肉刀），平时常备防水服装（销售旺季难以预测）。

○ 促销活动和新产品发布。如果你筹划了一场促销活动或发布新产品的活动，那么你显然需要为这些活动准备好库存，你必须考虑二级市场的销售。如果一款新车型上市，那么汽车经销商需要为该款车型的售后市场建立车灯的初始库存。不过，汽车经销商还必须考虑反方面的情况。如果发布了新款车型，那么现有车型会变得没有足够的吸引力，只能打折销售或根本卖不出去。所以，汽车经销商应当逐步减少旧款车型的库存以避免出现这种情况。

○ 竞争对手的活动。如果你知道了你的竞争对手将发布一款新产品，那么你最好接受这个事实：这至少会暂时降低你的产品销量。

○ 可预测的事件。例如，在国际足球赛事期间，啤酒的销量会上升。

○ 不可预知的事件。例如，在一场严寒过后，更换汽车电池的需求会激增；经过一位厨师在电视节目里推荐之后，某些烹饪原料的需求也会激增。

● 预测需求。以历史销量为基础，并根据上述所有因素进行适当的调整，就可以确定你的预期需求。例如，照相机的销量近年来有所下滑，尤其是在低端市场，其原因是人们更多地使用手机拍照。不过，在夏季和临近圣诞节的时候，照相机仍有需求高峰期，而且促销等其他因素也会对需求产生影响。在做需求分析时，你可以先确定历年来照相机的销量，包括季节性需求高峰，然后根据可能存在的持续下滑趋势对其进行调整。其他的相关因素也需要考虑进来，以实现最佳预测效果。另外，要注意以下事项。

- ○ 如果你在制造产品，就要进行下一步，即把对产品的销售预测转换成对其零部件的需求预测。
- ○ 确保你的需求预测包含包装材料、说明书及电池等附属物品。

- 计算目标库存水平。这就是前面所描述的数学计算过程，根据产品的预计使用量和用天数表示的目标库存水平来确定所需的库存数量。我建议你每年进行一次这样的计算，并与供应商分享预测结果，使其能够制订相应的生产计划和采购计划。
- 修正分析结果。要定期对需求预测结果进行重新讨论。在某些环境下，如在汽车制造业，分析团队应当实时监控库存水平，并在工作日不断调整订单。对小型企业来说，每周对需求预测结果进行一次复盘可能就足够了。

## 订单排程

在完成上述分析之后，你就可以安排订货计划并下订单了。为了便于讨论，我假设你已经选好了供应商并商定了采购价格，并且使用只规定了订货数量和交货日期的框架采购订单。

这同样是一个数学计算过程，你需要将当前库存、目标库存、使用量、订货提前期和在途运输的货物数量考虑进来。下面这个例子可以很好地说明这个过程。Y 产品在一年内的预测销量是平均每周 100 件，目标库存水平是 800 件。由于竞争对手的产品出现了质量问题，我们获得了新的客户，因此产品比预期卖得好，每周可以销售 150 件。当前的库存是 500 件，另外还有 400 件预计在两周后到达。我需要下一个订单，在 4 周后交货，我希望到那时能够提高产品的库存水平以获得更高的销量。由于我希望平均库存水平是

1 200 件，因此我的目标是在这个订单交付时（4 周后）达到 1 350 件的库存水平，在下一个订单（在 2 周后下达）交付时（6 周后）库存水平下降到 1 050 件。我们可以计算出这个订单的订货数量：1 350（目标库存水平）+ 600（这个订单到达前的预期使用量）– 500（当前库存）– 400（在途库存）= 1 050。

同样的原理也适用于易变质产品，但是考虑到产品的保质期有限且短暂，订货计划的安排应该更加灵活。

开展这些分析工作可能很耗费时间，但肯定是很有必要的。每周订购相同数量之类的策略很快就会造成供需不平衡，因此产品的使用量从来都不是完全固定的，我强烈建议避免如此订货。

在某些情况下，你或许会得到便宜的产品报价。这样的报价可能十分诱人，而且如果你能在一个合理的时间内用掉这些产品，对它们的质量也感到满意，那么这当然很好。然而，采购的首要原则之一就是，如果你并非真正需要一件物品，那么无论它有多便宜，购买它对你来说都是不合算的。

## 降低库存

有很多供应链方法可以用来降低库存成本，下面介绍其中的一些方法。

库存成本降低通常可以通过管理基本的采购支出和消除库存浪费来实现，当你晋升到一个新职位并接手一批结构失衡的库存时，尤其应该这样做。降低库存的方法如下。

- 集中下达订单。公司里的一名员工所要订购的产品在公司的其他地方还有库存之类的例子数不胜数。如果订单由一个集中调度人员经手，那么这种情况应当可以避免。他至少会分析这些订单，并适当地提出质疑，甚至自行制定和下达这些订单。不过，如果这位调度人员只充当收发员的角色，这样做就是无效的。

- 调拨而不是采购。如果一种产品在一个仓库里缺货而在另外一个仓库里过剩，内部调拨就是最佳选择。这是订单集中处理的一个好处。

- 避免对系列产品订购同样的数量。例如，你可能有一支工程师团队，他们需要配备安全鞋。最初的订单是每种尺码各订购 12 双。过了一段时间，所有的 10 号尺码的鞋子都发完了，因此你下了另外一个订单，同样是每种尺码各订购 12 双。如果你重复做这件事，就会剩下一大堆无人问津的 6 号尺码的鞋子。显然，订购数量应当根据每种产品的使用量进行调整。

- 考虑一下慢速流动产品能否被当作快速流动产品的替代品。例如，让我们假设 1 根 17 单元电视天线比 1 根 15 单元电视天线贵 25 美分。前者在大约 0.1% 的设备安装中是必需的，但是根据目前的使用量，其库存足够使用 20 年。然而，它在任何场合下都可以替代 15 单元电视天线。因此，明智的做法是在采购更多的 15 单元电视天线之前，先用掉大部分 17 单元电视天线的库存。

- 管理过时的和无人问津的库存。在理想的环境下，不会有这样的库存，因为你通常会提前逐步降低这些产品的库存水平。然而，这在现实世界中很难实现。如果你拥有不需要的库存，那么明智的做法是迅速采取措施。拖得越久，这项任务就会变得越困难，库存贬值也就越厉害。你可以考虑以下做法。

  ○ 按照新规格对库存进行再加工或翻新。这仅在极少数情况下才是可行的，但这是首先要考虑的选项。

  ○ 慢慢用掉这些库存。老款产品可能仍然有一些需求，但你可能需要经过若干年才能逐渐售完剩余的库存。

  ○ 慢慢地销售过季的商品，或者保留到下一个销售旺季再出售。例如，有些人可能将割草机作为圣诞礼物或婚礼礼物；在第二年的夏天，割草机有可能迎来一个重要的销售时期。

○ 最初打算当作生产用件的零部件有时可以在备件市场上出售，但情况却并非总是如此。例如，汽车生产需要的是完整的汽车排气系统，而在汽车售后市场上销售的是其中的部分零部件。此外，重新包装也是必要的。

○ 拆解产品以获取零部件。这是另外一个只在极少数情况下才会做出的选择，但是如果有机会，我建议你这样做。

○ 通过其他渠道销售。

　□ 零售商有可能在一次促销活动或降价销售活动中卖掉乏人问津的产品系列，或者你可以说服客户以优惠价格进行大批量订购，这通常是产品在快过期时的最佳处理方法。

　□ 不止一家航空公司通过员工商店销售那些不再用于机舱零售（由于零售范围发生变化）的产品。

　□ 一些公司专门购买大量的廉价产品在发展中国家销售。

　□ 如果上述所有方法都不可行，你可以尝试在网上销售。我知道有一家公司雇用了一名全职员工来认真地做这项工作。

○ 退还给供应商。一些组织（如电视购物频道）在合同中写入了"剩货保退"条款。你也可以这样做，但是提供这项服务的成本显然将被供应商加进产品的供货价格。如果没有这样的条款，供应商可能也会接受退货，但是几乎肯定会收取退货处理费用。如果产品对供应商来说更加没有用处，那么他们很可能不会接受退货。

○ 用于废品回收或低价值的用途。举例如下。

　□ 我曾经接手了一批电缆的库存，因为它已经不能满足低烟的防火安全规定，因此不能再合法地使用。唯一可行的选择是将其作为废铜卖给一家金属回收公司。

- □ 不再适合人类食用的食品也许可以作为动物饲料销售。

- □ 对于经正确程序即可销毁的酒精饮料，你可以申请消费税退税。

- ○ 安全销毁。例如，如果你发现一批电子产品存在安全隐患，那么你有可能因为无法通过维修来解决产品问题而决定对其进行报废处理。然而，如果你只是简单地把它们丢进垃圾桶并期望它们会被送进垃圾填埋场，那么你很可能发现它们流入了市场，而且被卖给了不知情的消费者，从而使你的名誉受到损害。大型的废弃物处理和回收公司可以提供安全放心的销毁服务，确保不会发生这种情况。你可以派一名代表亲自到场见证产品的销毁过程，也可以观看由这类公司提供的 DVD 格式的产品销毁视频。

- ○ 捐赠给慈善机构。当地的小型慈善机构可能很乐意接受你的捐赠，并将它们用于善行。明智的做法是反复确认你捐赠的物品是按预期用途使用的。

- ○ 垃圾填埋。这应该是最后的手段，这将产生废弃物处理费用和垃圾填埋税，而且会对环境造成负面影响。然而，你会不可避免地用到这种处理方式。

# 降低库存的高级策略

除了遵守上述库存管理工作纪律及通过数据分析需求，你还可以实施一些高级策略。不过，只有经过仔细的考虑和计划，才能做出这样的决定，在缺少必要的控制程序的情况下实施这些策略有可能产生灾难性的后果。

### 准时制

准时制（Just In Time，JIT）起源于日本的汽车制造业，最初是由日本当时的道路交通法所造成的，该法规禁止大型货运车辆在日本国内的道路上行驶。然而，JIT 的其他优势很快就显现出来了，如消除了生产线旁边堆积的大量存货，并且从此被全世界的汽车制造商及其他行业的制造商所采用。

实施 JIT 的一个基本前提是零部件只在需要时才被送达。大多数供应商每天都会进行送货，而对于某些关键零部件甚至每小时送货一次。

为了保证高效运营，一切事情都必须按计划进行。因此，在实际业务中，你需要在工厂或工厂附近持有一些库存。如果货物是从另外一个大陆海运过来的，那么在当地仓库里设置缓冲库存几乎是必然的。交通中断、交货时的质量问题及需要改变计划好的产品生产组合（通常被称为重新分割）都会产生问题，必须制定应急方案来应对此类突发事件。我记得当我还是一名毕业实习生的时候，我作为公司里的一名员工被派往零部件仓库去取一些零件，以防生产线出现零件短缺。从那以后，库存管理的方法大有改进。如果精心准备，那么 JIT 是可以发挥作用的，而且在一些行业里，它是行业竞争力的核心要素。

## 排序

这个原则可以通过对货物进行进一步排序来实现。例如，一家汽车制造商安装与车身颜色相匹配的保险杠。这通常是通过在生产线附近设置可存放各种颜色的保险杠的存放台架来实现的，但是这些台架占用了大量的空间，而且会减慢生产速度，因为一名操作人员需要步行 10 米取回所需的保险杠。因此，我开发了一个库存服务项目：存放保险杠的台架被设置到离工厂只有 1 000 米的仓库；汽车的生产进度计划也被发送到该仓库，例如，如果生产线上的前三辆车是红色、蓝色和白色的，那么保险杠在台架上也按照这个顺序排列；仓库每两个小时向工厂送一次货。该库存服务项目使汽车生产线的效率得到了大幅度提高。

在零售业，类似的原则可用于货架补货。你可以使用防滚架装载货物，这样当一名操作人员沿着货架通道行走时，货架顶层的包装产品会被放到货架近端，而底层的包装产品会被放到货架远端。零售业的从业人员经常说，供应链上的最后 50 米是最困难的，而这是一个如何提高最后 50 米的工作效率的例子。

### 按订单采购或按订单生产

这是与 JIT 相似的另外一种方法，其原理是只在已经把货物卖出去时才去订购货物。在一些情况下，这是最合乎逻辑的方法。举一个极端的例子，没有人愿意去建造一颗造价数百万美元的卫星，除非它属于一项获得完全资助的发射计划。同样，尽管汽车制造商会制造标准规格的汽车作为库存，因为他们有信心将其销售出去，但是一辆拥有独特的选装配置组合的顶级轿车只可能作为"已销售订单"来制造。其他的例子还有定制家具和窗框。同样，尽管小型装修公司有可能持有白色涂料的库存，但是它们不太可能去采购特定图案的墙纸，除非客户提出这样的要求。

这种方法也适用于产品生命周期即将结束的情形，或者你仅向一位客户销售一种特殊产品的情形。

按订单采购曾经是邮购的常见做法，因此报纸广告经常说"允许 28 天内交货"，但这在当前的市场中是缺乏吸引力的。在某些情况下，这是被特别禁止的。例如，英国的媒体监管部门禁止电视购物频道销售在其仓库里没有库存的产品。

### 寄售库存

寄售库存是指货物归一方所有，但由另一方存放在其经营场所对外出售，货物所有者只有在货物售出时才能收到货款。它与剩货保退协议不同，在剩货保退协议中，销售商需要支付全部的货款，但是对于任何未售出并退还给供货商的货物，销售商可以获得退款。

对销售商来说，这种方法有明显的现金流优势。他们有机会通过销售产品来获得利润，却不需要耗费资金来购买库存或承担未售出库存的过剩风险。然而，无论零售商店的展示、在线广告还是其他的营销方式，都会产生营销成本；销售商还会被要求对库存的丢失或损坏承担责任，而且利润率有可能低于常规的销售方式。

对供货商来说，这是一种在新市场试销新产品而无须耗费资金来设立大型销售设施的方法。它可能是一种确认某个特定的产品系列能否在某个特定区域里销售出去的方法，或者是一种进入你无法用其他办法进入的销售市场的方法。无论由于破产还是由于不诚信，都会存在销售商售出货物但不支付货款的风险。明智的做法是在签订这样的协议之前确保销售商是诚实可靠的。

这种方法也适用于制造业。供应商将零部件交付给制造商，制造商保有这些零部件，直到它们被使用，并在零部件被用于生产后向供应商支付货款。

## 虚拟仓库

虚拟仓库是指货物看似存储在一个仓库里，但实际上可能存放在多个不同的地点，但是都可以使用或购买。这些存放地点可能是由同一家公司运营的多个不同的仓库，或者是供应商的经营场所。

例如，英国的某客户从一家零售商的网站上订购了三件商品，第一件商品可能是从零售商位于英国的仓库发货的，第二件商品可能是从其位于德国的仓库发货的，第三件商品可能是直接从位于意大利的供应商处发货的。

这也被称为虚拟仓储。然而，类似于"你的货物将被存放在一个虚拟的仓库里"的说法会让大多数人感到非常困惑，我建议你避免使用此类表述。

要想有效率地运营虚拟仓库，你需要复杂而强健的基础设施和强大的管理能力。如果没有非常谨慎的规划，我不建议你这样做。

# 逆向物流

"逆向物流"这个术语从 20 世纪 90 年代起才开始使用，但是这个理念存在的时间要长得多。简单来说，它是指与初始（或前向）物流系统方向相反的货物移动（即货物从客户处返回你的企业，或从你的企业返回供应商）及相关的活动。

随着电子商务和邮购的发展，逆向物流的重要性也在增加。在英国，现场销售（如在商店里）的基本规定是只有货物与描述不符或存在瑕疵时，零售商才需要退款。然而，远距离销售（如网络销售、邮购和电话销售）自动地产生了一个 14 天的期限，在该期限内，消费者可以取消订单并要求零售商退款。现在，一些零售商甚至为其店铺销售的货物提供类似的退货服务，而且英国的一些电视购物频道向其客户提供"无理由"退货服务，在该服务计划中，所有的退货都会被退还给供应商。如果你正在为这类企业供货，如何处理这些退货就是你的问题了。

过去，退货在很多公司里的优先级非常低，而且常常会留待"公司不忙的时候"处理，而那个"不忙的时候"永远也不会到来。现代企业通常承受不起这样的做法。

一些客户也会充分利用退货服务。例如，他们会订购三套服装（一套尺寸适合的，外加一套大号的和一套小号的）并打算退掉其中两套。退货时声称"没穿过"的顶级男装的口袋里还留有一张婚礼请柬的情况并不少见。类似的问题也发生在商业领域。我个人最喜欢举的一个例子是，一家汽车经销商在收货时声称车辆的引擎盖有损伤，经检查，我们发现他已经给引擎盖喷涂过油漆并且把油漆打磨掉了。

明智的做法是建立一套退货程序，并与你的客户协商一致。在理想情况下，这套退货程序应该包括以下内容。

● 通知退货时限。商业要求和法律规定或许会限制这个方面的人为规定的空间。但是如果你能这样做，就要尽量将退货时限定得短一些，以防在货物运达时客户以货物丢失或损坏为由提出（虚假）索赔，而那实际上是你的客户的运营事故造成的。

- 授权。我建议为每件退货分配一个退货确认单（Returned Material Authorization，RMA）编号，并将其标记到退货包装上。你应当对这些退货进行监控，并进行统计分析以发现重复出现的问题。如果某个特定的客户的退货比例高出预期，那么这表明其中可能存在问题：该客户可能在滥用退货制度，其货物验收程序可能非常糟糕，或者送货的司机马虎粗心。某种特定的商品反复被退货可能预示着制造过程存在问题或你的供应商存在问题。

- 明确规定承运人运回退货。在理想的情况下，在你进行下一次常规送货时就能收到这一次的退货。如果不是这样，就要明确规定承运人在送货时带回退货。如果有可能，最好在网上发布退货标签，要求客户必须将其打印出来并贴在退货包装上。这可以避免退回货物由于包装上糟糕的标识而永远不会被送还给你（数量惊人的客户会把自己的收货地址写在退货包装上），或者不能与 RMA 编号对应起来。从很多不同的客户源头退回的货物会产生许多不必要的问题。

- 退货的到货检查。应当确认 RMA 是否有效，退回的货物是否与 RMA 上的具体信息相符。你很可能发现被退回的是竞争对手的产品或与原产品毫不相干的物品。当我们期待着收到一箱红酒的退货时却收到了一个厨房水槽，这是我亲身经历的最夸张的一个例子。

- 退货归类。收到退货后要对货物进行更详细的检查，检查细节是否有所不同。假设你在处理从某个电视购物频道退回的电子产品，退货的归类可能如下。

  ○ 货箱仍然存放在最初的托盘上，从未送到客户那里。货物返回仓库待售。

- ○ 货物的外包装从未被打开。更换或者覆盖外包装上的地址标签，货物返回仓库待售。

- ○ 货物的外包装被打开了，但是货物完好无损，而且看起来从未被使用过。重新装箱，更换产品说明书（如已丢失），货物返回仓库待售。

- ○ 货物看起来被使用过。从货箱中取出，插上电源，对其进行测试。

  - □ 如果该货物无法工作，应将其退还给供应商；如果不能退还给供应商，那么拆除所有可拆卸的零部件，然后将其单独放置，等待安全销毁。

  - □ 如果该货物可以工作但有污迹，那么对其进行清洁、重新包装，将其放入仓库并作为二手商品销售。

  - □ 如果该货物可以工作但有损坏：如果是可拆卸的零部件出现损坏，那么使用那些从无法工作的产品上拆下的零部件进行替换，重新包装并将其作为二手商品销售；如果是不可拆卸的零部件出现损坏，那么将其单独放置，等待安全销毁。

显然，所有被退回的货物最理想的处理方式就是全价再次销售，但是如果这样做不可行，就应当考虑前面介绍的对过时的和无人问津的库存的各种处理方法。

你还应当建立一个强健的系统来监控你从供应商那里收到的货物的质量，并在必要的时候商定退货程序。

与你的客户或供应商商定的退货政策将影响每一笔生意的盈利能力，这种影响不容小觑。

# 不同客户的服务成本

最后一个话题涉及前面介绍的很多元素。

我曾经在很多场合里被问到送货成本的"从价费率"（Ad Valorem），即根据货物价值收取的送货费用的比例，其与货物的规模、重量、尺寸或其他细节无关。不巧的是，货运成本与货物价值几乎没有关联，因此这并不是一个可行的选择。

有人认为，在确定产品的销售价格之前，应当尽可能准确地估计物流成本。这可以通过汇总前文提到的各种要素来实现，可能包括海运成本、港口处理费用、清关费用、海关关税、仓库搬运成本、仓库存储成本（基于估计的平均存储时间）及送货成本。事实上，产品的销售价格可能取决于客户的接受程度及竞争对手的市场价格。不过，你至少应当了解物流成本对利润的影响。

第7章讨论了不同的客户需求，这有可能对成本产生重要影响。让我们来思考一个虚构的例子，假设你的产品是一种家用电器，从亚洲进口，通过海运运到英国，存放在英国中部的一个仓库里。考虑到本练习的目的，你可以忽略产品的仓储成本，因为它是固定不变的。货物按整托盘运输，每个满装托盘有180箱货物，每辆拖挂卡车满载运输26个托盘。

让我们来考虑两类假设的客户。

- 客户1。接受货物的整托盘满载运输，要求将货物运送到客户位于唐卡斯特附近的配送中心。

  - 货物分拣和发运成本是每托盘3英镑或每车78英镑。

  - 运输成本是每车250英镑。

  - 总成本是每车328英镑或每箱7便士。

- 客户 2。要求将货物按托盘运送到各个商铺。托盘上货物混装，而且每件产品的供货数量各不相同。平均每个托盘上有 100 箱货物。每个货箱必须贴上特定的标签。

  ○ 贴标签费用是每箱 3 便士。

  ○ 货物分拣和托盘装载费用是每箱 20 便士。

  ○ 发运成本是每托盘 1.5 英镑，相当于每箱 1.5 便士。

  ○ 运输成本是每托盘 50 英镑，相当于每箱 50 便士。

  ○ 总成本是每箱 74.5 便士。

显然，每种情况各有不同，但由于客户的要求不同而导致每箱货物在送货总成本上相差 67.5 便士是很有可能发生的。这有可能侵占相当大一部分的边际利润，因此不应被忽视。

# 总结

本章涵盖的要点如下。

- 设置目标库存水平，并在以下两者之间保持最佳平衡：

  ○ 确保客户的需求被满足；

  ○ 不因过多货物占用太多的流动资金而导致成本过高。

- 通过以下方式安排订货计划，使库存水平尽可能地接近目标：

  ○ 分析当前的销售数据；

  ○ 预测未来的需求；

  ○ 计算出正确的订货时点以满足需求；

  ○ 定期复查计算结果。

- 通过以下方式，尽可能地降低库存水平：

    ○ 集中下达订单；

    ○ 利用其他仓库的库存或使用替代产品；

    ○ 管理过时的和无人问津的库存。

- 如果合适的话，使用更加高级的策略：

    ○ JIT；

    ○ 按订单采购或按订单生产；

    ○ 寄售库存；

    ○ 虚拟仓库。

- 管理逆向物流以最大限度地减少浪费。

- 留意客户的不同需求所引起的成本变化，并在确定销售价格时加以考虑。

## 结论

　　本书前面的章节讨论的一些话题对一位物流经理的职权范围内的工作有直接影响，但是不会影响公司的其他职能部门。然而，本章讨论的话题在某些情况下可能不在物流经理的职权范围内，但是无论它们在不在物流经理的职权范围内，都会对物流经理及企业的其他职能部门产生影响。

　　设定目标库存水平及将库存保持在适当的水平会对企业的现金流产生有利影响，因此也会对整个企业的借贷成本和盈利能力产生有利影响。

　　为不同的客户提供物流服务（包括退货）的成本会严重影响企业的

边际利润。现实中很可能发生这样的情况：你的销售团队没有意识到这种成本差异，而且在没有考虑成本问题的情况下愉快地承诺了额外的服务事项。我曾经多次强调企业内部沟通的重要性，而这正是该原则的典型例证。

## 附录 A

# 物流设备供应商和物流服务提供商

我认为把有能力提供本书提到的这些物流设备和服务的公司列出来会对你有所帮助。附录 A 提供了这些潜在供应商或提供商的名称，它们主要是为本书的撰写提供过帮助的企业（例如，为本书提供图片），因此其中也包括一些与物流无关的企业。本书还列出了一些可能有用的行业协会（例如，寻找合适的经纪人或货运代理商）。

## 仓储

### 货架、搁板货架和夹层

Stakapl 公司：货架、搁板货架及相关的安全防护用品。

钢宝利物料搬运公司（Gonvarri Material Handling）：货架、搁板货架、旋转式货架、夹层及各种货架配件。

安永达公司（Avanta）：夹层、货架隔板、货架、搁板货架及各种货架配件。

Storax 公司：货架和夹层。

## 物料搬运设备

林德物料搬运公司（Linde）：多种型号的叉车、托盘车、托盘堆垛机、订单分拣机、拖车和自动化牵引车。

科朗叉车公司（Crown Lift Trucks）：新叉车和二手叉车。

安全起重设备公司（Safety Lifting Gear）：托盘车、手动托盘车及多种安全设备（如高空作业安全设备）。

The Ramp People 公司：装卸桥梁板和多种装卸坡道。

Thorworld 公司：集装箱装卸坡道、装卸站台、站台登车桥及各种配件。

装载系统公司（Loading Systems）：站台登车桥、站台门封、升降平台、站台门及各种配件。

Armo 公司：站台登车桥、站台门封、升降平台、站台门及各种配件。

Albion Handling 公司：输送系统。

Axiom GB 公司：输送系统、包装系统和拣货装置。

B&B Attachments 公司：叉车附加装置。

## 仓储管理系统

思爱普公司（SAP）：整套业务系统，包括 WMS 模块。

SEP Logsitik AG 公司：WMS 软硬件。

得利捷公司（Datalogic）：扫码器、条形码阅读器和 RFID 系统。

胜斐迩公司（SSI Schäfer）：WMS、扫码器、RFID 系统、半自动和全自动拣货系统及货架、夹层、输送系统等多种软硬件。

条形码仓库公司（Barcode Warehouse）：条形码打印机、扫码器及相关的软件。

**其他**

Universeal 公司：集装箱铅封和其他安全密封螺栓。

弗格斯公司（Flogas）：供叉车使用的罐装（大宗）和钢瓶装燃气。

Herchenbach 网站：临时仓库。

# 包装及相关设备

麦克法兰包装公司（Macfarlane Packaging）：多种包装材料、填充物及相应的设备。

罗博派克公司（Robopac）：拉伸膜缠绕打包机、收缩膜打包机、胶带枪和纸箱成型机。

Rajapack 公司：多种包装材料和包装设备。

Yolli 公司：食品包装、包装设备。

Davpack 公司：包装材料和包装设备。

Barnes and Woodhouse 公司：木质板条箱、托盘和纸箱。

高级托盘系统公司（Premier Pallet Systems）：托盘翻转器和缠膜器。

劳氏公司（Lowe RP）：金属防滚架和货笼。

PPS 设备公司（PPS Equipment）：可回收的包装材料，包括单程的可租用和清洗的包装材料。

# 货运车辆

沃尔沃卡车公司（Volvo）：车辆总重量为 10 吨及以上的刚性卡车、带驾驶室的底盘车和铰接式卡车。

五十铃卡车公司（Isuzu）：皮卡、车辆总重量为 3.5~13.5 吨的刚性卡车和带驾驶室的底盘车。

福特汽车公司（Ford）：车辆总重量为 1.5 吨及以上的厢式货车、带驾驶室的底盘车和皮卡。

斯堪尼亚公司（Scania）：车辆总重量为 18 吨及以上的刚性卡车、带驾驶室的底盘车和铰接式卡车。

Sotrex 网站：二手货车。

LC 车辆租赁公司：货车租赁服务

丹尼森挂车公司（Dennison Trailers）：骨架式挂车和平板挂车。

# 车辆的相关产品和服务

BigChange Advisory Plus：运输和人力管理软件。

Maxoptra：车辆路径规划软件。

TruTac：行车记录仪分析软件。

布伦戴克公司（Brendeck）：车辆清洗系统。

Checkpoint Safety 公司：轮胎螺母指示器。

UKDrugTesting 网站：工作场所专用的酒精检测工具包。

# 公路货运

哈雷特·西尔伯曼公司（Hallett Silbermann）：重型货物运输和 AIL 服务。

埃迪·斯图巴特物流公司（Eddie Stobart）：公路运输、铁路运输和仓储服务。

安纳戴尔运输公司（Annandale Transport）：林木产品公路运输服务。

登比运输公司（Denby Transport）：多种运输服务。

Palletline 公司：英国和欧洲境内的托盘送货服务。

艾贝物流公司（Abbey Logistics）：罐装散货运输服务。

金星公司（Goldstar）：集装箱运输服务。

捷富凯物流公司（Gefco）：英国和欧洲境内的跨国运输和物流服务。

斯蒂尔斯货运公司（Stears Haulage）：平板挂车运输服务。

艾文建筑材料公司（Avon Material Supplies）：翻斗卡车和抓斗车（英格兰南部地区）、骨料和建筑材料。

# 铁路运输和内河航运

Freightliner 公司：多式联运和大宗货物集运服务。

英国铁路网公司（Network Rail）：英国铁路基础设施（如铁轨、铁路信号等）服务。

Transmec 公司：多式联运服务，公路运输、海运和空运服务。

欧洲隧道公司（Eurotunnel）：英吉利海峡隧道摆渡服务。

拉尔平公司（RAlpin AG）：横穿阿尔卑斯山脉的快速滚装服务。

墨丘利集团（Mercurius Group）：欧洲内河航运服务。

# 海运和空运

CLdN 集团（CLdN Group）：散货运输和滚装运输服务。

Unifeeder 航运公司：短途航运服务和支线航运服务。

斯科特航运公司（Scotline）：短途班轮运输服务和船舶租赁服务。

泽布吕赫港（Port of Zeebrugge）：全套的港口服务。

查普曼·福瑞博公司（Chapman Freeborn）：全球货机租赁服务。

# 其他产品和服务

《汽车运输》（*Motor Transport*）：服务于公路货运行业的期刊。

Marlow,Gardner and Cooke 公司：保险经纪公司。

安博公司（Prologis）：工业建筑和物流设施开发商和业主。

艾伯特 - 韦德公司（Abbott–Wade）：楼梯安装服务。

家有宠物公司（Pets at Home）：宠物用品零售商。

# 商会

国际商会（International Chamber of Commerce，ICC）：国际贸易术语解释通则的发布者。

欧洲商会：其网站列出了英国以外的所有欧洲国家的商会。

阿拉伯商会：其网站提供所有阿拉伯国家商会的详细信息。

英国商会。

美国商会。

澳大利亚商会。

新西兰商会。

加拿大商会。

# 行业协会

### 货运代理

英国国际货运协会（British International Freight Association，BIFA）。

荷兰货运代理与物流服务行业协会（Netherlands Association for Forwarding and Logistics，FENEX）。

加拿大国际海关和边境代理协会（Association of International Customs and Border Agencies，AICBA）。

中国国际货运代理协会（China International Freight Forwarders Association，CIFA）。

日本航空运输协会（Japan Aircargo Forwarders Association，JAFA）。

### 其他

国际航空运输协会（International Air Transport Association，IATA）。

英国特许船舶经纪人协会（Institute of Chartered Shipbrokers，ICS）

英国货物运输协会（Freight Transport Association，FTA）。

英国公路运输协会（Road Haulage Association，RHA）。

英国仓储协会（United Kingdom Warehousing Association，UKWA）。

英国仓储设备制造商协会（Storage Equipment Manufacturers Association，SEMA）。

---

## 附录 B

# 关于英国脱欧的问题

我应当谈谈英国脱离欧盟的问题。我原本以为，等我写完这本书的时候（2019 年 1 月下旬），英国以何种形式脱离欧盟将会一目了然。不幸的是，在距离预定的脱欧日期（2019 年 3 月 29 日——译者注）还剩不到两个月的时候，我们仍然一无所知：随着英国从临时性的脱欧过渡期转向准备签署更加长久的脱欧协议，我们不确定英国脱欧之后会发生什么。有人预测会出现食品甚至药品短缺，在多佛港周边车辆会排起长龙。我们不知道到那时在英国和欧盟国家之间的边境需要办理什么样的海关手续。但是，如果这些海关手续很复杂或办理起来很耗时，海关工作人员将面临人手不足的问题，而且在短时间内无法完成人员补充和培训。此外，北爱尔兰地区与欧盟成员国爱尔兰之间的陆地边界重新设置实体边境海关检查设施（即"硬边界"）的问题尚未得到解决。

我很想针对英国脱欧事件的影响提供一些有用的建议。然而，遗憾的是，目前没有人能够做到这一点。

# 后 记

那么，物流是什么？

我在本书的开头问了这个问题："物流是什么？"我引用了美国某家全国性零售企业的总裁在会见高级物流经理时开的玩笑——"你们的工作主要是经营仓库和货车"，也引用了汤姆·彼得斯的观点，他很清楚物流在确保恰当数量的恰当物品以恰当的成本在恰当的时间出现在恰当的地点这个方面所发挥的重要作用。

经营仓库和货车的确是物流的一部分工作，但是物流远不止于此。你需要为仓库挑选适当的仓储设备，你需要选择适当类型的货车并且找出使它们最大限度地发挥优势的运营方式，你需要保持最佳的库存水平。你可能还需要使用其他的运输方式，要么是空运包裹或使用厢式货车投递包裹，要么是通过铁路运输或海运的方式进行集装箱运输或大宗货物集运。你需要对货物进行包装，使其安全地到达目的地；你需要满足客户的送货要求；你需要备齐交货和进出口所必需的各种文件、单证。

我认为，这种多样性正是物流工作的最大魅力之一。我即将步入职业生涯的末期，并且自始至终都很享受这段长达 40 多年的职业生涯。我希望你不仅能发现本书的有用之处，而且能享受到阅读的乐趣。无论你处于职业生涯的哪个阶段，也无论本书会在你当前和以后的工作中发挥怎样的作用，我都希望你能感受到我对物流工作全方位的真挚热爱，并且希望你也能从你的职业生涯中获得和我一样多的乐趣。

# 版 权 声 明